# EL INCREÍBLE RESURGIMIENTO DE LA CREENCIA EN DIOS

POR QUÉ EL NUEVO ATEÍSMO HA CADUCADO
Y LOS PENSADORES SECULARES VUELVEN
A PLANTEARSE EL CRISTIANISMO

JUSTIN BRIERLEY

Editorial CLIE

**EDITORIAL CLIE**
C/ Ferrocarril, 8
08232 VILADECAVALLS
(Barcelona) ESPAÑA
E-mail: clie@clie.es
**http://www.clie.es**

**EL INCREÍBLE RESURGIMIENTO DE LA CREENCIA EN DIOS**
**Por qué el nuevo ateísmo ha caducado y los pensadores seculares vuelven a plantearse el cristianismo**
ISBN: 978-84-19779-90-8
Depósito legal: B 15547-2025
Teología cristiana / Apologética
REL067030

Impreso en Estados Unidos de América / *Printed in the United States of America*

25 26 27 28 29 30 31 32 33 34 / TRM / 14 13 12 11 10 9 8 7 6 5 4 3 2 1

*Para Lucy.*
*No compartiría esta aventura con nadie más.*

# Índice

# PRÓLOGO

El libro que tienes entre las manos utiliza como metáfora central el poema de Matthew Arnold titulado “La playa de Dover” y la expresión «el largo rugido en retirada» del «mar de la fe». Esta fue la manera en la que Arnold percibió el fenómeno decimonónico por el que muchos europeos, sin más, dejaron de creer en el mensaje cristiano. Hace algunos años escribí una parábola que, al estilo del camino de Emaús, invocaba el mismo poema, pero en esa ocasión diciendo exactamente lo contrario.

Me imaginé a dos incrédulos reflexivos de finales del siglo XX que volvían juntos a sus casas mientras debatían cómo encontrar sentido al mundo. El sueño del progreso, propio de la Ilustración y recogido en la modernidad, había perdido fuelle: el cuestionamiento posmodernista de los valores, el poder y la identidad puso en entredicho el mundo secular que habían llegado a dar por hecho.

Mientras esos dos hombres iban de camino a la playa de Dover, charlaban sobre cómo se había llegado a ese estado. ¿Por qué los habían traicionado las historias según las cuales habían vivido en otro tiempo? ¿Cómo iban a habitar ahora un mundo en el que sus sueños se habían agriado, en una cultura en la que ni siquiera sabían ya quiénes eran “ellos”?

A la conversación se incorporó Jesús de incógnito. «¡Necios! —les dijo—, qué lentos de corazón sois para creer todo lo que ha dicho el Dios creador». Y mientras caminaban juntos, les mostró, empezando por Moisés, y pasando luego también por los profetas y los apóstoles del Nuevo Testamento, cómo, por medio de la historia de la Escritura y su culminación en la vida, muerte y resurrección de una persona, Dios había actuado en el mundo para crear una nueva humanidad. La identidad de esta persona trascendía a todas las otras identidades. Su historia redefinía todas las demás historias.

En mi versión de la parábola, Jesús y los dos caminantes llegaron por fin a la playa de Dover. En la orilla encontraron una enorme multitud hambrienta. El modernismo había hecho que «el mar de la fe» retrocediese, pero ahora la marea estaba volviendo. Sin embargo, después de esparcir su pan sobre las aguas, lo único que trajo la marea entrante de la posmodernidad fueron ladrillos y ciempiés, lo que demostraba la conclusión de G. K. Chesterton cuando dijo que, en el momento en que las personas dejan de creer en Dios, no es que no crean en nada: creen *en cualquier cosa*. Sugerí que este era el dilema al que se enfrentaba el secularista serio durante las últimas décadas del siglo pasado.

Afortunadamente, Justin Brierley se muestra más esperanzador ahora de lo que lo fui yo al pensar en lo que «el mar de la fe» podía traer en sus aguas al volver a la costa. En este libro describe cómo, a pesar de la reducción de la membresía en las iglesias, las actitudes hacia el cristianismo entre muchos pensadores reflexivos en diversos campos parecen estar cambiando. Tras haber entrevistado con el paso de los años a muchos de los participantes clave en el debate, Justin proporciona una imagen muy precisa y atractiva del modo como el debate público sobre la fe cristiana ha llegado hasta el punto en que el ateísmo, que antes estaba de moda, ha empezado a tener un aspecto sospechosamente raído.

En los últimos años, Justin y yo hemos conversado regularmente sobre estos temas en los pódcasts que presenta, y he sido un participante entusiasta en algunas de las conversaciones con pensadores públicos a las que se hace referencia en estos capítulos. Me anima pensar que muchos de esos pensadores parecen estar desencantados de las vanas promesas del secularismo y que, para muchos, el recuerdo residual del cristianismo todavía posee un melancólico atractivo. Lo que resulta interesante es que aquellos de ese grupo que se sienten atraídos por la iglesia, raras veces buscan una versión espiritualizada del espíritu moral de nuestra época. El atractivo de la fe radica precisamente en su postura contracultural, lo "extraño" que resulta creer que Jesús ha resucitado realmente de los muertos (y vivir según esta creencia), y que llama a sus seguidores a vivir una historia distinta ante el mundo que los rodea.

G. K. Chesterton también dijo: «El cristianismo ha muerto muchas veces y ha resucitado, porque tiene un Dios que conoce el camino que sale de la tumba». ¿Y si la historia cristiana está lista para volver a entrar arrolladora en la consciencia pública moderna? ¿Podría volver a alimentar los corazones y las mentes de personas que durante tanto tiempo han tenido hambre de significado y de propósito?

Al igual que Justin, espero que sí. Quizá, en realidad, ya estemos detectando las primeras señales del cambio de la marea.

Mi parábola concluía cuando los dos viajeros abren cansinamente una pequeña canasta de picnic, totalmente inútil para la labor de alimentar a tantas personas hambrientas en la playa. Amablemente, Jesús toma el cesto y, en lo que parece una cuestión de minutos, todo el mundo en la playa ha almorzado. Entonces se abren los ojos de todos y se dan cuenta de quién es él. En ese momento, Jesús desaparece de su vista.

Independientemente del aspecto que adopte la marea que vuelve, la misión de los cristianos en un mundo posmoderno es ser nuevas encarnaciones de Jesús. Se nos impone la labor de llevar comida a los hambrientos que están en las playas del «mar de la fe». Debemos contar la historia del Creador, de su mundo y de su victoria sobre el mal a todos los incrédulos sinceros que quieran escucharla.

¿Existen tales personas? Este libro debería convencerte de que sí: que hay personas que actualmente no creen en el paradigma cristiano, o en su figura central y su victoria sobre el mal y la muerte, y que están realmente dispuestas a escuchar. Después de todo, esta es una historia real. Se centra en un personaje real, un héroe de verdad. Y sigue teniendo el poder para cambiar el mundo.

**Reverendísimo Profesor N. T. Wright**
Investigador principal en Wycliffe Hall, Universidad de Oxford

# INTRODUCCIÓN

*El mar de la fe*
*fue otrora uno, en su plenitud, y rodeaba las costas de la tierra.*
*Yacía como los pliegues de una gloriosa diadema.*
*Ahora, sin embargo, solo escucho*
*su largo y melancólico rugido en retirada.*

MATTHEW ARNOLD
"La playa de Dover"

Cuando el poeta victoriano Matthew Arnold publicó "La playa de Dover" en 1867, su famoso poema sirvió como encomio de las certezas de una era ya pasada, y especialmente de la religión.

Cien años antes, la Ilustración había arrollado Europa, y sus filósofos y sus científicos habían anunciado el deceso de la era de la superstición y el nacimiento de la era de la razón. La Revolución industrial provocaba trastornos sociales mientras genios de la ingeniería como George Stephenson o Isambard Kingdom Brunel construían un futuro tecnológico. Se edificaban museos de historia natural, siguiendo el estilo arquitectónico de las iglesias góticas, y eran considerados como las nuevas catedrales de las ciencias modernas. Hacía poco que Charles Darwin había publicado su teoría de la evolución natural en su libro *El origen de las especies*, y Karl Marx estaba a punto de publicar su manifiesto materialista, *El capital*.

El progreso de la ciencia, el secularismo y la tecnología fueron el telón de fondo para el emotivo poema de Arnold y su famoso verso sobre el «largo y melancólico rugido en retirada» del «mar de la fe». La marea fugitiva de la creencia religiosa de la que fue testigo Arnold en su época no ha hecho más que acelerar su ritmo en el mundo occidental. En el siglo xix, la iglesia y las enseñanzas cristianas seguían imperando en la sociedad. Ciento cincuenta años después vivimos innegablemente en un mundo poscristiano. El panorama es muy distinto.

Durante las últimas décadas en mi propio país, Gran Bretaña, la asistencia a la iglesia se ha reducido sensiblemente. El comienzo del siglo xxi vio una reacción intensa contra la creencia religiosa en la cultura popular con el surgimiento del nuevo ateísmo; actualmente, según una encuesta reciente, más de la mitad de la población británica se considera no religiosa.[1] Esta misma imagen es la que va surgiendo incluso entre los baluartes de la asistencia a la iglesia en Estados Unidos, donde las generaciones más jóvenes optan por el adverbio "ninguna" a la hora de definir su afiliación religiosa.

Siendo como soy un cristiano que cree en las afirmaciones sobrenaturales de la Biblia sobre la vida, la muerte y la resurrección de Jesús, me encuentro en minoría en el mundo occidental del siglo xxi. Algunos creyentes han reaccionado disponiendo en círculo los pocos carromatos que les quedan y esperando que las cosas cambien; otros parecen haber renunciado por completo a la iglesia. Sin embargo, dentro de mi vida personal y profesional he hecho todo lo posible por relacionarme con la cultura secular, en lugar de ignorarla o lamentarme porque es como es. El hecho de presentar un programa radiofónico ya veterano, además del pódcast *Unbelievable?*, que semanalmente ha reunido a muchos cristianos e incrédulos para dialogar, me ha permitido moderar cientos de debates entre las voces más influyentes de ambos bandos de la conversación sobre la fe.

Mi asiento en primera fila tuvo el efecto imprevisto, pero bienvenido, de reforzar mi fe en lugar de minarla. He llegado a apreciar la solidez intelectual de la historia cristiana al ver cómo la sometían a prueba ateos, agnósticos y personas de otras creencias que han aparecido en el programa (un viaje que puedes leer en mi primer libro, *Unbelievable?: Why, after Ten Years of Talking with Atheists, I'm Still a Christian* [¿Increíble? Por qué, después de diez años de hablar con ateos, sigo siendo cristiano]). Mi posición ventajosa también ha supuesto que durante los años en que he sido moderador de esos programas haya podido seguir la evolución de las preguntas y los debates más destacados.

Me resulta curioso que durante los últimos años las conversaciones hayan cambiado sustancialmente tanto en su tono como en su contenido.

1. "Census 2021 Results", Office for National Statistics, consultada el 6 de octubre de 2022, https://census.gov.uk/census-2021-results.

Los rimbombantes debates entre ateos militantes y apologistas cristianos se han vuelto mucho menos frecuentes; han cedido su lugar a un número creciente de invitados seculares que están mucho más abiertos al valor cultural y social del cristianismo, aunque ellos mismos no sean creyentes. A algunos de esos pensadores y personalidades les preocupa el viraje social hacia una cultura de la cancelación basada en una política de identidad, y a menudo se encuentran más en sintonía sobre estos temas con sus interlocutores cristianos que con algunos de sus correligionarios seculares.

Es todavía más significativo el hecho de que, a medida que ha mermado la influencia del nuevo ateísmo, una variedad de pensadores seculares se ha adelantado para formular nuevas preguntas sobre el valor de la religión y el destino hacia el que avanza Occidente en ausencia de una narrativa cristiana. Muchos de ellos han organizado amplias plataformas y tienen una tremenda influencia sobre una generación más joven en busca de sentido. Muchos incluso parecen albergar el deseo nostálgico de que el cristianismo sea verdad. A medida que ha ido creciendo su influencia, este fenómeno me ha llevado a preguntarme si, aun en medio de nuestra cultura tremendamente secular, estamos siendo testigos de un cambio de la marea al respecto de la apertura de las personas a la fe.

Fue el periodista y escritor Douglas Murray quien llamó más poderosamente mi atención sobre este hecho durante una conversación que organicé entre él y el historiador del Nuevo Testamento N. T. Wright. Murray, un agnóstico que se describe como "ateo cristiano", comentó que tenía unos cuantos amigos y conocidos muy inteligentes que durante los últimos años se habían convertido al cristianismo.[2] A lo mejor eran una excepción a la regla, o quizá estaba sucediendo otra cosa. ¿Se estaba abriendo más la gente al mensaje cristiano? ¿Estábamos presenciando una nueva oportunidad para que la iglesia interpelase (en palabras de Murray) a «una multitud más receptiva»?

Luego hizo referencia a ese verso tan conocido del poema de Matthew Arnold, y dijo algo que, aunque en cierto sentido era tremendamente obvio, nunca antes se me había ocurrido: «Lo interesante del mar de la fe es que no hay ningún motivo por el cual no pueda volver. El mar hace algo más que retirarse. Precisamente en eso consisten las mareas».

2. Las citas de Douglas Murray en esta sección se han tomado de "N. T. Wright and Douglas Murray: Identity, Myth, and Miracles: How Do We Live in a PostChristian World?", *The Big Conversation*, moderada por Justin Brierley, producida por Premier en colaboración con la John Templeton Foundation, https://www.youtube.com/watch?v=VN8OUi9MF7w.

En este libro pretendo hacer una declaración osada: que el mar de la fe que se retiraba para Matthew Arnold empieza a alcanzar ya su confín más lejano, y que es posible que veamos cómo, en nuestra generación, la marea de la fe vuelva a batir la costa.

El motivo por el que me siento lo bastante seguro como para exponer este argumento es que en realidad la fe nunca se ha ido. Como argüiré en el resto de este libro, las personas necesitan una historia por la cual vivir, pero las historias que nos hemos estado contando en las últimas décadas cada vez se han vuelto más débiles y superficiales. Entre tanto, toda una batería de pensadores ha estado reevaluando la historia cristiana, señalando cómo esta apuntala nuestros instintos morales y culturales más fundamentales. Quizá hayamos olvidado la historia, pero puede que sea el momento de redescubrirla.

Creo que estamos percibiendo los primeros atisbos de la marea que regresa en las vidas y en las historias de una serie de intelectuales públicos a quienes les sorprende la resonancia persistente de la historia cristiana. Este grupo incluye a individuos como el psicólogo Jordan Peterson, el ya mencionado periodista Douglas Murray y el popular historiador Tom Holland. En estas páginas encontrarás las conversaciones que mantuve con ellos y con algunos otros pensadores seculares, junto con las que tuve con muchos otros hombres y mujeres que han cruzado la línea hacia la fe cristiana siendo conversos ya adultos. Entre ellos se cuentan los célebres escritores Francis Spufford y Paul Kingsnorth. El viaje de fe de este último fue fruto de su amor por la naturaleza, pero antes de llegar al cristianismo tomó algunos desvíos hacia el ateísmo, el budismo y la wicca. Hay académicos como el clasicista James Orr, que descubrió a Jesús al leer los relatos de los Evangelios sobre él en el griego original. Una historia igual de sorprendente es la del famoso actor David Suchet, que encontró a Cristo al leer las epístolas de Pablo como si este se las hubiera escrito personalmente a él. También leerás las historias de personas comunes y corrientes, como Peter, Tamara y Robbie, que o bien habían rechazado el cristianismo o, de entrada, jamás se lo habían planteado como una posibilidad; sin embargo, se encontraron atraídos por una historia que dotaba de sentido a sus anhelos y deseos más profundos. Espero que estas historias te demuestren por qué el cristianismo puede seguir teniendo mucho sentido para las personas del siglo XXI y cómo se puede preparar la iglesia para recibir a aquellos que, quizá, elijan un día volver a cruzar sus puertas. Pero antes de que nos planteemos adónde creo que nos lleva la conversación, en el primer capítulo repasaré cómo llegamos a este punto, con el auge y posterior hundimiento del nuevo ateísmo.

Todo el que viva cerca del mar te puede decir que la marea baja y sube, pero a los veraneantes inexpertos todavía les puede sorprender la celeridad con la que vuelve la marea. Si eres una persona de fe, espero que este libro te sirva de aliento para pensar que la historia del cristianismo no ha acabado. Si no te consideras creyente, primero, te doy las gracias por haber llegado hasta este punto, y espero que, a medida que sigas leyendo, descubras por qué el cristianismo ha tenido sentido para tantos en el pasado y sigue teniéndolo hoy. Incluso puede que te sientas tentado a remojarte los pies. ¡Adelante! El agua está estupenda.

# CAPÍTULO 1

# EL AUGE Y LA CAÍDA DEL NUEVO ATEÍSMO

Aún recuerdo la primera vez que vi un autobús londinense, de esos rojos, que pasó cerca de mí en Vauxhall Bridge Road con un cartel lateral donde decía «Probablemente Dios no existe. Ahora deja de preocuparte y disfruta de la vida». Tenía un no sé qué de emocionante.

La campaña publicitaria para autobuses de 2009 fue fruto del ingenio de la humorista Ariane Sherine, a quien le habían molestado los anuncios religiosos en lugares públicos, que incluían versículos bíblicos sobre el cielo y el infierno. Sherine escribió un artículo en el periódico *The Guardian* sugiriendo que los ateos necesitaban su propia campaña publicitaria, y con la ayuda de la British Humanist Association crearon una fundación para recaudar dinero para el proyecto.

La causa atrajo rápidamente el interés del público. Una vez que el proyecto recibió el apoyo del célebre ateo Richard Dawkins, se recaudaron más de 150 000 libras, lo cual permitió que los autobuses que mostraron el anuncio fueran más que el puñado de vehículos que se habían previsto originariamente.

Pero ¿por qué usar el adverbio *probablemente*? Esta palabra parecía dejar espacio para la duda en una campaña que pretendía resolver la pregunta sobre Dios, respaldada por personas que parecían estar muy seguras sobre la inexistencia de cualquier deidad. Richard Dawkins dijo que él había sugerido algo más fuerte: «Casi con toda seguridad no hay Dios»; sin embargo, cuando se lo pregunté a Sherine, ella me dijo que incluyeron la nota de incertidumbre por motivos "científicos". Dado que es lógicamente imposible demostrar la inexistencia de Dios, era mejor dejar abierta una ventana de posibilidad. Es razonable que esa expresión más moderada también se considerase para garantizar que el mensaje no incumpliera la normativa oficial sobre publicidad.

La Campaña Bus Ateo (*Atheist Bus Campaign*) llegó en el punto culminante del movimiento del nuevo ateísmo, y fue lo más parecido que hubo (al menos en el Reino Unido) a una campaña publicitaria oficial. Al igual que el movimiento que la produjo, fue un asunto osado, sin concesiones, agresivo y descarado.

Sin embargo, en cierto sentido, la campaña parecía casi innecesaria. Animar a las personas a ignorar a Dios en la Gran Bretaña del siglo xxi se parece un poco a pedirle a un adolescente que el sábado por la mañana se levante tarde: es algo que no hace falta decir. Según los datos más recientes, más de la mitad de la población en el Reino Unido afirma no tener religión alguna,[1] y solo una fracción de los británicos asiste a la iglesia.[2] Incluso en la época en que la asistencia a la iglesia formaba parte del tejido social, por lo general hablar de la fe en público se consideraba de muy mala educación.

Sin embargo, la gran ironía de la Campaña Bus Ateo fue que al intentar que la gente se olvidara de Dios consiguió precisamente lo contrario.

Oscar Wilde escribió: «En este mundo solamente hay una cosa peor que la gente hable de ti: que no hablen».[3] A eso se debía mi ramalazo de emoción al ver un autobús que proclamaba un mensaje anti-Dios; según parecía, después de todo, el mundo seguía hablando de Dios.

Durante varios meses los autobuses circularon por Londres, portadores de eslóganes que ponían a la vista de todos los transeúntes la cuestión de la religión, tanto si les gustaba como si no. Quizá es por eso que algunos creyentes, entre ellos Paul Woolley, entonces director del grupo de reflexión cristiano Theos, donaron dinero a la campaña de los autobuses, diciendo que «era una manera estupenda de inducir a la gente a pensar en Dios».[4]

Además, la campaña confirmó la sensación creciente de que el ateísmo moderno empezaba a tener una pinta sospechosamente… religiosa. Tal como observó astutamente Margaret Atwood: «Cuando empiezas a pagar

1. «British Social Attitudes: The 36th Report», National Centre for Social Research, eds. John Curtice et al., 2019, https://www.bsa.natcen.ac.uk/media-centre/archived-press-releases/bsa36-religion-press-release.aspx._

2. "Christianity in the UK", *Faith Survey*, consultada el 6 de octubre de 2022, https://faithsurvey.co.uk/uk-christianity.html.

3. Oscar Wilde, *El retrato de Dorian Gray*, cap. 1.

4. Nick Spencer, "Religious Think Tank Welcomes Launch of Atheist Buses", *Theos*, 11 de agosto de 2011, https://www.theosthinktank.co.uk/comment/2009 /01/06/religious-think-tank-welcomes-launch-of-atheist-buses.

dinero para poner eslóganes por ahí, es porque estás vendiendo un producto, un partido político o una religión».[5]

Si Dios existe, debe tener sentido del humor.

A primera vista, el cénit del nuevo ateísmo también señaló un punto particularmente bajo de la marea de la fe en Occidente. La religión se presentaba como algo no solo anticuado e irrelevante, sino también peligroso e irracional. Sin embargo, la marea tiene la costumbre de subir y bajar. La popularidad del movimiento del nuevo ateísmo acabaría disipándose tan rápidamente como empezó. Sin embargo, vale la pena exponer con cierto detalle el auge y la caída de este movimiento concreto. La manera tan rápida en que se disolvió ha abierto muchos ojos a la naturaleza insustancial de las respuestas que ofrecía. En su estela ha comenzado a crecer una nueva marea, una nueva conversación sobre Dios, la religión y las preguntas más profundas que podemos formular sobre lo que significa ser humano. Así que... empecemos.

## El auge del nuevo ateísmo

"Nuevo ateísmo" es un apelativo que se acuñó a mediados de la década del 2000. Pronto arraigó como una etiqueta aplicable al grupo emergente de científicos famosos, periodistas e intelectuales públicos que cada vez discrepaban más abiertamente de la religión y defendían su compromiso con la razón y con la ciencia.

Al timón estaban los llamados "cuatro jinetes": el filósofo Daniel C. Dennett, el neurocientífico Sam Harris, el periodista Christopher Hitchens y el biólogo Richard Dawkins. Cada uno de ellos había publicado un libro superventas atacando la religión.

*Romper el hechizo: la religión como un fenómeno natural*, de Dennett, intentaba dar una explicación para la religión basada en la evolución. *Carta a una nación cristiana*, de Harris, era un ensayo extendido sobre los males del cristianismo en Estados Unidos. *Dios no es bueno*, de Hitchens, era una polémica característicamente abrasadora contra los males de la religión en general. Y el más popular de todos, *El espejismo de Dios*, de Richard Dawkins, fue acompañado de una serie de televisión y una gira literaria durante la cual el autor habló ante miles de fans entusiastas de todo el mundo.

5. Sinclair McKay, "Margaret Atwood", *The Telegraph*, 20 de agosto de 2009, https:// www.telegraph.co.uk/culture/books/6061404/Margaret-Atwood.html.

El ateísmo había sido una característica bastante habitual de la cultura del siglo xx, sea que se tradujese en el escepticismo académico de Bertrand Russell o en la angustia existencial de filósofos continentales como Camus o Sartre. Pero, por lo general, su influencia quedaba confinada al mundo académico, y no tendía a interesar al gran público. Entonces, ¿qué fue lo que provocó que esta manifestación particular de ateísmo fuese tan prominente a principios del siglo xxi?

En el auge del nuevo ateísmo convergieron diversos factores. Los atentados del 11-S en Estados Unidos recordaron al mundo que la religión podía inducir a algunas personas a cometer atrocidades terribles. Todas las voces principales del movimiento han citado el auge del extremismo religioso como una fuerza impulsora de su propia respuesta pública.

Al mismo tiempo, también se había fraguado una guerra cultural entre la derecha religiosa y la sociedad secular, sobre todo en relación con la ciencia. El juicio de 2005 de Kitzmiller contra Dover resaltó la confrontación entre el diseño inteligente y la teoría evolucionista en las aulas. Muchos secularistas lo entendieron como un intento de filtrar a Dios en las escuelas; como respuesta, contraatacaron defendiendo la ciencia y a Charles Darwin.

Ciertamente, la ciencia estuvo a la vanguardia del nuevo ateísmo. No fue un accidente que tres de los cuatro jinetes fueran académicos antes de que encontrasen la fama como celebridades del mundo ateo. (Hitchens era el único que no tenía un doctorado). Desde el principio, su movimiento presentó la fe religiosa como enemiga de la ciencia, la razón y el progreso. De hecho, era equiparable a la enfermedad mental. Dawkins resumió sucintamente este paradigma cuando escribió: «La fe es la gran escapatoria, la gran excusa para eludir la necesidad de pensar y evaluar la evidencia. La fe es la creencia a pesar de la evidencia, quizá incluso debido a la falta de ella».[6]

A esto se le sumó el auge de internet. De pronto cualquier ateo solitario en el Cinturón de la Biblia[7] podía encontrar una comunidad de la que formar parte. Los blogs, los chats y las primeras formas de redes sociales permitieron que escépticos que pensaban igual encontrasen una causa común y se organizaran de maneras que nunca antes habían sido posibles.

6. Richard Dawkins, conferencia durante el Edinburgh International Science Festival, 15 de abril de 1992, citado en "EDITORIAL: A Scientist's Case against God", *The Independent* (Londres): 17; Paul Gomberg, *What Should I Believe?: Philosophical Essays for Critical Thinking* (Peterborough, Canadá: Broadview Press, 2011), 146.

7. El "Bible Belt" es una región del sur de Estados Unidos y Missouri donde el protestantismo evangélico tiene una poderosa influencia sociocultural (N. del T.).

Al cabo de pocos años, ya se estaban organizando reuniones, en persona y no solo *online*, de toda una variedad de organizaciones ateas y agnósticas. Skepticon, la Convención Mundial de Ateos, The Amazing Meeting (dirigida por el mago y cazador de fraudes paranormales James Randi) y diversas otras iniciativas públicas, grandes y pequeñas, proliferaron en la comunidad "librepensadora".

En 2009, la Campaña Bus Ateo señaló el punto álgido del movimiento en el Reino Unido; en Estados Unidos, alcanzó su culmen en el Reason Rally de 2012.

Según algunos cálculos, entre veinte y treinta mil personas se reunieron en el National Mall de Washington D. C. para celebrar un evento que se describió como «el Festival de Woodstock de los ateos».[8] Entre los participantes había músicos, activistas y animadores como Eddie Izzard, Tim Minchin, Bill Maher y Penn Jillette. Naturalmente, los científicos populares como Lawrence Kraus y Richard Dawkins también fueron un plato fuerte, dado el evidente propósito de la concentración, que era defender la razón y la ciencia.

Sin embargo, en su discurso desde el escenario central, Dawkins no se limitó a alabar las virtudes de la razón. Cuando habló de las creencias religiosas de los individuos, exhortó al público entusiasta: «¡Reíos de ellos, ridiculizadlos! ¡En público!». Dawkins llevó su discurso a un enardecedor final con esta frase: «La religión hace afirmaciones específicas sobre el universo que es necesario justificar, que hay que desafiar y, si es necesario, ridiculizar con desprecio».[9]

Esto no solo fue una invitación al pensamiento y la investigación intelectual. Fue un discurso belicista.

## «Ridiculizadlos»

Muchos de los defensores a ultranza del nuevo ateísmo no necesitan que nadie los aplauda sobre este punto. Es cierto que las formas de cristianismo

8. Aysha Khan, "A Decade after the First Reason Rally, What Happened to America's Atheist Revolution?", *Religion and Politics*, 30 de agosto de 2022, https://religionandpolitics.org/2022/08/30/a-decade-after-the-first-reason-rally-what-happened-to-americas-atheist-revolution/.

9. "Transcript of Richard Dawkins' Speech from Reason Rally 2012", *Ladydifadden* (blog), 28 de marzo de 2012, https://ladydifadden.wordpress.com/2012/03/28/transcript-of-richard-dawkins-speech-from-reason-rally-2012/.

fundamentalista (el propio de los teleevangelistas con peinado abultado) ya se habían puesto a tiro de todas las burlas. Pero en esta ocasión el blanco fue la creencia religiosa en general. A los ojos de los nuevos ateos, la religión había recibido durante demasiado tiempo un respeto inmerecido, encapsulado a menudo en leyes obsoletas contra la blasfemia y la cultura de agachar la cabeza. Ahora su misión consistía en desmantelar la reverencia a base de irreverencia. Pronto la burla y el ridículo se convirtieron en el *modus operandi* del movimiento.

Aparte del aluvión de memes ateos que se burlaban de la fe, algunos personajes públicos famosos empezaron a labrarse fama de menoscabar la religión. La celebridad televisiva Bill Maher hizo un documental titulado *Religulous*,[10] destinado a exponer los absurdos de determinadas formas de creencia religiosa, especialmente el cristianismo. Christopher Hitchens, quien empleó sus inimitables capacidades retóricas con efectos devastadores, gustaba de comparar a Dios con «un dictador celestial, una especie de Corea del Norte divina»[11] durante sus charlas y debates públicos. El cómico británico Ricky Gervais, creador de *The Office*, fue volviéndose cada vez más agresivo en su burla a la religión en Twitter y dedicó un monólogo entero a reírse de la Biblia.

Aunque las burlas eran un hecho reconocido, la voluntad directa de ofender no se quedaba atrás.

PZ Myers, un biólogo evolucionista y bloguero popular, fomentó una controversia cuando obtuvo una hostia de la comunión en una iglesia católica romana y la profanó públicamente para demostrar que no lloverían rayos sobre él por esta blasfemia. La imagen que colgó en internet, donde se veía la hostia atravesada por un clavo oxidado y tirada a un cubo de basura, no fue precisamente materia propia del ritualismo satanista, pero ofendió a un buen número de católicos.

Por supuesto, estas personalidades y sus denuncias teatrales de la religión nunca fueron una representación de la inmensa mayoría de los no creyentes; pero los actos de unos pocos pueden manchar la reputación de muchos. Cuando estos personajes ocuparon el primer plano, la percepción pública del ateísmo comenzó a establecer nuevas asociaciones. Mientras que el término "ateo" se puede definir según el diccionario como «una persona que no cree en Dios», en la mente del público cada vez más pasó a

---

10. Neologismo que juega con las palabras *religious* (religioso) y *ridiculous* (ridículo) [N. del E.].

11. "Hitchens vs. Blair, Roy Thomson Hall", Hitchens Debates Transcripts, 26 de noviembre de 2010, https://hitchensdebates.blogspot.com/2010/11/hitchens-vs-blair-roy-thomson-hall.html.

significar «una persona que piensa que el concepto de Dios es estúpido, tal como son las personas que creen en esto».

Si un intelectual público como Richard Dawkins describió a menudo a los cristianos como «cabezas de fe», y sus creencias como «cuentos de hadas», esto no podía menos que alimentar cierto sentido de superioridad. Los ateos se presentaban como los que tenían de su lado la ciencia, los hechos y la razón. Las personas religiosas seguían empantanadas en ideas supersticiosas basadas en fábulas antiguas recopiladas por «tribus desérticas de la Edad de Bronce».[12] El ateísmo se estaba convirtiendo gradualmente en *anti*teísmo.

Sin embargo, mientras el grado de condescendencia alcanzaba un *crescendo*, el propio nuevo ateísmo estaba a punto de ser sometido a un examen a fondo.

## El nuevo ateísmo se tambalea

Al principio del movimiento, se había propuesto el término *brights* (brillantes) como apelativo alternativo para la causa del nuevo ateísmo. Pretendía ser una manera de remplazar un término que sonaba negativo (después de todo, el ateísmo es la negación de algo) por otro que sonaba bien. La idea de que los ateos que valoraban la ciencia, la razón y el escepticismo fueran rebautizados como "brillantes" fue respaldada por al menos dos de los cuatro jinetes, Dawkins y Dennett. Sin embargo, Christopher Hitchens discrepó con ellos: «Mi incomodidad con el profesor Dawkins y con Daniel Dennett, por su propuesta escandalosa de que los ateos debieran denominarse, en un acto de vanidad, "brillantes", es tema de discusión constante entre nosotros».[13]

Es posible que se tratase de una discrepancia relativamente pequeña dentro del esquema general, pero incluso Hitchens se dio cuenta de que el ateísmo que él propugnaba corría el peligro de aparecer presuntuoso y arrogante.

Entre tanto, otras prominentes voces ateas comenzaron a airear su inquietud sobre la dirección en la que discurría su movimiento.

En mi propio programa, *Unbelievable?*, el famoso escritor de superventas Philip Pullman, cuya trilogía sobre la materia oscura es un ataque

12. Richard Dawkins, *The Greatest Show on Earth: The Evidence for Evolution* (Nueva York: Free Press, 2009), 107.

13. Christopher Hitchens, *God Is Not Great: How Religion Poisons Everything* (Nueva York: Hachette Book Group, 2007), 5.

contra la religión organizada, me dijo que no le gustaba nada la Campaña Bus Ateo. Dado su papel como colaborador distinguido de Humanists UK (el grupo que patrocinó la campaña), su declaración fue fulminante:

> Me pareció que el eslogan [«Probablemente Dios no existe. Ahora deja de preocuparte y disfruta de la vida»] era degradante y estúpido más allá de lo que se pueda expresar con palabras, y me hubiera gustado tener voz y voto porque habría dicho... «¡No digáis eso! ¡Decid algo diferente, por favor, que eso es una tontería!».[14]

El profesor Michael Ruse, reconocido filósofo de la ciencia, se sintió lo bastante irritado como para escribir varios artículos afirmando que el rimbombante enfoque del nuevo ateísmo sobre la religión era «un flaco servicio para la academia», y que el libro de Dawkins, *El espejismo de Dios*, hacía que Ruse sintiera «vergüenza de ser ateo».[15] Incluso respaldó por escrito algunos libros cristianos que respondieron al movimiento.

Otra crítica notable vino de parte del filósofo ateo Daniel Came, cuya carta abierta a Richard Dawkins se publicó en *The Daily Telegraph* en 2011. Came, que en aquel momento era profesor en la Universidad de Oxford, criticó al biólogo por elegir a blancos fáciles dentro de los círculos religiosos, huyendo de los abogados intelectuales del cristianismo más serios.

Dawkins había declinado varias invitaciones para debatir con el filósofo William Lane Craig, renombrado pensador cristiano. La carta de Came afirmaba que la negativa de Dawkins de debatir con Craig «se podía interpretar como cobardía por su parte», pasando luego a decir (con un leve matiz sarcástico): «Me doy cuenta de que, por el contrario, le encanta hablar de asuntos teológicos con presentadores de radio y televisión y otros pesos pesados intelectuales, como el pastor Ted Haggard de la National Association of Evangelicals y el pastor Keenan Roberts de la Colorado Hell House».[16]

---

14. "Francis Spufford and Philip Pullman on Why Christianity Makes Surprising Emotional Sense—Classic Replay", *Unbelievable?*, 10 de julio de 2020, https://www.premierchristianradio.com/Shows/Saturday/Unbelievable/Episodes/Unbelievable-Francis-Spufford-and-Philip-Pullman-on-why-Christianity-makes-surprising-emotional-sense-Classic-Replay.

15. Michael Ruse, "Dawkins et al Bring Us into Disrepute", *The Guardian*, 2 de noviembre de 2009, https://www.theguardian.com/commentisfree/belief/2009/nov/02/atheism-dawkins-ruse.

16. Tim Ross, "Richard Dawkins Accused of Cowardice for Refusing to Debate Existence of God", *The Telegraph*, 14 de mayo de 2011, https://www.telegraph.co.uk/news/religion/8511931/Richard-Dawkins-accused-of-cowardice-for-refusing-to-debate-existence-of-God.html.

Ese mismo año participé en la organización de un ciclo de conferencias para el mencionado William Lane Craig. Como parte del proyecto, nuestro reducido equipo había programado varios debates públicos con ateos conocidos. La guinda del pastel (esperábamos) sería un debate con el propio Dawkins. Le enviamos una invitación y fijamos una fecha para la reunión en el terreno de Dawkins, la Universidad de Oxford.

Daniel Came nos ofreció su ayuda, con la esperanza de que su carta, unida a varios requerimientos más, indujera a Dawkins a plantearse seriamente la invitación. Incluso lanzamos una campaña irónica propia en la ciudad, con autobuses donde se leía: «Probablemente Dawkins no existe... pero acércate al Sheldonian Theatre para comprobarlo».

Como era de esperar, Dawkins no se presentó. Sin embargo, Came y un grupo de compañeros agnósticos y académicos ateos vinieron para representar la oposición fiel dentro de un auditorio repleto de alumnos de Oxford. Los organizadores incluyeron un detalle teatral: dejaron en el escenario una butaca vacía, un recordatorio al público de que Dawkins no había venido, y una invitación para que el biólogo aceptase el reto si lo deseaba.

Pero aquella butaca vacía ha empezado a representar algo distinto en mi mente: la vaciedad del proyecto del nuevo ateísmo como movimiento con sentido. Habían declarado que la creencia en Dios era un espejismo, pero ¿qué habían puesto en su lugar? Tal y como estaban a punto de descubrir los arquitectos del movimiento, cuando no hay unos cimientos adecuados, incluso el edificio más deslumbrante se hundirá por su propio peso.

## El nuevo ateísmo se deshilacha

Las grietas en el nuevo ateísmo empezaron a manifestarse más visiblemente en 2011, durante una controversia que se produjo en la World Atheist Convention (Convención Mundial de Ateos), a la que llamaron *Elevatorgate* (ascensorgate).

Rebecca Watson, fundadora de la web Skepchick, había intervenido como conferenciante junto a Richard Dawkins y otros invitados sobre el tema de la sexualización de las mujeres en el movimiento ateo *online*, y habló también sobre su propia experiencia en este ámbito.

Aquella tarde algunos de los conferenciantes y asistentes se reunieron a tomar algo en el bar del hotel. Cuando Watson volvió a su habitación ya de madrugada, entró con ella al ascensor un hombre del grupo al que ella no conocía, quien le preguntó si le gustaría ir a su habitación a tomar un café. Watson dice que aquella propuesta extemporánea la hizo sentir muy incómoda.

> Era una mujer soltera, en un país extranjero, a las cuatro de la mañana, en un ascensor contigo… y solo contigo. No me invites a ir a la habitación de tu hotel justo después de que he estado hablando sobre lo nerviosa que me pone cuando los hombres me sexualizan de esta manera.[17]

Sin embargo, el principal problema no fue el incidente por sí solo; los hombres que hacen propuestas inadecuadas se dan en todo tipo de círculos. Lo que empezó a dividir a la comunidad atea fueron las repercusiones del episodio. Cuando Watson relató su experiencia en un video de su canal de YouTube, muchos escépticos como ella le prestaron su apoyo. Pero su reacción también fue interpretada por muchos otros ateos como un ejemplo de una cultura hipercrítica y políticamente correcta que ellos no querían que se inmiscuyese en su propio oasis de librepensamiento. Ellos afirmaron que aquel hombre no pretendía nada malo; ¿por qué tanto escándalo?

Esta discusión se fue extendiendo por los blogs y los foros *online* de otros ateos famosos, como PZ Myers, que se puso del lado de Watson, sosteniendo que su movimiento necesitaba un punto de vista más feminista, y denunciando a los ateos que le restaban importancia al incidente. Entonces fue cuando intervino el propio Richard Dawkins.

Como líder no oficial del movimiento, y alguien presente en la conferencia, podríamos esperar que hubiera intentado extinguir las llamas de la creciente controversia. Pues para nada. En lugar de eso, optó por echar más leña al fuego enviando una carta imaginaria, teñida de sarcasmo, titulada "Querida Muslima":

> Deja de lloriquear, ¿vale? Sí, sí, ya sé que te mutilaron los genitales con una navaja de afeitar, y… (bostezo)… no me lo cuentes otra vez, que ya sé que no te permiten conducir, ni salir de tu casa sin un pariente varón, y que tu marido tiene derecho a pegarte palizas, y que te ejecutarán a pedradas si cometes adulterio. Pero deja de

17. Rebecca Watson, "About Mythbusters, Robot Eyes, Feminism, and Jokes", *Skepchick*, video, 20 de junio de 2011, https://skepchick.org/2011/06/about-mythbusters-robot-eyes-feminism-and-jokes/.

lloriquear, ¿vale? Piensa en el sufrimiento que tienen que aguantar tus pobres hermanas en Estados Unidos.[18]

Luego siguió ironizando sobre la experiencia de Watson en el ascensor, tachándola de algo trivial si la comparamos con el sufrimiento de las mujeres en culturas religiosas represivas.

Hasta este momento, Dawkins había mantenido una relación relativamente armoniosa con la mayoría de los sectores dentro de la comunidad atea, pero en ese momento fue sepultado por un aluvión de acusaciones de misoginia, sexismo y machismo. Naturalmente hubo otros que se aprestaron a defenderlo, afirmando que lo que decía era puro sentido común, algo razonable. Esta acabaría siendo una de las primeras de numerosas controversias que alimentó Dawkins y que dividieron a la comunidad atea, pero el punto de partida fue la acusación de sexismo.

En los últimos años, el escándalo de Harvey Weinstein y el consiguiente surgimiento del movimiento #MeToo han concienciado al mundo del sexismo y de la dinámica de poder que acechan tras la industria del entretenimiento y las artes. Pero unos años antes, el "ascensorgate" había originado un movimiento similar para denunciar la conducta sexista dentro de las filas ateas. Y los acusados de tener una conducta inapropiada no solo fueron los asistentes comunes y corrientes de las conferencias: el comportamiento de algunos de los nombres más conocidos en el circuito oratorio del mundo ateo también se estaba poniendo en tela de juicio.

David Silverman fue presidente de la organización American Atheists y el principal organizador del Reason Rally de 2012. Sin embargo, fue despedido de su cargo después de haber recibido quejas por mala conducta económica y sexual, después de que la página web BuzzFeed publicara una serie de acusaciones por parte de diversas mujeres. Otros nombres destacados del movimiento ateo, como Michael Shermer y Richard Carrier, también han recibido acusaciones de conducta indebida en conferencias ateas, tras lo cual ya no fueron invitados a eventos públicos. Los tres hombres han negado rotundamente las acusaciones.

Quizá el caso que recibió más publicidad ha sido el del físico Lawrence Krauss, quien se hizo famoso a principios de su carrera tras la publicación del superventas *La física de Star Trek*. Después fue profesor de astrofísica en la Arizona State University en 2008, además de ocupar numerosos

18. PZ Myers, "Dawkins and 'Dear Muslima'", *FreethoughtBlogs*, 28 de junio de 2018, https://freethoughtblogs.com/pharyngula/2018/06/28/dawkins-and-dear-muslima/.

cargos importantes en juntas de consulta científica. Pero lo que condujo a su tremenda popularidad como conferenciante en las principales reuniones y debates para escépticos fue su enorme personalidad al moverse en los escenarios, así como su virulento ataque contra sus adversarios.

Sin embargo, en 2018 fue acusado de insinuarse a algunas alumnas durante el tiempo en que había desempeñado el cargo de profesor, además de haber tocado indebidamente a una mujer en una conferencia en Australia; estas acusaciones se publicaron (de nuevo en BuzzFeed). La Arizona State University investigó esta última alegación y llegó a la conclusión de que Krauss había incumplido su política sobre el acoso sexual, lo cual hizo que no le renovasen su posición como director del proyecto Origins de la universidad. Krauss, quien negó tajantemente las acusaciones, permaneció de baja administrativa en la ASU antes de abandonar su cargo al final del año académico.

Como parte del artículo de BuzzFeed que detallaba las acusaciones, que se hizo viral, Rebecca Watson comentó: «A los escépticos y los ateos les gusta pensar que están por encima de las manías humanas como el culto a la celebridad... En cierto sentido, esto los vuelve especialmente susceptibles a que sus héroes abusen de ellos. Creo que esto es algo que vemos una y otra vez».[19]

## El nuevo ateísmo se divide

Sin embargo, las acusaciones de sexismo no fueron las únicas controversias que iban macerando dentro de los círculos ateos. El propio Dawkins se vio envuelto incesantemente en una serie de disputas y meteduras de pata (que él mismo provocó). Twitter es el talón de Aquiles de muchas celebridades, y Dawkins ha demostrado a menudo que no es una excepción. Con el paso de los años, se ha visto inmerso en múltiples controversias, desde *tuits* donde aconsejaba a una mujer que abortase si durante el embarazo detectaban que el feto tenía síndrome de Down, hasta restarle importancia a las violaciones producidas durante una cita amorosa o la pedofilia "leve".

Estos episodios se convirtieron en un ciclo predecible: la tempestad de *tuits* críticos que se levantaba después de cada declaración chocaba con los

19. Peter Aldhous, Azeen Ghorayshi y Virginia Hughes, "He Became a Celebrity for Putting Science before God. Now Lawrence Krauss Faces Allegations of Sexual Misconduct", *BuzzFeed News*, 22 de febrero de 2018, https://www.buzzfeednews.com/article/peteraldhous/lawrence-krauss-sexual-harassment-allegations.

*tuits* defensivos de Dawkins, sus recriminaciones de que habían sacado de contexto sus palabras, y culminaban en una larga publicación en un blog donde intentaba matizar su afirmación originaria de ciento cuarenta caracteres. Después de que se calmaban las aguas, el proceso volvía a repetirse meses más tarde tras otro *tuit* incendiario.

No obstante, una parte de su actividad *online* ha tenido consecuencias fuera de la red. En 2016, después de *retuitear* un video que parodiaba el feminismo en el islam, le retiraron la invitación a una conferencia sobre ciencia y escepticismo en Nueva York, en la que figuraba como orador principal. Tras esta cancelación llegaron otras, incluida una presentación de un libro en una emisora de radio californiana y una invitación para hablar en la Historical Society del Trinity College de Dublín. El organizador anunció que la sociedad «no seguiría adelante con su alocución, dado que por encima de todas las cosas, valoramos la comodidad de nuestros miembros».[20]

Por supuesto, nada de esto está circunscrito al ámbito del nuevo ateísmo. La cultura de la cancelación ha generado un debate cada vez más intenso durante los últimos años; diversos individuos procedentes del mundo del arte, el entretenimiento y la academia han visto cómo revocaban sus invitaciones a eventos públicos después de airear opiniones impopulares sobre temas candentes. Pero las repercusiones de las controversias que han rodeado a Dawkins y a otros ateos destacados han revelado los profundos cismas en el núcleo de las comunidades ateas, algo que simplemente estaba esperando a ser descubierto.

El sexismo percibido y los privilegios dentro de la cultura de celebridades del ateísmo se volvieron intolerables para muchos. Las conferencias escépticas, que en otro tiempo habían sido la esencia del movimiento, adquirieron la reputación de chauvinismo. Las escépticas feministas recomendaban a la gente que se mantuviera alejada de ellas, además de exigir una mayor representación femenina y la admisión del desequilibrio de poder existente dentro de la comunidad. En el bando opuesto, otros creían que el movimiento estaba siendo preso de una agenda de base ideológica que no tenía nada que ver con la cultura "librepensadora" que se valoraba en los círculos escépticos.

Quienes defendían una versión del escepticismo más progresista, orientada a la justicia social, empezaron a trazar planes para un "ateísmo +". El

20. Cormac Watson y Mairead Maguire, "The Hist Will 'Not Be Moving Ahead' with Richard Dawkins Address", *University Times*, 27 de septiembre de 2020, http://www.universitytimes.ie/2020/09/the-hist-will-not-be-moving-ahead-with-richard-dawkins-address/.

signo más indicaba que quienes formaban bajo esa bandera no solo estaban entregados a la razón y la ciencia, sino también a la igualdad de género, el antirracismo, los derechos LGTB y toda una batería de causas adicionales. Aquellos que abogaban por este nuevo tipo de "ateísmo con requisitos morales" fueron penosamente conscientes de que hasta ese momento el movimiento había estado representado primariamente por una falange de hombres viejos, blancos y heterosexuales (pensemos en los cuatro jinetes), y por consiguiente, tenía la necesidad desesperada de dar un vuelco en las esferas del liderazgo.

Sin embargo, la realidad era que el movimiento del nuevo ateísmo estaba dominado en gran parte por varones blancos, no solo en la plataforma, sino también entre la base que ocupaba los foros *online* y las butacas físicas de las conferencias. De una forma parecida al cuidado de la barba, las maquetas de trenes y Warhammer, el ateísmo como movimiento organizado sigue siendo un pasatiempo en gran medida copado por los hombres. Muchos de los que habían disfrutado de la luna de miel del movimiento en la década del 2000 se volvieron en contra del "ateísmo +"; esta nueva y poco bienvenida variante añadía a su manifiesto una secuencia potencialmente infinita de causas, junto con un montón de preguntas incómodas sobre el patriarcado y el privilegio. El ateísmo, decían, no era más que una declaración al respecto de aquello en lo que no creía uno, a saber, Dios. Por supuesto, la ciencia y la razón también eran bienvenidas a la fiesta, pero se mostraban reacios a la idea de tener que apuntarse a una lista de lealtades ideológicas adicionales. El ateísmo empezaba a parecerse más a una forma moralista de religión de lo que jamás habían anticipado.

Incluso un escéptico de izquierdas como Sam Harris, a quien le encanta definirse a sí mismo como feminista, temió que las doctrinas ideológicas de la "izquierda progresista" estuvieran erosionando la cultura basada en hechos, impulsada por la ciencia, propia del movimiento escéptico. Después de recibir una andanada de acusaciones de sexismo por parte de blogueros ateos, Harris escribió un artículo titulado "No soy el cerdo sexista que andáis buscando".[21] En él defendía los argumentos científicos para las diferencias generales de temperamento y psicología entre los géneros, y por qué esto podría explicar fácilmente el hecho de que el 84 % de sus seguidores en Twitter fueran hombres, y que el movimiento ateo estuviera controlado en gran medida por varones.

---

21. Sam Harris, "I'm Not the Sexist Pig You're Looking For", *Sam Harris*, 15 de septiembre de 2014, https://samharris.org/blog/im-not-the-sexist-pig-youre-looking-for/.

De igual manera, Harris había sido acusado de mantener otros prejuicios, como islamofobia, pero se había negado a suavizar su crítica a esta religión. Quizá lo que resulta más polémico es que Harris ha estado dispuesto a ofrecer una plataforma a voces como la de Charles Murray, un investigador que sostiene en su libro *The Bell Curve* (La campana de Gauss) que en el coeficiente intelectual existen diferencias de base genética entre los distintos grupos raciales. La obra de Murray ha sido respaldada (inevitablemente) por racistas que defienden la superioridad de la raza blanca, y muchos de sus pares científicos han sostenido que esa investigación es en gran medida errónea.

Sin embargo, a Harris lo que le interesaba era exponer públicamente estas ideas, tanto si la sociedad las aceptaba como si no. Sostuvo que el debate racional no se puede sacrificar en el altar de la corrección política. Por eso a Harris le frustra el creciente grado de energías que sus pares invierten en «lugares seguros, mensajes de advertencia y microagresiones»,[22] cuestiones que han caracterizado la emergencia de la cultura "woke".[23]

## El nuevo ateísmo implosiona

En los últimos años, otro frente importante que ha surgido en la guerra cultural es el tema de los derechos de los individuos transgénero. El dramático aumento del número de jóvenes que se someten a medicación y a cirugía para la reasignación de género está bien documentado. Son abundantes las controversias sobre si las mujeres transgénero que tienen la fisiología de un hombre pospúber deberían competir contra otras mujeres en eventos deportivos. Y luego está el espinoso asunto de los vestuarios y los espacios solo para mujeres.

Incluso queridos íconos culturales como J. K. Rowling, autora de la serie de libros de Harry Potter, se han visto arrastrados por la vorágine de la controversia. Desde que empezó a argüir abiertamente que el activismo transgénero está erosionando los derechos de género por los que lucharon

22. "Safe Space: A Conversation with Jonathan Haidt", *Sam Harris*, pódcast #137, 9 de septiembre de 2008, https://samharris.org/podcasts/137-safe-space/.

23. Del inglés *woke* (despierto). Originalmente, describía una conciencia crítica frente a las injusticias sociales, particularmente el racismo, el sexismo y otras formas de discriminación. En el uso actual, el término ha adquirido connotaciones diversas; en contextos polémicos, se emplea también de forma despectiva para referirse a posturas consideradas excesivamente sensibles o dogmáticas en cuestiones de justicia social (N. del E.).

las feministas, se ha convertido en una paria social en muchos círculos progresistas, mientras que en otros es venerada como adalid de la libertad de expresión y del feminismo.

Los derechos transgénero han resultado ser otro tema divisivo dentro del movimiento ateo. En 2021, los comentarios que hizo Dawkins en Twitter cuestionando la autoidentificación de hombres y mujeres transgénero condujo a la American Humanist Association a exigirle la devolución de su premio Humanista del Año de 1996. Dijeron que Dawkins había hecho declaraciones «que usan el disfraz del discurso científico para menoscabar a grupos marginalizados, un enfoque antitético a los valores humanistas».[24]

En 2019, en *The Atheist Experience*, un programa longevo y popular al que podían telefonear los oyentes, con sede en Austin, Texas, se produjo un cisma importante. El presentador, Matt Dillahunty, dijo que él y la Atheist Community of Austin [Comunidad Atea de Austin], sociedad que dirige el programa, abogan totalmente por la afirmación transgénero. «Me tildaban de transfóbico mientras estaba sentado con dos mujeres trans, un muchacho trans y dos hombres gais, planificando nuestra celebración anual del Festival del Orgullo».[25]

Sin embargo, la controversia nació cuando el youtuber británico Stephen Woodford, que es ateo, intervino como invitado especial en el programa. Woodford se hizo famoso por su canal Rationality Rules, en el que intenta desmontar diversos argumentos apologéticos que defienden la religión. También usa su plataforma para responder a diversas cuestiones de candente actualidad. Woodford había colgado un video donde argumentaba que los atletas transgénero tenían una ventaja injusta sobre las mujeres en las competiciones deportivas.

No obstante, tras la intervención de Woodford, llegó un diluvio de críticas por parte de aquellos que pensaban que en el programa había aparecido un "transfóbico". A pesar de que se le tributó una cálida bienvenida al programa (donde no se tocó en absoluto el tema trans), Woodford tomó el vuelo de regreso a Inglaterra para descubrir que había sido denunciado oficialmente por la Comunidad Atea de Austin, que había emitido una

24. "American Humanist Association Board Statement Withdrawing Honor from Richard Dawkins", *American Humanist Association*, 19 de abril de 2021, https:// americanhumanist.org/news/american-humanist-association-board-statement-withdrawing-honor-from-richard-dawkins/.

25. "Glen Scrivener and Matt Dillahunty: Morality: Can Atheism Deliver a Better World?", 10 de enero de 2020, *The Big Conversation*, temporada 2, episodio 6, video, https://www.youtube.com/watch?v=B3-sjyDYO2I.

disculpa por «el dolor y la angustia» provocados por su intervención en el programa.[26]

A pesar de la disculpa oficial, esta reacción violenta indujo a una serie de miembros del personal y de voluntarios a abandonar la organización. Posteriormente, el propio Woodford reexaminó su punto de vista sobre los atletas transgénero, admitiendo que había cometido algunos errores fácticos, pero negando la acusación de ser transfóbico. Desde entonces, Dillahunty ha dejado de presentar *The Atheist Experience* y ha dimitido de la Comunidad Atea de Austin debido a los constantes desacuerdos con ellos.[27]

Conflictos y debates similares en torno al género, los derechos trans, las cuestiones LGTB y la raza han marcado cada vez más la cultura popular. Estos cismas ideológicos han tendido a verse potenciados por la cultura "callout"[28] de plataformas como Twitter, Facebook y YouTube, y el atractivo *clickbait* de las controversias de los famosos. Sin embargo, este fenómeno empezó pronto para la comunidad del nuevo ateísmo, que antes de que las redes sociales llegasen para dirigir el cotarro, ya se había expandido a través de una creciente red de blogs y páginas web. El escándalo del "ascensorgate" de 2011 parece haber señalado el punto crucial en el que el movimiento del nuevo ateísmo empezó a desgarrarse desde el interior.

Hasta ese momento, en gran medida, el nuevo ateísmo había estado bastante unido al respecto de la idea de que la religión era perjudicial y la ciencia era beneficiosa. Pero resulta que la vida es más complicada que eso. Una vez que la comunidad descubrió que tenían opiniones radicalmente distintas sobre cómo había que vivir la vida luego de haber abandonado la religión, todo su andamiaje se vino abajo rápidamente.

Mientras que en otros tiempos la energía del movimiento se había centrado en criticar la superstición religiosa y las formas no científicas de pensar, ahora parecía que los ateos dedicaban la mayor parte de su tiempo a atacarse unos a otros. La virulencia y la rabia de las confrontaciones entre personas que habían sido amigas dentro de la comunidad de escépticos dejaba en pañales la beligerancia entre ateos y sus adversarios religiosos de épocas anteriores.

26. Stephen Woodford, "I've Been Denounced by the ACA (Atheist Community of Austin)", *Rationality Rules*, 11 de mayo de 2019, video, https://www.youtube.com/watch?v=cX_vOpX6mt4.

27. Matt Dillahunty, "Why I Left the ACA and What's Next", 9 de octubre de 2022, video, https://www.youtube.com/watch?v=FGvlGQQlx-g.

28. Práctica de denunciar de manera acusatoria, pública y personal, una expresión o acto de machismo, racismo, homofobia, transfobia, xenofobia, etc. (N. del T.).

El popular bloguero ateo PZ Myers, que defendió firmemente la facción progresista del "ateísmo +", tuvo una diferencia de opinión tremenda con Sam Harris y con prácticamente todos los otros líderes de la comunidad atea. Más tarde escribió un artículo titulado "El accidente ferroviario que fue el nuevo ateísmo", lamentando la trayectoria derechista del movimiento y preguntando: «¿Quién puso al mando a Dennett, Harris, Dawkins y Hitchens?». Llegó a la conclusión de que su periodo como abanderado del movimiento era «lo que más lamento en mi vida».[29]

Las conferencias y debates públicos de los ateos, que antes gozaban de una asistencia copiosa, también iban resintiéndose a medida que proseguían las luchas internas.

Un punto crítico fue la MythCon de 2017, organizada por el grupo librepensador Mythicist Milwaukee.[30] A pesar de intensas críticas, habían invitado al agitador y youtuber antifeminista Carl Benjamin (con su seudónimo Sargon of Akkad) a participar en el evento. Entre otras cosas, el año anterior Benjamin había provocado un altercado cuando envió un tuit a la diputada parlamentaria británica Jess Phillips, afirmando: «Yo es que ni te violaba».

Su debate público sobre el feminismo y la justicia social con el conductor de pódcast ateo Thomas Smith culminó con algunas escenas de caos. Muchos de los espectadores estuvieron verbalmente de parte de Benjamin, mientras Smith denunciaba a su adversario en el debate tachándolo de «terrible» y etiquetando a quienes lo aplaudían como «gente deplorable» y «aduladores». Al final Smith abandonó el escenario, declarando: «Esta conferencia es una vergüenza». Cuando las acaloradas disputas prosiguieron tras el debate, miembros del personal de seguridad tuvieron que entrar en la sala para desalojar a algunos de los asistentes.

Más tarde, incluso antes de que la pandemia de COVID impidiera las reuniones presenciales, se cancelaron muchas conferencias de ateos y escépticos. Algunas han desaparecido debido a la reducción del interés que sienten por ellas quienes antes las frecuentaban, pero las inacabables turbulencias políticas también han pasado factura.

---

29. PZ Myers, "The Train Wreck That Was the New Atheism", *Freethought Blogs*, 25 de enero de 2019, https://freethoughtblogs.com/pharyngula/2019/01/25/the-train-wreck-that-was-the-new-atheism/.

30. Los detalles en este párrafo y los siguientes proceden de Andy Ngo, "Chaos During Social Justice and Feminism Debate at Milwaukee Atheism Conference", *Areo*, 10 de marzo de 2017, https://areomagazine.com/2017/10/03/chaos-during-social-justice-and-feminism-debate-at-milwaukee-atheism-conference/.

El bloguero Atheism and the City lo resumió bien en un artículo que reflexionaba sobre la cancelación de The Atheist Conference de 2018 después de que se produjeran diferencias irreconciliables al respecto de los candidatos propuestos como conferenciantes:

> En los últimos años, la comunidad atea se ha fragmentado en un millón de pedazos. Están las feministas ateas y las antifeministas ateas, los defensores ateos de la justicia social y los detractores ateos de la justicia social. Los ateos políticamente correctos y los ateos que no lo son. Hay ateos pro-Trump y otros anti-Trump. Los ateos disputan sobre "juegogate" y "ascensorgate", sobre si debemos organizarnos o incluso sobre si deberíamos siquiera llamarnos ateos. Y las divisiones siguen y siguen.[31]

## La caída del nuevo ateísmo

Actualmente, el nuevo ateísmo es en gran medida un movimiento sin fuelle, relegado a los rincones de internet, donde los blogueros adolescentes siguen produciendo en masa memes antibíblicos en cámaras de resonancia online. Ha desaparecido de la vista de la gente como fenómeno cultural serio. El aumento repentino en el mundo editorial de literatura anti-Dios se esfumó casi tan rápidamente como apareció, y el circuito oratorio ateo es una sombra de lo que fue en otros tiempos.

La implosión de la comunidad atea en facciones enfrentadas fue acompañada de una merma de la simpatía que sentía el público general por ella. Lo que al principio sonaba como una resistencia basada en principios contra el dogmatismo y el privilegio religioso había empezado a parecer un tipo de dogmatismo. La causa empezó a difuminarse mucho.

Para las personas religiosas, el tono burlón y condescendiente de los nuevos ateos había sido revulsivo desde el principio. Por lo que respecta a las estrategias evangelísticas, concebir a tu potencial converso como un ignorante tiende a ser algo bastante ineficaz. Y para los no religiosos que tenían amigos que lo eran, era evidente que las vidas y la fe de sus amigos tenían más matices que la caricatura de la fe presentada por sus detractores.

---

31. "The Atheist Conference is Dead", *Atheism and the City* (blog), 5 de enero de 2018, http://www.atheismandthecity.com/2018/01/the-atheist-conference-is-dead.html.

Además, al edificar una comunidad de escépticos que pensaban igual, el nuevo ateísmo había caído sin darse cuenta en el molde de una secta religiosa. Después de todo, esto era mucho más que meramente "la no creencia en Dios".

Tenían sumos sacerdotes (los cuatro jinetes) y los textos sagrados que estos habían escrito. La ciencia era el objeto de su adoración, y su credo era el naturalismo (la creencia de que todo lo que existe se puede explicar por el movimiento de la materia y las fuerzas ciegas de la naturaleza). Se reunían regularmente para celebrar sus creencias, para alabar las maravillas de la ciencia y para escuchar cómo sus líderes predicaban contra quienes creían en otro evangelio. Los ateos que cuestionaban la estricta ortodoxia materialista, o que incluso perdían su fe en ella, eran herejes a los que aislaban con un celo inquebrantable.

Sin embargo, las religiones tienden a padecer cismas cuando alcanzan determinado tamaño y, tal como demuestra su implosión, el nuevo ateísmo demostró que no era la excepción.

En mis propias interacciones personales fui encontrando cada vez más no creyentes que se distanciaban del movimiento. La frase «Soy ateo, pero no del estilo de Richard Dawkins» aparecía con una frecuencia sorprendente. Daba la sensación de que el fundamentalismo religioso estridente al que se oponía el nuevo ateísmo se había visto sustituido, sencillamente, por un fundamentalismo estridente de otro tipo.

Parte del problema consistía en que el movimiento ateo se había cohesionado primariamente en torno a aquello a lo que se *oponía*, la religión. En consecuencia, desde su surgimiento había estado revestido de un tono negativo. Conscientes de esto, algunos ateos han hecho intentos de crear comunidades no religiosas que tienen como meta celebrar *qué* defienden, y fomentar un entorno donde puedan florecer las relaciones genuinas.

Una de las más destacadas ha sido la Sunday Assembly (Asamblea dominical), una reunión periódica semejante a una iglesia que se celebra los domingos por la mañana en Londres, donde brilla por su ausencia toda referencia a Dios o a la espiritualidad. Tienen mucho cuidado en evitar cualquiera de los típicos sentimientos antirreligiosos que podrían ser la marca de fábrica de las reuniones de ateos. Por el contrario, los monologuistas cómicos Sanderson Jones y Pippa Evans, que fundaron esas reuniones semanales en 2013, eran plenamente conscientes de lo que estaban tomando prestado de la tradición cristiana. En lugar de himnos, pusieron canciones pop estimulantes, y para sustituir el sermón, incluían una charla inspiradora sobre las maravillas del universo, y una meditación sobre el amor podía ser el equivalente al tiempo de oración. Quizá lo más importante es que esa actividad atraía a personas a una comunidad regular y semanal. De todas estas maneras, la Asamblea dominical ha tomado explícitamente como modelo un típico culto eclesial (de hecho, muchos la llamaron "la iglesia atea"), pero sus únicos credos son los valores que registran en su página web: «Vive mejor, ayuda a menudo, maravíllate más».[32]

Todavía está por ver si estas formas más descafeinadas de comunidad no religiosa acabarán calando a largo plazo. La Asamblea dominical ha experimentado sus propios cismas y tropiezos en la franquicia mundial. Una vez más, no es necesario indicar cuáles son los paralelos religiosos. Sin embargo, el hecho de que existan estas reuniones ateas demuestra que, para vivir, la gente necesita más que hechos sobre la ciencia y la razón. Necesita comunidad, significado y un sentido de propósito.

Muchas personas se habían vuelto al nuevo ateísmo por la promesa que este hacía de un futuro más brillante, racional y científico. Creían que ahí estaba la clave para el progreso humano. De la misma manera que el himno secular "Imagine" había imaginado un mundo sin religión, cielo ni infierno, era de lo más razonable suponer que lo que vendría a continuación sería la utópica «hermandad de todos los hombres» de la que hablaba la canción. Pero, aunque John Lennon afirmase que «es fácil si lo intentas», resultó ser algo extremadamente complicado.

¿Qué podía erigir en lugar de Dios un movimiento que estaba fundamentado en destruir su concepto? La alternativa evidente era la ciencia; sin duda, esta sería una verdad-objetivo a la que todos pudieran aspirar, ¿no? Pero la ciencia demostró ser un mal sustituto de un salvador.

La ciencia te puede decir cómo surgió el universo, pero no por qué está ahí. La ciencia te puede decir qué elementos te componen, pero no cuál es tu valor. La ciencia puede generar soluciones para la pobreza, pero no la compasión necesaria para hacerlas realidad. La ciencia puede darte dinero, pero no comprar una existencia con sentido.

"La ciencia funciona..." (y añadía un insulto), declaraba un famoso meme ateo. Sí, lo hace... para determinadas cosas, no para todo. Primordialmente, no nos informa qué cosas deberíamos valorar. En este sentido, la ciencia es neutral. Podemos usarla para encontrar una cura para el cáncer o para fabricar una bomba atómica. La ciencia no nos dirá cuál

32. "Learn About Us", *Sunday Assembly*, consultada el 11 de octubre de 2022, https://www.sundayassembly.org/about.

de esas opciones es la correcta. Ese es un juicio de valores que, en última instancia, se tiene que desprender de algo que está más allá de la ciencia.

La cuestión de qué valores concretos deberíamos celebrar y respaldar fue el elemento que acabó destruyendo el mundo del nuevo ateísmo, tal como demostraron las ácidas reyertas internas de sus facciones al respecto de los temas del feminismo, el género y las cuestiones LGTB. Resultó que la ciencia y la razón, por sí solas, no podían dar respuesta a unos temas tan controvertidos. En este sentido, quedó patente que el nuevo ateísmo era una cosmovisión muy superficial, no una que pudiera ofrecer una razón para vivir.

Ciertamente, aún quedaban opciones abiertas para los ateos que querían apuntarse a un marco ético no religioso.

El movimiento "ateísmo +" fue uno de esos intentos por dar volumen a una cosmovisión atea desnuda, añadiéndole una lista de creencias adicionales sobre derechos y valores. De igual manera, las reuniones como las de la Asamblea dominical han intentado insertar un conjunto de valores compartidos en el meollo de sus propios cultos seculares. El "humanismo" es otro amplio sistema ético al que eligieron afiliarse muchos ateos, donde lo más importante es valorar la igualdad y la dignidad inherentes a todos los seres humanos. Pero, como argumentaré en capítulos posteriores, estos sistemas de valores deben mucho más a las sociedades cristianas de las que surgieron que al presunto ateísmo de aquellos que actualmente se cobijan bajo sus banderas.

## Gracias a Dios por Richard Dawkins

¿En qué lugar dejaba todo esto a la religión?

En el punto culminante de su influencia, el nuevo ateísmo parecía suponer una seria amenaza a la creencia religiosa de Occidente. ¿Cómo podía un ministro de culto, que pastoreaba a su grey, tener la esperanza de competir con la capacidad intelectual de los escritores del nuevo ateísmo y con sus libros? ¿Qué esperanza podía tener el padre o la madre cristianos de competir con la avalancha de materiales ateos online que clamaban por la atención de sus hijos adolescentes?

A decir de algunos, se nos podría disculpar que pensásemos que se produjo un éxodo masivo de la iglesia cuando los cuatro jinetes y su creciente ejército de escépticos pasaron arrollando por la cultura. Las páginas web de ateos estaban llenas de relatos de excristianos que habían visto la luz y abandonado las supersticiones que en otro tiempo habían aceptado movidos por su credulidad. Ciertamente, muchas de las organizaciones escépticas más destacadas fueron fundadas por excreyentes, que empezaron a predicar el ateísmo con tanto entusiasmo como antes lo hicieron con el cristianismo.

Y el caso no quedó circunscrito al cristianismo. Las páginas de exmusulmanes también pasaron a ser una característica del movimiento, aunque con riesgos potenciales mucho mayores para quienes hacían públicas sus experiencias como apóstatas. A pesar de todo, el índice del ateísmo entre cristianos pareció sobrepasar con mucho al de sus contrapartes musulmanas.

Quizá las iglesias occidentales no podían culparse más que a sí mismas. Los grandes movimientos protestantes de avivamiento de los siglos xviii y xix dirigidos por Whitefield, Wesley, Edwards y Booth que habían inundado el Reino Unido y Estados Unidos eran cosa del pasado remoto. La Reforma que había renovado el fervor espiritual del continente europeo quedaba incluso más lejos al mirar por el retrovisor. A mediados del siglo xx, la fe viva de una generación anterior se había calcificado y convertido en la religión muerta de la siguiente, a medida que las formas culturales del cristianismo nominal prevalecieron sobre la transformación personal.

Entre tanto, la tradición intelectual cristiana del catolicismo romano, tan antigua, que nació con Agustín y Tomás de Aquino, también empezaba a marchitarse en la vid. A pesar de los mejores esfuerzos de escritores como C. S. Lewis y G. K. Chesterton por atraer a un público laico a la fe con argumentos racionales, las iglesias se mostraron menos inclinadas al catecismo riguroso de sus miembros, que derivaron en cambio hacia expresiones más sentimentales del cristianismo.

A partir de la década de 1960, los nuevos movimientos eclesiales intentaron contrarrestar lo que percibían como el formalismo inerte de las principales denominaciones, y experimentaron con una nueva libertad en la música, la predicación y la experiencia espiritual. Tanto la era del catolicismo posterior al Concilio Vaticano ii como "el vino nuevo" del incipiente movimiento carismático y de las iglesias sensibles a los buscadores constituyeron, podríamos decir, un antídoto necesario para el ambiente seco y cargado de la generación anterior. Pero también señalaron una transición significativa hacia una forma más experiencial y emocional de la participación cristiana, a menudo a expensas del contacto intelectualmente riguroso con la Escritura y con el mundo.

En la época en que el nuevo ateísmo se perfiló en el horizonte, en la década del 2000, eran pocas y preciosas las iglesias preparadas para equipar a sus miembros frente al alud de escepticismo que se produjo. Sí, puede que lograsen ofrecer canciones de adoración estimulantes y alguna serie de sermones inspiradores sobre "cómo vivir ahora la mejor expresión de tu vida", pero pocas estaban en posición de ofrecer una defensa filosófica de la existencia de Dios o de explicar la historicidad de la Biblia. Por supuesto, hubo notables excepciones, pero por lo general, la iglesia occidental estaba en desventaja.

Es casi imposible saber cuántas personas han abandonado permanentemente la iglesia después de caer bajo la influencia del nuevo ateísmo. Como anécdota, no cabe duda de que muchos individuos han perdido su fe como resultado directo de Dawkins y compañía. Algunos llegaron a esta conclusión tras un periodo de bregar con muchas preguntas; a menudo se debió a que sus propias comunidades eclesiales no pudieron darles respuestas.

Sin embargo, me atrevo a sugerir que el nuevo ateísmo cosechó principalmente a sus adeptos excreyentes de entre aquellos cuya fe ya estaba en la tesitura de esfumarse: personas cuyas creencias religiosas debían más a su entorno cultural y a la actividad extrínseca de asistir a la iglesia que a convicciones personales bien arraigadas. En ese sentido, la iglesia ya estaba destinada a ser aventada de aquellos cuya fe había sido sembrada en un suelo tan poco profundo. Dentro del gran esquema de las cosas, Dawkins y sus compañeros jinetes no fueron más que colaboradores de las fuerzas sociales más grandes de la secularización y la desafiliación religiosa que han supuesto que la fe no se haya transmitido a las generaciones recientes como se hacía antiguamente.

Pero doy gracias a Dios por Richard Dawkins. Nuestros críticos más acerbos son a menudo los que más nos ayudan a crecer. Igual que aquellos autobuses londinenses con el cartel que decía «Probablemente Dios no existe» tuvieron la consecuencia inesperada de volver a poner la religión en un lugar muy visible, el nuevo ateísmo ha revitalizado la tradición intelectual de la iglesia cristiana en Occidente.

El nuevo ateísmo llegó con un puñado de preguntas incómodas sobre la ciencia, la historia y la fe religiosa, preguntas en las que la iglesia no había tenido que pensar durante mucho tiempo. Pero ahora, con los cuatro jinetes pisándole los talones, la iglesia se vio obligada a aparcar los bongós y las guitarras y tomar de nuevo sus libros de historia y filosofía.

En pocas palabras, el nuevo ateísmo dio a la iglesia cristiana esa patada en el trasero que necesitaba tan desesperadamente. Podríamos decir que las dos últimas décadas han sido testigos del mayor avivamiento de la confianza intelectual cristiana del que se tiene memoria; la iglesia se ha puesto a la altura de las circunstancias.

Los ministerios de apologética se han ido extendiendo por todo el mundo, intentando presentar una defensa (*apologia* en griego) contra la marea creciente de críticos seculares. Organizaciones como Reasonable Faith (Fe razonable), fundada por el ya mencionado filósofo y formidable polemista William Craig Lane, y Word on Fire (Palabra ardiente), fundada por el "obispo de las redes sociales" católico Robert Barron, han preparado a una nueva generación de cristianos con argumentos racionales sobre la fiabilidad de la Escritura y la cosmovisión cristiana.

Durante este proceso, la iglesia ha tenido acceso a todo un aluvión de libros, cursos y recursos, junto con un número cada vez mayor de videos, blogs y pódcast de apologistas grandes y pequeños. Esto incluye una generación joven, que domina la tecnología, de youtubers y podcasters que están llevando el combate directamente a sus contrapartidas ateas online.

Incluso se ha detectado un incremento en el número de cristianos que se matriculan en instituciones académicas para cursar estudios en filosofía de la religión, inspirados por pensadores destacados como Alvin Plantinga.

Este regreso a una forma de cristianismo intelectual, analítico, puede presentar sus propios riesgos, tanto como el tipo subjetivo y experiencial que ha dominado en los últimos años. Como siempre, el equilibrio entre la mente y el corazón es el mejor enfoque. Pero el movimiento del péndulo hacia el otro lado hacía mucho tiempo que era necesario, y sigue siéndolo en sectores de la iglesia que siguen aislándose voluntariamente de las realidades de nuestra era escéptica.

Si bien el auge de la apologética cristiana ha impulsado la confianza de aquellos que se sientan en la iglesia y, quizá, ha frenado el índice de abandonos, también ha contribuido a ese número significativo de personas que han entrado a una iglesia por primera vez. En un momento tan remoto como la década de 1950, C. S. Lewis tuvo motivos para comentar que «casi todas las personas que conozco que se han convertido al cristianismo en su vida adulta lo han hecho influenciadas por argumentos que, al menos, les parecían plausibles a favor del teísmo».[33]

Según parece, esta observación anecdótica está respaldada por las investigaciones recientes. La Dra. Jana Harmon obtuvo su doctorado en 2019 con un estudio de la conversión en la edad adulta de ateos escépticos al

33. C. S. Lewis, *God in the Dock: Essays on Theology and Ethics*, ed. Walter Hooper (Grand Rapids, MI: Eerdmans, 1970), 187.

cristianismo, estudio que demostró en qué alto grado se ven influidos por los argumentos apologéticos.[34] Hay otros factores que también son significativos, entre ellos, que sus ideas preconcebidas sobre el cristianismo se vean en entredicho al conocer a cristianos inteligentes y amables. Sin embargo, una vez se bajan las barreras, a menudo los convincentes argumentos cristianos han rebatido y superado las objeciones de los nuevos ateos.

Hay un número importante de personas que incluso puede asociar su conversión con el propio Dawkins. Peter Byrom, que se convirtió en un ateo convencido cuando leyó *El espejismo de Dios* siendo estudiante, dice que este fue también el camino que siguió para su conversión posterior:

> Al examinar la obra de Dawkins y de Hitchens... fue cuando empecé a descubrir la apologética cristiana. Había conocido a algunos cristianos que eran terribles a la hora de defender su fe... pero gradualmente fui descubriendo a muchos otros apologistas mucho más robustos y académicamente creíbles... Esto hizo que me diese cuenta de que se me habían acabado los argumentos y las objeciones. Ahí encontramos un material realmente sólido. Tuve que enfrentarme al hecho de que lo único que me quedaba ahora era desear que no fuese cierto.[35]

Mi propio programa radiofónico y mi pódcast *Unbelievable?* nacieron en este mundo nuevo y dinámico de la apologética cristiana. Durante más de quince años he mantenido conversaciones que a menudo han girado en torno a las principales objeciones de los nuevos ateos, y en el programa, las voces más relevantes de ese movimiento se han batido en duelo frecuente con sus adversarios cristianos. Entre tanto, mi papel como moderador me ha ofrecido una posición privilegiada para apreciar el auge y la decadencia del nuevo ateísmo durante las dos últimas décadas, y el avivamiento de la apologética cristiana que vino después.

Pero en estos últimos años he detectado un cambio inconfundible de marea en los tipos de conversaciones que mantiene ahora la cultura secular en torno al cristianismo, la ciencia y la fe. La emoción de las confrontaciones

---

34. Jana Harmon, *Religious Conversion of Educated Atheists to Christianity in Six Contemporary Western Countries* (tesis doctoral, Universidad de Birmingham, 2019), https://etheses.bham.ac.uk/id/eprint/9490/.

35. Peter Byrom, "Confessions of a Former Atheist", 28 de diciembre de 2014, *Unbelievable?*, 2012 Conference Seminar, pódcast *Reasonable Faith*, https:// www.reasonablefaith.org/media/reasonable-faith-podcast/confessions-of-a-former-atheist.

entre los titanes del ateísmo y del cristianismo que en otro tiempo copaban nuestras salas de debate se ha desvanecido junto con el nuevo ateísmo. Al día de hoy, los eventos que atraen a más público se centran en un tipo totalmente distinto de conversación entre una nueva cepa de pensadores seculares que reconsideran el valor del cristianismo y formulan grandes preguntas sobre el significado, el propósito y la identidad humanos. Este cambio en el tono y en el contenido de la conversación puede ser una evidencia de que la marea huidiza del «mar de la fe» ha alcanzado su confín más lejano. A las personas reflexivas se les da permiso para volver a tomar en serio la idea de Dios. Y creo que la marea está cambiando.

La iglesia fue tomada por sorpresa por el nuevo ateísmo y solo más tarde comenzó a recuperar el ritmo. El peligro es que, mientras avanza esta conversación cultural, la iglesia tenga que volver a responder las objeciones de ayer en lugar de relacionarse con aquellos que están formulando una serie de preguntas distintas.

El resto de este libro procurará indicar exactamente cuáles son esas preguntas, quiénes las formulan y por qué este nuevo movimiento cultural supone una oportunidad sin precedentes para que la iglesia cristiana comparta su visión de la realidad con un mundo que quizá ya está listo para volver a escucharla.

# CAPÍTULO 2

# LA NUEVA CONVERSACIÓN SOBRE DIOS

Era enero de 2018 y todo parecía ir sobre ruedas. ¿Podría convocar a Jordan Peterson para hacerle una entrevista sobre su nuevo libro? «Sí», dijo el publicista. «Pronto estará en el Reino Unido y tiene la agenda bastante libre».

Sin embargo, a medida que se acercaba la fecha, el tiempo que se me concedía empezó a reducirse. El publicista no se podía creer cuánto interés parecía sentir la gente por aquel profesor canadiense de psicología, relativamente desconocido, y por su nuevo libro titulado *12 reglas para vivir: Un antídoto al caos*. Numerosos medios se peleaban por su tiempo, y dos conferencias programadas en un local londinense con capacidad para mil personas vendieron las entradas en pocas horas. Los eventos estuvieron atiborrados de gente, no solo ariscos académicos, sino jóvenes profesionales.

Aún logré reservar una hora con aquel escritor, cada vez más demandado, bajo la forma de una grabación para mi programa de debate *The Big Conversation*, al que también invité a la psicóloga atea Susan Blackmore.

Sin embargo, resultó que una de las siguientes citas en la agenda de Peterson era una entrevista con la presentadora de Channel 4, Cathy Newman, cuyo estilo inquisitorial a menudo hace sudar a los políticos. Pero cuando cuestionó a Peterson sobre su opinión sobre la diferencia salarial entre géneros, el hecho de que la flema del psicólogo desmantelase sus argumentos hizo que la entrevista pronto se hiciera viral y Peterson fuera proyectado a la estratosfera de la celebridad.

La entrevista tocó una multitud de blogs, artículos de opinión y otras entrevistas que lo interrogaban sobre su fama inesperada y las ideas que lleva consigo. Su serie de debates con Sam Harris en Vancouver y Londres llenó dos locales importantes en cuatro ocasiones. Una gira de conferencias de dos años lo llevó a hablar ante cientos de miles de personas en auditorios de todo el mundo, donde se vendieron todas las entradas. Sus pódcast y videos de YouTube alcanzaron a millones de personas.

Entonces, de repente, desapareció del escenario público. La combinación de una agenda muy apretada, el diagnóstico repentino de cáncer de su esposa Tammy y una involuntaria adicción a la medicación ansiolítica lo convirtieron en una sombra de su antiguo yo. Gradualmente, durante un año de «absoluto infierno»,[1] y con la ayuda de su hija, Mikhaila, pudo desengancharse de la medicación y volver a recuperar sus fuerzas.

A pesar de esa dilatada interrupción, el fenómeno Jordan Peterson no se desvaneció. Actualmente, tras haber publicado una secuela de *12 reglas*, sigue habiendo millones de personas, sobre todo hombres jóvenes, que siguen sus pódcast, videos y conferencias. Sigue siendo un personaje a menudo controvertido, que divide las opiniones, pero su influencia sigue vigente. El *New York Times* lo ha descrito como «el intelectual público más influyente de todo el mundo occidental en la actualidad».[2]

Pero ¿cómo se convirtió Jordan B. Peterson en la estrella de rock de los intelectuales públicos? ¿Y por qué lo siguen tantos jóvenes? Su historia y su influencia nos ofrecen una perspectiva importante para comprender la dinámica cambiante de la conversación sobre la fe.

## El fenómeno Jordan Peterson

Peterson concentró la atención pública por primera vez en 2016. Profesor de psicología en la Universidad de Toronto, era popular entre sus alumnos, pero relativamente desconocido más allá de los confines del mundo académico. Sin embargo, cuando Canadá propuso y más tarde instauró nuevas leyes que, potencialmente, criminalizaban a cualquiera que se negase a dirigirse a las personas transgénero usando los pronombres que ellas prefiriesen, Peterson objetó en los términos más contundentes.

El profesor dijo que la cuestión no era que negase los derechos de las personas transgénero. Lo que le preocupaba era que el Estado criminalizase

1. Maya Oppenheim, "Jordan Peterson Suffers Year of 'Absolute Hell' and Needs Emergency Treatment for Drug Addiction That Forced Him to Withdraw from Public Life, Daughter Says", *The Independent*, 8 de febrero de 2020, https:// www.independent.co.uk/news/world/europe/jordan-peterson-drug-addiction-benzo-valium-xanex-russia-mikhaila-a9324871.html.

2. David Brooks, "The Jordan Peterson Moment", editorial, *New York Times*, 25 de enero de 2018, https://www.nytimes.com/2018/01/25/opinion/jordan-peterson-moment.html.

el uso del lenguaje, un proceder que, según lo entendía Peterson, era el primer paso hacia una tiranía orwelliana.

Su protesta pública (transmitida por YouTube) le creó problemas con las autoridades de la universidad y los grupos de protesta del campus. Circularon videos donde se veía a furiosos alumnos que abucheaban a Peterson, acusándolo de ser un secuaz de la derecha alternativa.

Sin embargo, Peterson siempre ha negado cualquier asociación con el fascismo de la derecha alternativa. Dice que defiende los valores liberales clásicos de la libertad académica y la libertad de expresión, pero considera que la creciente popularidad de la política identitaria entre grupos que se definen en función de la sexualidad, el género y la raza es una forma de "marxismo cultural".[3]

Pero Peterson no es el único intelectual público que toma como blanco la izquierda progresista y que, en el proceso, atrae a una multitud. Desde que el nuevo ateísmo se quedó atascado en su rutina, Peterson se ha convertido en el portador estándar de una nueva conversación entre un colectivo de pensadores a los que a veces se llama, libremente, "la web oscura intelectual" (IDW, por sus siglas en inglés). Consiste en un grupo de periodistas, psicólogos, académicos, historiadores y científicos que comparten la inquietud de Peterson sobre el rumbo que siguen la academia y la cultura, y que no tienen miedo de declarar que el emperador está desnudo.

Aparentemente, existe un alto grado de solapamiento entre la IDW y la tribu de nuevos ateos que la precedió. Sam Harris se cuenta en sus filas, y sus miembros tienen una gran similitud en términos de género y color de la piel: son principalmente varones y de raza blanca.

Pero existe una gran diferencia en las preguntas que formulan y en las soluciones que proponen. Mientras que el nuevo ateísmo consideraba que la religión era un problema del que el mundo precisaba librarse, la IDW pregunta si podemos vivir sin Dios. En el caso de Peterson, la respuesta incluiría la precisión: «¿Qué quieres decir con "Dios"?[4]

Las propias creencias que tiene este psicólogo sobre lo divino han resultado notoriamente difíciles de precisar, pero están a un millón de kilómetros de la antirreligión de sus colegas ateos. Sin embargo, Peterson es solo uno entre un número de pensadores seculares que se están replanteando el

3. "In Full: Dr. Jordan Peterson on Masculinity, Cultural Marxism and Decline of Western Universities", *Sky News Australia*, 18 de julio de 2022, video, https://www.youtube.com/watch?v=CrPIj_tf8n8.

4. "Jordan Peterson vs Susan Blackmore: Do We Need God to Make Sense of Life?", 8 de junio de 2018, *The Big Conversation*, temporada 1, episodio 1, video, https:// youtu.be/syP-OtdCIho.

valor del ateísmo y de la religión, incluyendo a algunos que en otro tiempo fueron tan dogmáticamente antirreligiosos como podamos imaginar.

## Una especie de convertido

Si alguna vez necesité evidencias de que el nuevo ateísmo se batía en retirada absoluta, un correo electrónico que recibí hace pocos años, enviado por Peter Boghossian, me lo confirmó. No me podía creer lo que estaba leyendo.

Hasta su fallecimiento en 2021, Boghossian fue profesor adjunto de Filosofía en la Portland State University, y durante un tiempo fue una de las voces ateas más potentes en el ámbito bloguero. Su libro *A Manual for Creating Atheists* (Manual para crear ateos) es exactamente lo que sugiere su título: una serie de estrategias para ayudar a los ateos a persuadir a otros de que abandonen sus espejismos religiosos. Boghossian era conocido como adalid de la "epistemología callejera", una especie de evangelización inversa con la cual los escépticos inducían a personas religiosas a abandonar su fe; se trataba de un método basado en una serie de preguntas. Cuando Boghossian vino a mi programa para debatir sobre su libro llegó hasta el punto de sugerir que la creencia religiosa debería categorizarse oficialmente como un trastorno mental.

Sin embargo, pocos años después su tono había cambiado dramáticamente. Contacté con él para sugerirle la posibilidad de celebrar un diálogo abierto entre el cristianismo y el ateísmo. Su respuesta me dejó atónito: rechazó amablemente la invitación, diciéndome que ya no atacaba a Dios ni a la fe, y que seguramente me sorprendería su nueva actitud hacia el cristianismo. Irónicamente, ahora figuraba a menudo en el bando de los cristianos en contra de sus compañeros secularistas.

¿Qué había provocado este cambio notable? Aparentemente, Boghossian había decidido que el cristianismo no era el enemigo del pensamiento basado en evidencias que en otro tiempo había imaginado. En lugar de eso, en la cultura se movía algo muchísimo más pernicioso, que amenazaba con descarrilar el pensamiento racional dentro del ámbito académico. Ahora centraba toda su atención en esa nueva amenaza. Me dijo que todo se aclararía dentro de unos meses.

Y se aclaró. Resultó que Boghossian, junto con sus compañeros conspiradores James Lindsay y Helen Pluckrose, estaba al mando de un audaz fraude académico. Estaban preocupados por el auge de los llamados "estudios reivindicativos", cursos y artículos universitarios que situaban en el centro de todas las disciplinas académicas las teorías críticas sobre la opresión racial, de género y sexual.

Según ellos, esto iba de la mano de una cultura *woke* de cancelación en el campus, que silenciaba con vergüenza a cualquiera que discrepase de la nueva ortodoxia políticamente correcta. La libertad académica se estaba viendo coartada por unas ideologías que se desarrollaban rápidamente y que, una vez publicadas, se convertían en dogmas.

Con la intención de denunciar los fundamentos de estos argumentos académicos, que ellos consideraban insostenibles, Boghossian y su equipo presentaron una serie de ensayos fraudulentos a diversas publicaciones académicas revisadas por pares. Antes de revelar el fraude, consiguieron publicar artículos sobre teorías estrafalarias, desde uno que hablaba de perros que participaban de la "cultura de la violación" hasta la explicación de por qué a los varones heterosexuales les gusta comer en Hooters. Incluso lograron disfrazar porciones de *Mi lucha*, de Hitler, con un lenguaje académico que sonaba muy bien, colándolas en un ensayo sobre el feminismo interseccional. El fraude fue muy comentado en los medios de comunicación. El *New York Times* informó que aquellos ensayos falsos habían desatado «una catarata de burlas» de críticos que pensaban igual.[5]

Boghossian, Lindsay y Pluckrose se describen a sí mismos como académicos de izquierdas, pero concluyeron que los valores liberales progresistas que amaban se exponían a la amenaza de una cultura «en la que solo se permiten determinadas conclusiones», y que «antepone las reivindicaciones sociales a la verdad objetiva».[6] Según la opinión de Boghossian, esta era la tendencia perniciosa que había sustituido a la fe religiosa como su enemigo número uno. De hecho, él y quienes dirigieron este revés se habían convertido en extraños "compañeros de cama" de muchos cristianos y personas de fe que, de igual manera, estaban preocupadas por el dogmatismo de la política identitaria y la restricción de la libertad de expresión.

Es cierto que Peter Boghossian difícilmente ha tenido una conversión al cristianismo como la del camino a Damasco. Pero sí ha experimentado un cambio notable en su actitud frente a las preguntas que realmente

5. Jennifer Schuessler, "Hoaxers Slip Breastaurants and Dog-Park Sex into Journals", *New York Times*, 4 de octubre de 2018, https://www.nytimes.com/2018/10/04/arts/academic-journals-hoax.html.

6. "The Grievance Studies Affair—Revealed", Mike Nayna, 2 de octubre de 2018, video, https://www.youtube.com/watch?v=kVk9a5Jcd1k&ab_channel=MikeNayna.

importan y las batallas que vale la pena librar. El ateo polémico se ha esfumado, dejando en su lugar a alguien preocupado por la dirección en la que avanza una cultura poscristiana. Él, junto con muchos de sus pares, ha comenzado a darse cuenta de que el Occidente posmoderno está empezando a cosechar lo que sembró.

## La historia que nos contaron

Al igual que Boghossian, hay otros ateos destacados, como Sam Harris, que parecen haber perdido todo interés en arengar contra los cristianos. Es posible incluso que se estén dando cuenta de que la pérdida del dominio cultural cristiano podría ser una parte importante del problema.

Para entender este cambio desde el nuevo ateísmo dogmático a una apreciación renovada de lo que podríamos estar perdiendo en nuestro Occidente poscristiano, cabe hacer un repaso a la historia.

A pesar del acoso del secularismo a partir de la Ilustración, hasta mediados del siglo xx, el cristianismo había seguido siendo la fuerza cultural dominante en Occidente, y había dado forma a la psicología de generaciones de personas y a sus sociedades. Durante casi dos milenios, la cristiandad había ofrecido al mundo una historia según la cual vivir sus vidas. Independientemente de si la propia historia era literalmente cierta (más adelante retomaremos esta cuestión), e incluso si los que vivían dentro de ella eran conscientes de los detalles solo a medias, aun así, había ofrecido una narrativa de la realidad que tenía un principio, un presente y un futuro claros.

Se podría resumir en cinco actos:

1. *Creación*: En el principio, Dios creó "buenas" todas las cosas.
2. *Caída*: Pero las cosas se torcieron cuando las personas optaron por su propio camino. Nuestra rebelión puso a la humanidad en conflicto con Dios, unos con otros y con el mundo que nos rodea.
3. *Israel*: Empezando por Abraham, Dios escogió a un pueblo concreto por medio del cual demostrar su carácter y su plan de redención.
4. *Redención*: El proyecto de rescate de Dios para su creación incluía venir en persona al mundo. Jesús, el salvador prometido a Israel, vivió la vida que tú y yo no logramos vivir, y mediante su muerte llevó sobre sí, misteriosamente, la consecuencia de todos nuestros fracasos, trayendo salvación para el mundo entero.

5. *Nueva creación*: Ahora se invita a cada ser humano a entrar en un futuro que viene definido por la esperanza de la resurrección de Jesús y por un nuevo mundo venidero.

En un nivel básico, esta historia conlleva varios supuestos clave: toda vida humana está en este mundo con un propósito, no por accidente. Toda vida, tanto de hombres como de mujeres, está creada a imagen de Dios, por lo cual tiene valor. El mal y el sufrimiento son hechos de nuestra existencia presente, pero un día serán destruidos, cuando en este mundo se haga justicia. Y toda persona, sea cual fuere su profesión, trasfondo o posición en la vida, es llamada a contribuir para crear un mundo moldeado por las enseñanzas y el carácter de Jesús.

Sin duda, los administradores de la cristiandad abusaron a menudo de la historia cristiana o la usaron como "opio para el pueblo", tal como lo describió Karl Marx. Durante muchos siglos quienes ostentaban la autoridad utilizaron la amenaza del infierno para mantener al pueblo en su sitio, de igual manera que el amor de Dios les enseñaba a recordar el valor que tenían. De modo análogo, durante largos periodos, los principios definitorios del cristianismo, como la justicia y el valor humano, se practicaron con una incoherencia aplastante (un ejemplo evidente es el valor "igual" de los hombres, las mujeres y las personas de color).

Sin embargo, a pesar de todos sus errores, la gran historia de la creación, la caída, Israel, la redención y la nueva creación contribuyeron a dar forma a la existencia cotidiana durante siglos.

La idea de que cada vida individual fue deseada por Dios dotó de sentido a la existencia de cada ser humano. El hecho de que sus problemas y aflicciones fueran los mismos que padeció Cristo daba a las personas la fortaleza suficiente para soportar su propio sufrimiento, viéndolo dentro del contexto de un propósito mayor dado por Dios. Ciertamente, formar parte de una historia con una escala cósmica significaba que aun el habitante más humilde de este mundo estaba imbuido en su ser de un sentido de propósito último. Tal como escribiera en el siglo XVII el poeta George Herbert, «un siervo con esta cláusula / hace divina la servidumbre».[7]

Resulta difícil exagerar la diferencia psicológica que esta cosmovisión introdujo en la cultura que la fomentó. Buena parte de Occidente se edificó sobre el cimiento de una visión cristiana de la vida y del trabajo que, colectivamente, impulsaba el progreso social. Esta visión se cimentaba en

7. George Herbert, "The Elixir", 5.17–18.

la idea de que cada persona sabía que tenía una identidad como sierva de Dios, y era llamada a modelar su vida, trabajo, esperanzas y sueños según el patrón que Dios había creado, y en función de la vida ejemplificada en Jesucristo. La narrativa del cristianismo daba al mundo una historia de la que formar parte.

Pero a medida que esa historia se ha difuminado en nuestra consciencia comunitaria, ha venido a ocupar su lugar una pregunta existencial compartida: ¿Según qué historia se supone que debemos vivir ahora?

El psicólogo John Vervaeke dice: «Con la Ilustración y el paso a un mundo secular, perdimos una cosmovisión religiosa que nos dotaba de núcleo y nos daba acceso a la sabiduría».[8] Cuando este fenómeno alcanzó su cénit en el siglo xx, fue Vervaeke quien acuñó una expresión idónea para describirlo: "La crisis del sentido".

## Cómo cambió la historia

Además de proporcionarnos una historia según la cual vivir, hay otro concepto que la cosmovisión cristiana otorgó al mundo moderno: la verdad objetiva. Situó esta idea en el centro de la cultura. El bien y el mal, la verdad y la mentira, la belleza, la virtud y el propósito eran cosas reales que formaban parte del tejido de la realidad. Estos eran datos concretos sobre la existencia, no meras opiniones. Estos conceptos clave son aquello sobre lo que se apoya la era moderna de la ciencia, la razón y el progreso moral.

Sin embargo, los tremendos cambios sociales tras la Primera y la Segunda Guerra Mundial, y el florecimiento de la cultura de la década de 1960 dieron pie a la era posmoderna. Se pusieron en duda las certidumbres del pasado. Ya no nos guiábamos por modelos anticuados como "el bien" y "el mal". La moral era algo relativo, solo otro proceso evolutivo que adaptaba a las criaturas a distintas épocas y culturas. En una era que empezó a cuestionarse todas las viejas ortodoxias, el concepto de la verdad pasó a depender del individuo. El nuevo lema fue: «Tú tienes tu verdad, y yo tengo la mía». Lo que sentía una persona al respecto de algo se volvió tan importante como los hechos sobre el tema. Los Beatles cantaban «todo lo que necesitas es amor», y el amor era, sobre todo, un sentimiento.

---

8. John Vervaeke, citado en Thomas Steininger, "We Are Suffering from a Wisdom Famine in the West", *Emerge*, consultada el 17 de octubre de 2022, publicado originalmente en "Auf der Suche Nach Weisheit", *evolve*, n.º 28, 2020, https:// www.whatisemerging.com/profiles/john-vervaeke-edba633a-50b3-4dec-920b-967d8f0f2b01.

En combinación con esta marginación de la verdad objetiva, la visión cristiana de la realidad había estado en retirada durante los sesenta años anteriores. En muchos lugares de Occidente, la asistencia a la iglesia se considera una pintoresca reliquia del pasado, junto con la moralidad que la acompañaba. Quienes se declaran sin afiliación religiosa han sido, desde hace tiempo, el grupo demográfico más joven y de crecimiento más rápido en la sociedad, y han encarnado el espíritu de nuestra época: progresistas, expertos en tecnología y convencidos de que no existe un guion preestablecido para la vida.

En términos generales, las narrativas probadas que informaban nuestro pasado se observan ahora con recelo. Rebelarse contra la tradición es algo que se da por hecho en la mayor parte del mundo artístico y musical. (De hecho, se ha convertido en un tropo tan trillado de la música rock que hoy día un artista profundamente religioso supone un personaje más rebelde que aquel se burla del *statu quo*).

Por todas partes podemos ver señales de una era posmoderna en la que las certezas del pasado están siendo cuestionadas y puestas patas arriba: la ironía del arte callejero de Bansky que yuxtapone la belleza y la violencia, o su ampliamente publicitado cuadro que se hizo trizas automáticamente justo después de que lo comprasen en una subasta; el surgimiento de las formas atonales de música y de poesía que se niegan a seguir las reglas típicas de la melodía y la estructura; incluso Hollywood se resiste a los lugares comunes, antes tan familiares, del bien contra el mal presentes en historias fantásticas como *La bella durmiente*. Ahora, en las películas de Disney como *Maléfica*, se invierte el cuento para contar la historia desde el punto de vista del villano.

En realidad, Disney ha sido responsable en parte de este cambio social. Walt hizo una declaración ya famosa: «Si puedes soñarlo, puedes hacerlo»; y hemos aceptado en masa ese mensaje. Durante décadas, nuestra música, nuestras películas, nuestros libros y nuestro arte nos han dicho que tenemos que liberarnos de las ataduras de la moralidad y de la identidad convencionales, y simplemente "seguir nuestros sueños".

Esta pérdida de una historia común que nos vincule a todos forma parte del fenómeno más amplio del auge del yo en la sociedad, frente a la identidad comunitaria que solía definir a los humanos. Nuestro momento histórico es único. Vivimos en una era de opciones, donde tenemos cincuenta alternativas para decidir cómo nos sirven un café en Starbucks, y donde, por medio de Spotify, nos pueden enviar música que se adapte a nuestras preferencias individuales. De igual modo, somos la primera generación con la libertad de inventar nuestro propio significado, definir nuestra identidad y crear nuestra historia. Tal como decía ese conciso eslogan de la generación Z: «Sé tú mismo».

Esta tendencia posmoderna, en la que negociamos nuestra identidad en lugar de recibirla de otros, ha ido cogiendo impulso en los últimos años, gracias especialmente a la llegada de las redes sociales.

En concreto, el movimiento LGTB, que en décadas pasadas luchó intensamente y durante mucho tiempo por los derechos y el reconocimiento de las personas homosexuales, ha generado desde entonces toda una batería de identidades sexuales y de género que las personas deciden adoptar. Aunque los críticos ponen los ojos en blanco frente a "la sopa de letras" (LGTBIA+) a la que a veces nos lleva todo esto, quienes adoptan esas identidades suelen considerarlas como algo sacrosanto. Entre tanto, hay otras formas de identidad, como el género, la raza, la clase social y la discapacidad, que se han convertido en indicadores cada vez más distintivos de quiénes somos y de cuál es nuestro lugar en la sociedad.

Muchos individuos de la izquierda progresista de la cultura han llegado a categorizar esas identidades en términos del privilegio o de la opresión que a menudo supone ser negro, blanco, hombre, mujer, heterosexual, gay, trans, etc. Es frecuente que los críticos usen expresiones como "políticas identitarias", "interseccionalidad" o "woke" como etiquetas peyorativas para este fenómeno cultural nuevo. Pero estas expresiones captan, al menos, la idea de que es la superposición (o la intersección) de estas identidades lo que describe hasta qué punto está oprimido o privilegiado un individuo en relación con otros en la sociedad. Ser *woke* significa ser consciente de estas desigualdades y estar dispuesto a defender su causa. Los llamados a la justicia que hace la izquierda progresista suelen ser radicales e innegociables, y requieren el desmantelamiento de sistemas opresivos como el patriarcado, el racismo o la heteronormatividad.

Aunque estos sistemas generales de opresión se entienden objetivamente como un mal, a menudo durante este proceso el concepto de la verdad se ha vuelto profundamente subjetivo. La experiencia vivida de un individuo puede chocar eficazmente con la visión de alguien que no comparte los marcadores de su identidad. Los eslóganes como «mi cuerpo, mi decisión» en el debate sobre el aborto, «el amor es amor» en el debate sobre el matrimonio homosexual o «las mujeres transgénero son mujeres» en el debate sobre la cuestión transgénero revelan que ahora la experiencia personal es clave.

A su vez, el ala derecha conservadora de la cultura tiende a reaccionar con el mismo grado de desprecio ante el nuevo diccionario de términos e identidades, además de sentir ira frente a la cancelación de aquellos que critican las ideologías elegidas. Sin embargo, hay muchos conservadores que tienden en igual medida a descartar el concepto de verdad objetiva cuando mejor les conviene.

En Estados Unidos esto ha sido patente en la devoción casi cultual a Donald Trump que ha dominado a tantos en la derecha política, junto con la disposición a tragarse ciegamente todo tipo de hechos alternativos, teorías de conspiración y afirmaciones sobre "el robo de las elecciones". La crisis de sentido ha corroído los valores esenciales que defienden muchos conservadores: la verdad, la integridad y el respeto por el gobierno de la ley. La identidad cristiana, que en otros tiempos afianzaba estos valores, se ha visto remplazada a menudo por una lucha cínica por el poder político en la que supuestamente los fines justifican los medios. Entre tanto, los de derechas que cuestionan la dirección ética de la política conservadora son vilipendiados como colaboracionistas y "RINOs" (republicanos solo de nombre, por sus siglas en inglés). En este proceso, los hechos, los matices y la realidad se desechan.

Las redes sociales y la cultura del *clickbait* han servido para intensificar estas batallas culturales, a medida que quienes gritan con más fuerza se vuelven más visibles. Pero la politización de la identidad en ambos extremos de la derecha y la izquierda ha dejado a muchos en "el centro agotado": o bien tienen miedo de decir nada o son incapaces de conseguir que se oigan sus voces.

Los contornos cambiantes del panorama político también han supuesto que las líneas de batalla tradicionales entre conservadores a la derecha y liberales a la izquierda se vuelvan mucho más difusas. Significa que los académicos liberales como Boghossian, las feministas de la vieja escuela como Germaine Greer, las escritoras como J. K. Rowling y los cómicos como John Cleese, estrella de Monty Python, se hayan encontrado a menudo formando alianzas improbables con voces conservadoras más moderadas y religiosas, con las que comparten la preocupación por la cultura políticamente correcta y la libertad de expresión.

## La crisis de sentido

Y así nos encontramos en el moderno siglo xxi. La narrativa cristiana del pasado, que en otro tiempo facilitaba a las personas un sentido de propósito común y del lugar que ocupaban en el orden creado, se ha derribado u olvidado. Ahora tenemos una cultura de "sé quien quieras ser", que va en aumento, mientras la gente busca una identidad interna "verdadera", su "yo auténtico". Este fenómeno se conoce como "individualismo expresivo", una denominación que acuñó el sociólogo Robert Bellah y que popularizó el filósofo católico Charles Taylor, quien describe nuestra era moderna como «la era de la autenticidad».[9]

Graham Tomlin, obispo de Kensington y autor del libro *Why Being Yourself Is a Bad Idea* (Por qué ser tú mismo es una mala idea), escribe:

> En Occidente, en gran medida, hemos perdido nuestra creencia en Dios o cualquier sentido de un orden cósmico dado. Como resultado, ya no existe ninguna "estructura sagrada" general que dote de cohesión al mundo. Así que nos quedamos solos, como individuos en un mundo carente de ningún orden predeterminado que nos diga quiénes somos en él, o que nos proporcione una sensación de seguridad y de que "encajamos" dentro de un esquema de cosas más amplio.[10]

Creo que esta pérdida de identidad compartida forma parte del motivo de la crisis actual de salud mental. Esta es la gran ironía de nuestra época. Vivimos en un momento que goza de más prosperidad económica que cualquier otro. La esperanza de vida ha tocado techo, y tenemos acceso constante y ubicuo al tipo de tecnología que nuestros antepasados habrían considerado cercana a la magia. Sin embargo, las estadísticas nos revelan que somos más infelices que nunca antes, y esto es especialmente así entre la gente joven.

La prevalencia de los trastornos mentales se ha disparado en los últimos años, y casi un tercio de las mujeres jóvenes en el Reino Unido ha declarado padecer ansiedad y depresión.[11] Según las estadísticas oficiales, en 2017 «el índice de adolescentes estadounidenses y de adultos jóvenes que murieron por suicidio… alcanzó su punto más alto en casi dos décadas», lo cual se tradujo en «un 47 por ciento más de suicidios entre personas de

---

9. Charles Taylor, *A Secular Age* (Cambridge, MA: Harvard University Press, 2007).

10. Graham Tomlin, "Why 'Being Yourself' Is Not Such a Good Idea After All", *The Times*, 29 de octubre de 2021, https://www.thetimes.co.uk/article/why-being-yourself-is-not-such-a-good-idea-after-all-0vv0cd77n.

11. "Young People's Well-Being in the UK: 2020", *Office for National Statistics*, 2 de octubre de 2020, https://www.ons.gov.uk/peoplepopulationandcommunity/wellbeing/bulletins/youngpeopleswellbeingintheuk/2020.

edades comprendidas entre los 15 y los 19 años que en el año 2000». El suicidio fue «la segunda causa de mortalidad para las personas de ese grupo de edad», superado solamente por los accidentes de tráfico.[12]

Múltiples estudios han vinculado el aumento de la ansiedad y de la depresión con el auge de las redes sociales y la adicción a los teléfonos móviles. Las redes sociales están pensadas para crear adicción. Por eso la publicidad que aparece en ellas es un negocio tan lucrativo para los gigantes tecnológicos propietarios de las plataformas. Pero la distracción constante, el *scrolling* y el material de *clickbait* están creando una incapacidad para concentrarse o incluso para dormir adecuadamente. El inacabable río de selfis impecables y de *influencers* de Instagram, junto con la ausencia de un contacto cara a cara, han contribuido a esta crisis moderna de problemas mentales.[13]

Las redes sociales han ido de la mano de la búsqueda del yo. De hecho, la selfi se ha convertido en algo más que un retrato que se hace uno mismo y tiene en el móvil. Forma parte de la presión cada vez más intolerable que soportan los jóvenes para crear y preservar una marca personal que pueda competir con otros en su grupo etario.

De nuevo, Tomlin escribe:

> Hay un número creciente de estudios, realizados especialmente durante el aislamiento forzoso de la pandemia, que indican que la felicidad y el bienestar no se encuentran en la individualidad aislada, sino en la conexión social. Cuando realmente florecemos es gracias a las relaciones sólidas con la familia, los amigos y la comunidad… En otras palabras, que me centre en mi propia individualidad única supone buscar en un lugar equivocado.[14]

Todo esto contribuye a explicar por qué los jóvenes están experimentando esta crisis de significado. Un estudio en el Reino Unido sacó a la luz la escala del problema. Nueve de cada diez británicos de entre 16 y 29 años

12. Gretchen Frazee y Patty Gorena Morales, "Suicide among Teens and Young Adults Reaches Highest Level Since 2000", *PBS NewsHour*, 18 de junio de 2019, https://www.pbs.org/newshour/nation/suicide-among-teens-and-young-adults-reaches-highest-level-since-2000.

13. Jean M. Twenge et al., "Age, Period, and Cohort Trends in Mood Disorder Indicators and Suicide-Related Outcomes in a Nationally Representative Dataset, 2005–2017", *Journal of Abnormal Psychology* 128, n.º 3 (2019): 185–199, https://www.apa.org/pubs/journals/releases/abn-abn0000410.pdf.

14. Tomlin, "Why 'Being Yourself'".

declararon que sus vidas carecían de propósito o de sentido.[15] ¿Qué explica este cambio hacia una condición peor?

Yo diría que no se trata solamente de que la tecnología esté reconectando nuestros cerebros. Es algo más profundo. Las historias que llevamos escuchando durante medio siglo sobre descubrir "nuestro verdadero yo" han alcanzado un punto cenital en la era de las redes sociales, pero la mayoría de nosotros no está bien equipado, mental o espiritualmente, para movernos por este nuevo mundo feliz.

## Religiosos por naturaleza

El nuevo ateísmo pretendía destruir los últimos vestigios de la narrativa cristiana que en otro tiempo dio forma a las vidas de las personas. Pero ¿qué se ha levantado en su lugar? Las esperanzas del secularismo se han venido abajo. El rápido progreso de la ciencia y de la tecnología se ha demostrado incapaz de cumplir su promesa de un futuro próspero, conectado y más feliz. En realidad, ha sucedido lo contrario: la tecnología y las redes sociales no han hecho más que contribuir a la crisis de significado.

Pero la verdad es que somos criaturas que por naturaleza buscan un sentido. De hecho, yo diría que somos *religiosos* por naturaleza. Y si nos quitan un conjunto de creencias religiosas, solo se verá sustituido por otro conjunto de creencias cuasirreligiosas. Ciertamente, cuando la asistencia a las iglesias ha padecido una decadencia constante en Occidente, el consiguiente aumento del número de no afiliados a ninguna religión no significa necesariamente que las personas se estén volviendo más ateas.

En el Reino Unido esto quedó claro a raíz de la muerte de la reina Isabel II. La pérdida de semejante ícono institucional (y una mujer con una profunda fe cristiana), pareció inducir a que emergiese entre el público general una espiritualidad latente. La gente, en grandes números, presentó sus respetos en catedrales y parroquias. Cientos de miles de personas hicieron cola durante largas horas para ver a la reina de cuerpo presente. Cuando llegaban ante el ataúd, muchos buscaban alguna señal adecuada de reverencia, como una inclinación solemne, poner las manos en posición de oración o susurrar «gracias». En una era en que la mayoría de las

15. "Millennial Melancholy: Nine in Ten Young Brits Believe Their Life Lacks Purpose, according to Shocking New Study", *The Sun*, 1 de agosto de 2019, https://www.thesun.co.uk/news/9637619/young-brits-life-lacks-purpose/.

personas ha olvidado las ceremonias de la tradición religiosa, muchos buscaban maneras de señalar la trascendencia y el misterio de ese momento.

En gran medida, en nuestra cultura, las señales y los sacramentos de la religión tradicional se han visto sustituidos por un interés incrementado por formas indefinidas de espiritualidad nueva era, centradas primariamente en la conciencia plena y la meditación. Es frecuente que practiquen tales cosas quienes se describen como "espirituales, pero no religiosos". Al mismo tiempo, los sacerdotes que practican ritos de exorcismo en la Iglesia católica dicen que estos últimos años han visto una gran escalada en la cantidad de peticiones,[16] un fenómeno que, según afirman, está relacionado con el número cada vez mayor de personas que están practicando el ocultismo.

Entre tanto, las redes sociales se han convertido en terreno abonado para QAnon[17] y otras teorías de la conspiración, desde las que hablan de los círculos pedófilos políticos en los sótanos de pizzerías hasta la que sostiene que Bill Gates conquistará el mundo metiendo microchips en las vacunas de COVID. De igual modo, el terraplanismo y las prácticas médicas seudocientíficas siguen gozando de un sorprendente grado de aceptación en nuestra era supuestamente más racional. Quizá sea más preocupante que el extremismo religioso siga encontrando terreno fértil en la mente de jóvenes —hombres y mujeres— descontentos, que son captados por extremistas islámicos y convertidos, incluso siendo personas aparentemente "normales", en combatientes del ISIS y en suicidas.

Tanto si los objetos de la fe parecen moderados como extremos, la disposición de creer en algo más allá de los confines de la ciencia y de la razón parece ser un elemento inserto en nuestra especie. En 2005, en un discurso de una ceremonia de graduación, el autor de superventas David Foster Wallace dijo: «En las trincheras del día a día de la vida adulta, el ateísmo en realidad no existe. No tenemos la opción de no adorar. Todo el mundo adora. La única cosa que podemos decidir es qué adorar».[18] Trágicamente, Wallace, que luchaba contra una depresión, se quitó la vida tres años después.

16. Mike Mariani, "American Exorcism", *The Atlantic*, diciembre de 2018, https://www.theatlantic.com/magazine/archive/2018/12/catholic-exorcisms-on-the-rise/573943/.

17. QAnon es una teoría de la conspiración que nació en octubre de 2017 en publicaciones de la página web 4chan. Sostenía que Donald Trump libraba una guerra secreta contra un aquelarre de pedófilos caníbales y satanistas en diversos entornos (N. del T.).

18. David Foster Wallace, "This Is Water", discurso inaugural, Kenyon College, 21 de mayo de 2005, transcripción y audio, *Farnam Street* (fs), https://fs.blog/2012/04/david-foster-wallace-this-is-water/.

Tanto si nos consideramos religiosos como si no, parece que siempre existe cierta realidad última a la que entregamos nuestra lealtad. «Tendrás que servir a alguien», cantaba Bob Dylan. Y es verdad.

Por lo que respecta a las nuevas manifestaciones de creencia cuasirreligiosa, la emergencia de múltiples formas nuevas de categorías sexuales y de género es un caso a tener en cuenta. Quienes abogan por ellas a menudo las defienden con fervor. Como todo movimiento fundamentalista, hay camarillas internas, otras externas, herejes, textos sagrados y cazas de brujas. Pero en el centro de todo radica la creencia en una identidad interna que no se puede cuestionar.

Escribiendo como respuesta al auge de la disforia de género (de súbita aparición), el académico bíblico N. T. Wright la asemejó al gnosticismo (palabra que proviene del griego y significa "conocimiento secreto") de los primeros siglos:

> La confusión sobre la identidad de género es una forma moderna, impulsada ahora por internet, de la antigua filosofía del gnosticismo. El gnóstico, "el que sabe", ha descubierto el secreto de "quién soy de verdad" más allá de la apariencia externa engañosa... Esto conlleva negar la bondad o incluso la realidad última del mundo natural. Sin embargo, la naturaleza tiende a contraatacar, y en este caso las víctimas probables son los jóvenes vulnerables e impresionables que, como adultos confusos, pagarán el precio por las fantasías en boga de sus mayores.[19]

Tanto si lo que describe hoy la identidad de los individuos es el género, como si es la multiplicidad u otras causas políticas o sociales, existen muchísimas maneras en las que podemos optar por definir nuestras vidas, nuestros propósitos e incluso a nosotros mismos. Sin embargo, como el niño que siempre ha podido elegir solo entre vainilla, chocolate y fresa, y de pronto se queda bloqueado en una heladería donde ofrecen cien sabores distintos, las inacabables alternativas han dado pie a una especie de parálisis.

En un mundo que ya no ofrece ningún mapa de carreteras que seguir, y donde las posibilidades de autoactualizarse son potencialmente infinitas, podemos encontrarnos frecuentemente conduciendo por callejones sin

---

19. N. T. Wright, carta a *The Times*, 3 de agosto de 2017, en Sam Hailes, "N. T. Wright Attacks 'Fashionable Fantasy' of Allowing Children to Choose Their Own Gender", *Premier Christianity*, 3 de agosto de 2017, https://www.premierchristianity.com/home/nt-wright-attacks-fashionable-fantasy-of-allowing-children-to-choose-their-own-gender/543.article.

salida o, simplemente, quedarnos inmovilizados por la miríada de opciones que nos ofrecen.

En este aspecto, la crisis de sentido antes identificada es también una crisis de identidad. Cuando los modelos de rol tradicionales han quedado obsoletos, ¿a quién se supone que voy a imitar? ¿A qué causas debo conceder mi lealtad para obtener la aprobación de mis iguales? Y cuando la identidad es un concepto líquido, ¿cómo puedo decidir por mi cuenta?

Resulta que la pérdida de la narrativa cristiana que otrora dio forma a nuestras decisiones, propósito e identidad, está pasando factura. Y creo que solo estamos empezando a descubrir los efectos que puede tener por todo el mundo.

## Rascarse donde pica

Quizá esta crisis de sentido explique por qué Jordan Peterson ha atraído a tantos seguidores. Es posible que su lucha contra la corrección política haya proporcionado un público a Peterson, pero su vínculo constante con ellos aún requiere una explicación. Quizá el mayor misterio de todo sea su admiración por el poder de la religión y su fascinación por la Biblia.

Todo lector que al abrir el superventas de Peterson, *12 reglas para vivir*, esperase hallar un enfoque secular a la psicología, se habrá sorprendido por sus referencias constantes a la Biblia y a las creencias cristianas en la búsqueda del sentido y el propósito. De igual manera, probablemente tampoco esperaba que un conjunto de conferencias públicas sobre la importancia psicológica de los relatos bíblicos atrajese a una gran multitud, pero cuando Peterson alquila un teatro para ese propósito solo queda sitio para estar de pie.

Es evidente que este psicólogo ha sacado a la luz un picor existencial y espiritual entre los mileniales y la generación Z, y que está rascando ese punto todo lo que puede. Toda una generación de varones jóvenes que buscan significado en sus vidas y no tienen clara su identidad lo miran como a una figura paterna que les ayuda a encontrar su rumbo en la vida. Hartos de las promesas incumplidas de Dawkins, Hitchens y los intelectuales del nuevo ateísmo, creen que a lo mejor es Peterson el que tiene palabras de vida.

Las lecciones de vida de Peterson se revisten del lenguaje de la biología, la psicología y la teología, pero a la vez son apabullantemente simples. Por ejemplo, habla de la importancia emocional del relato del Génesis sobre

Caín y Abel (una historia tan profunda que él la describe como «sin fondo»)[20], pero las instrucciones que se dispensan siguen siendo «ordena tu cuarto, chaval» y «pon en orden las cosas que puedes controlar».[21]

Puede que estos consejos no parezcan radicalmente nuevos, pero han encandilado a sus seguidores. No es extraño que en la calle paren al psicólogo hombres que le dicen: «Me ha cambiado usted la vida». Incluso los otrora ardientes ateos han manifestado un nuevo respeto por la religión. En Reddit hay múltiples hilos sobre Peterson con títulos como «¡Ateo a la vista, a punto de convertirse al cristianismo!»[22], que dan fe del efecto que están teniendo sus libros y sus conferencias sobre la fe.

No es de extrañar que sean tantos los líderes cristianos que han descubierto a Peterson y sus acercamientos a la fe cristiana. Los hombres jóvenes son precisamente el grupo demográfico más ausente de las iglesias, y la capacidad de Peterson para atraerlos con un mensaje, que a menudo coincide con la historia que cuenta el cristianismo, ha producido incontables blogs sobre "el fenómeno Peterson", así como una febril especulación sobre sus propias creencias personales.

## Periodistas, expertos y personalidades

Aunque es posible que Peterson sea el pensador público más destacado que reexamina el valor del cristianismo en el mundo moderno, no hay duda de que no está solo.

Después de entrevistarlo, me fui encontrando cada vez con más voces públicas seculares, todas relevantes, que parecían decir cosas parecidas sobre el destino de la sociedad en ausencia de una cosmovisión judeocristiana prevaleciente.

Tomemos, por ejemplo, a Douglas Murray, editor adjunto de *The Spectator*, cuyo superventas *La masa enfurecida: Cómo las políticas de identidad llevaron al mundo a la locura* es una crítica mordaz a la fragmentación de la cultura en grupos de interés enfrentados, basados en identidades de

---

20. "Jordan Peterson vs Susan Blackmore".

21. Andrew Sutton, "Any Wonder Why Millennials Need to Be Told to Clean Their Rooms?", *Orlando Sentinel*, 12 de septiembre de 2018, https://www.orlando sentinel.com/opinion/os-op-clean-your-room-jordan-peterson-20180910-story.html; y Jordan B. Peterson, *12 Rules for Life: An Antidote to Chaos* (Toronto: Random House Canadá, 2018), 351.

22. (Nombre de usuario borrado), "Atheist Here", *Reddit*, 17 de julio de 2018, https://www.reddit.com/r/Christianity/comments/8zkeu5/atheist_here_on_the_edge_of_conversion_to/.

género, sexualidad y raza. Murray es un periodista gay y agnóstico que a los veintitantos años perdió la fe y trabó amistad con Christopher Hitchens y los otros jinetes durante la época dorada del nuevo ateísmo.

Sin embargo, cuando pregunté a Murray qué pensaba del legado de ese movimiento, su respuesta fue devastadoramente crítica:

> El nuevo ateísmo hizo afirmaciones que estaban equivocadas, algo que ellos mismos admitieron. Por ejemplo, la idea de que la moralidad es algo evidente era claramente un error. La afirmación de que la ética básica que podemos compartir es evidente por sí misma es evidentemente falsa. No hace falta ser un experto en ética para saber eso: solo hay que viajar.[23]

Murray pasó a describir cómo, en ausencia de la narrativa y la identidad compartidas que nos dio el cristianismo, la cultura occidental corre el peligro de deshacerse frente a las narrativas y las identidades inacabables y contrapuestas que cada vez tienen una naturaleza más fundamentalista. Su libro advierte sobre el farisaísmo religioso de la nueva ola de políticas identitarias y sus cazadores de herejías, que no dejan espacio para la gracia o el perdón.

Entre tanto, Murray se ve acosado por la fe que tuvo en otro tiempo: «Ahora me encuentro en la situación, que confieso que es tan conflictiva como compleja, de ser, entre otras cosas, un agnóstico incómodo que admite los valores y las virtudes que ha aportado la fe cristiana».[24]

Dave Rubin, presentador en YouTube, me contó una historia notablemente parecida cuando me senté con él. Siendo el rostro visible del canal *The Rubin Report*, que tiene más de un millón de suscriptores, es bien conocido por haber pasado por una transformación política, desde ser un comediante de la izquierda progresista en sus años mozos a convertirse en un experto conservador de derecha. Nuestra conversación reveló que en los últimos años también ha realizado un viaje espiritual.

Aunque en otro tiempo estuvo enamorado de las promesas del nuevo ateísmo, me contó por qué ahora ya no se describe como ateo y está empezando a reconectarse con sus raíces judías e incluso a analizar los dogmas

---

23. "N. T. Wright and Douglas Murray: Identity, Myth, and Miracles: How Do We Live in a Post-Christian World?", 13 de mayo de 2021, *The Big Conversation*, temporada 3, episodio 3, video, https://www.youtube.com /watch?v=VN8OUi9MF7w.

24. "N. T. Wright and Douglas Murray".

del cristianismo. Resulta que Jordan Peterson, que había sido algo así como un mentor para Rubin, era parte de sus motivos. «Sencillamente, no me gusta la palabra "ateo", no encaja con lo que yo creo», dijo. «Me parece que Jordan expresa muy bien el tipo de cosas en las que creo ahora».[25]

Como Murray, a Rubin cada vez le inquieta más la agresión de los activistas en la esfera secular. Mientras que en otro tiempo habría pensado que los intolerantes eran los cristianos evangélicos, ahora siente que lo cierto es lo contrario:

> No creo que sea coincidencia que, por lo general, ahora los creyentes sean más tolerantes. ¿Quiénes son las personas más intolerantes que tenemos ahora en la sociedad? Son las personas que no dejan de decirte en todo momento lo tolerantes que son. Esa es la ironía: son las personas que acusan a los demás de ser un puñado de racistas, intolerantes y homófobos.[26]

Otra personalidad judía de los medios, Bari Weiss, adquirió fama en 2020 cuando dimitió de su cargo como escritora de opinión y editora en el *New York Times* como protesta por la limitación al libre pensamiento en su profesión. Weiss se describe como liberal y de centroizquierda, pero como muchos de los ya mencionados, cada vez se fue sintiendo menos conectada con sus compañeros progresistas del diario. En una carta de dimisión que se publicitó mucho, identificó su inquietud frente a las ortodoxias políticamente correctas que ahora se aplican agresivamente entre los periodistas: «Siempre me enseñaron que los periodistas tenían la obligación de escribir el primer borrador de una noticia. Ahora, la propia historia es un elemento efímero más que se moldea para encajar con las necesidades de una narrativa predeterminada».[27]

Weiss, que ha escrito mucho sobre la reaparición del antisemitismo (cuenta que hubo compañeros de trabajo que discrepaban de su política y la tacharon de «nazi y racista»),[28] es otro ejemplo de una pensadora secular

---

25. "Dave Rubin: I'm No Longer an Atheist (and Jordan Peterson Helped)", 4 de diciembre de 2019, de *The Big Conversation*, temporada 2, episodio 5, video, https://www.youtube.com/watch?v=7mG6YIA54jc.

26. "Dave Rubin and John Lennox: Is God Dead? Faith, Culture and the Modern World, Part 1", 15 de noviembre de 2019, *The Big Conversation*, temporada 2, episodio 4, video, https://www.youtube.com/watch?v=m0Ov4HBperc.

27. Weiss a A. G. Sulzberger, 14 de julio de 2020, *Bari Weiss* (página web), https://www.bariweiss.com/resignation-letter.

28. Weiss a A. G. Sulzberger.

que ha empezado a aceptar de nuevo una identidad religiosa tradicional, tras la estela del auge de unas identidades cuasirreligiosas "woke" que le preocupan.

En una entrevista, dijo que ahora el nuevo ateísmo es el que tiene que "dar cuentas", dado que preparó el terreno para la crisis del sentido:

> Cuando examino las cualidades de las personas que tienen la fuerza y el valor de no dejarse arrastrar por la corriente y están dispuestas a que las insulten y a sacrificarse con tal de resistirse a esta situación iliberal, casi todas ellas son religiosas en uno u otro sentido... Hay algo más profundo que las dota de sus raíces... Una de las cosas que el grupo ateo quizá no previó es que arrebatar a las personas de ese impulso religioso prepararía el terreno para el surgimiento de esta ideología profundamente iliberal que, en muchos sentidos, funciona como una nueva religión... Está profundamente relacionada con el auge de esta nueva ortodoxia.[29]

Hablando de su retorno al judaísmo, Weiss dijo: «Cuanto más profundamente me he conectado con mi propio judaísmo, mi historia judía, más fuerte se ha vuelto mi convicción. Soy extremadamente clara sobre quién soy, qué hago y por qué estoy luchando».[30]

Russell Brand presenta otro estudio de caso interesante. Esta famosa celebridad televisiva, actor y cómico, también ha pasado por un viaje de autodescubrimiento en los últimos años. Habiendo sido un fiestero en la escena de la comedia alternativa, con una grave adicción al sexo y a las drogas, Brand se ha embarcado en una búsqueda espiritual que lo condujo a renunciar a su estilo de vida anterior. Dice que ahora cree en Dios, y que la práctica de la meditación y de la oración ha aportado a su vida estabilidad y un sentido de lo trascendente.

Si bien su espiritualidad se ve más influida por una filosofía universalista oriental que por el cristianismo (el tatuaje de un Cristo crucificado que lleva en el brazo derecho se ve contrarrestado por los tatuajes de otras muchas religiones repartidos por su cuerpo), Brand agradece las conversaciones con teólogos cristianos, y a menudo se muestra crítico de una

29. "Journalist or Heretic? Bari Weiss", 10 de junio de 2021, *The Jordan B. Peterson Podcast*, temporada 4, episodio 29, video, https://www.youtube.com/watch?v=tFTA9MJZ4KY.

30. Aviva Engel, "Former NYT Writer Bari Weiss: 'Jewish Values Are Bigger Than Any Fancy Title'", *Times of Israel*, 24 de julio de 2020, https://www.timesofisrael.com/former-nyt-writer-bari-weiss-jewish-values-are-bigger-than-any-fancy-title/.

cosmovisión atea del mundo, que reduce el significado y el propósito a la materia y la química cerebral.

Brand también parece inquietarse por el giro de la cultura hacia el yo interno debido a la ausencia de una historia unificadora. En una entrevista con el humorista ateo Ricky Gervais, Brand dijo: «Cuando la gente no cree que haya propósito o sentido... esto crea culturas que son extrañamente materialistas y nihilistas. Y me da la sensación de que durante los últimos veinte años estamos viendo un aumento del culto al yo, la adoración del individuo».[31]

## Filósofos, feministas, historiadores y científicos

Los que han progresado en esta dirección no han sido solo periodistas, celebridades y figuras de la televisión. Hay filósofos seculares como John Gray y el difunto Roger Scruton que han escrito largo y tendido sobre cómo la utopía irreligiosa del nuevo ateísmo ha demostrado ser un castillo en las nubes. ¿Por qué? Primero, porque la naturaleza humana es irreductiblemente religiosa, y segundo, porque muchos ateos modernos no logran reconocer hasta qué punto su visión de la buena vida es producto de la cultura cristiana que los precedió.

El historiador Tom Holland, autor de *Dominio: Una nueva historia del cristianismo*, ha señalado reiteradamente este punto ciego entre los humanistas seculares. "Humanismo" se ha convertido en una etiqueta para la encarnación más reciente del ateísmo como código ético para la vida. Sin embargo, según Holland, está totalmente construido con base en los presupuestos morales del Occidente cristiano, que es de donde salió.

Holland, explicando cómo llegó a darse cuenta de esto, me contó el inicio de su propia reevaluación del cristianismo que había abandonado siendo adolescente. Como historiador joven, había supuesto que los valores de la libertad, la igualdad y la dignidad humana que él y sus iguales valoraban tanto eran el producto natural de cualquier sociedad civilizada. No obstante, su estudio del mundo antiguo pronto lo llevó a reconocer lo poco que tenía en común con las civilizaciones del pasado. «Empecé a ver que, en realidad, prácticamente en todos los sentidos, soy cristiano».[32]

---

31. "Ricky Gervais and Russell Brand: God vs Atheism—Full Episode", 25 de abril de 2020, *Under the Skin* (pódcast), video, https://www.youtube.com/watch?v=5Szj5jJeUec.

32. "Tom Holland Tells N. T. Wright: Why I Changed My Mind about Christianity", 17 de julio de 2018, *Unbelievable?*, video, https://youtu.be/AIJ9gK47Ogw.

El surgimiento de nuevas ortodoxias y de la cultura de la cancelación que las acompaña también ha convertido en extraños "compañeros de cama" a conservadores, religiosas y feministas de la segunda ola, como Germaine Greer. Greer, en común con otras feministas notables, escritoras y locutoras como Camille Paglia, J. K. Rowling y Jenny Murray, ha causado controversia por su crítica flagrante de las nuevas ideologías de género. A ellas y a otras las han denominado feministas radicales transexcluyentes (TERF, por sus siglas en inglés), por creer que los derechos y las experiencias de las mujeres están intrínsecamente vinculadas a su biología y no se pueden transferir a quienes tienen un cuerpo de hombre.

Desde que publicó en 1970 su superventas *La mujer eunuco*, Greer nunca ha tenido reparos en fustigar a la religión organizada por su subyugación de las mujeres. Pero incluso ella ha hablado con aprobación del valor de la enseñanza en una escuela conventual que recibió en Australia. Greer, que se autodescribe como "católica atea", dice que el sólido ejemplo de sus hermanas en esas instituciones solo para mujeres sembró las semillas de su propio feminismo, y que de no ser por ellas, varias generaciones de australianas no habrían recibido una educación. En esta misma línea, Larissa Nolan escribe cómo «las monjas educaron a las abanderadas del feminismo moderno».[33]

Los científicos figuran también entre aquellos que proyectan una nueva mirada sobre el valor de la religión. Bret Weinstein es un biólogo evolutivo que, junto con su esposa Heather Heying, fue profesor en el Evergreen State College en el Estado de Washington. Ambos abandonaron sus trabajos en 2017 después de entrar en conflicto con estudiantes activistas que habían logrado cerrar el campus entre protestas sobre racismo y privilegios de clase. Como Boghossian, Weinstein se ha convertido en un crítico destacado de las ideologías políticamente correctas en los campus universitarios, que según dice él, ahogan la integridad académica y el libre intercambio de ideas que deberían caracterizar a la educación superior.

Pero Weinstein también es cada vez más conocido por fomentar cierto tipo de distensión entre la religión y la ciencia. Como ateo, Weinstein ya no cree en la fe judía en la que fue educado, pero a pesar de ello, participa en algunos de sus rituales y sus aspectos comunitarios junto con su familia. Cuando moderé un debate entre este biólogo y el científico-teólogo Alister

33. Larissa Nolan, "How Nuns Schooled Today's Torch-Bearers of Feminism", *Irish Times*, 20 de octubre de 2020, https://www.irishtimes.com/news/education/how-nuns-schooled-today-s-torch-bearers-of-feminism-1.4378480.

McGrath, hablamos de la afirmación de Weinstein de que la religión es «literalmente falsa y metafóricamente cierta».[34]

Weinstein rechaza la idea de que la religión es un lamentable fallo del proceso evolutivo (que es lo que cree su colega científico Richard Dawkins), pero dice que la práctica de la religión ha evolucionado como una estrategia de supervivencia beneficiosa como cualquier otro aspecto de la adaptación biológica. Hasta ese punto, Weinstein está dispuesto a buscar lo bueno de la religión, reconociendo al mismo tiempo los límites que tiene la capacidad científica para transmitir significado y propósito a los humanos.

Algunos de los pensadores mencionados hasta ahora tienden hacia la derecha (o al menos se distancian de la izquierda radical) en sus paradigmas políticos y culturales. Quizá esto no sea una sorpresa. A menudo los valores conservadores acompañan la apreciación de la estabilidad de la herencia judeocristiana occidental. Un subconjunto de ellos, junto con otros pensadores como Ben Shapiro, Sam Harris y el hermano matemático de Bret Weinstein, Eric, se congregaron durante un tiempo bajo el ya mencionado (y un tanto grandilocuente) apodo de "la web oscura intelectual".

Sin embargo, incluso académicos de tendencias más de izquierda, como el historiador marxista Terry Eagleton, han lanzado críticas devastadoras contra el nuevo ateísmo. (Es famosa su comparación de las obras de Dawkins sobre teología con alguien que «da conferencias de biología cuando su único conocimiento de la materia es la *Guía ornitológica de Gran Bretaña*»).[35] Y, al igual que Holland, ha señalado reiteradas veces a sus contemporáneos seculares que la narrativa cristiana central, la del amor sacrificado, es la fuerza revolucionaria que más ha modelado el arco moral de Occidente, no el proyecto científico (que tiene un valor neutro).

Estos son solo algunos de los participantes seculares que han estado rebatiendo los presupuestos simplistas del nuevo ateísmo y que han iniciado un diálogo sobre el valor del cristianismo en medio de una sociedad cada vez más fragmentada. En capítulos posteriores repasaremos algunas de sus historias.

Algunos de ellos siguen describiéndose como ateos; algunos admiten cierta debilidad por el cristianismo, o incluso estar en el camino que los lleva

---

34. "Alister McGrath and Bret Weinstein: Religion: Useful Fiction or Ultimate Truth? Part 1", 13 de septiembre de 2019, *The Big Conversation*, temporada 2, episodio 1, video, https://youtu.be/kRx2uNMJFnU.

35. Terry Eagleton, "Lunging, Flailing, Mispunching", crítica de *The God Delusion*, de Richard Dawkins, *London Review of Books*, 19 de octubre 2006, https://www.lrb.co.uk/the-paper/v28/n20/terry-eagleton/lunging-flailing-mispunching.

a reconectar con su fe. Otros han inventado sus propias etiquetas (Douglas Murray, como hemos visto, ha adoptado el epíteto "ateo cristiano"). Sea como fuere, todos están convencidos de que Occidente se ha sumido en una crisis de sentido a la que no puede dar respuesta el humanismo ateo, el progresismo liberal ni cualquier otra variedad de secularismo.

## Peterson y Dios

Como ya hemos mencionado, es motivo de febril especulación si Jordan Peterson puede acabar aceptando la fe cristiana ortodoxa. A lo largo del debate que moderé entre él y Susan Blackmore, al ver con cuánto vigor defendía el paradigma cristiano contra el ateísmo de ella, habrías estado justificado en pensar que Peterson era ya un apologista cristiano hecho y derecho.

Pero Peterson se ha negado constantemente a que le sonsaquen cuáles son sus convicciones religiosas personales. Cuando lo presioné sobre el tema, se describió como alguien "religioso" que «estaba condicionado en cada una de sus células como consecuencia del paradigma judeocristiano». Lo más que pude acercarme a averiguar si realmente creía en Dios fue cuando dijo que vive su vida «como si Dios existiera», y afirmó: «La señal distintiva y fundamental de la fe es el modo en que te comportas, no lo que dices sobre tus creencias».[36]

Peterson aplica frecuentemente al fenómeno el lenguaje de Jung sobre la jerarquía de valores. En nuestra entrevista insistió en que «cada uno tiene una jerarquía de valores. Debe tenerla, porque si no, o bien no puede actuar o se encuentra angustiosamente confundido. Aquello que figure en lo más alto de tu jerarquía de valores es lo que cumple para ti el rol de Dios».[37]

También se muestra abiertamente crítico con ateos como Richard Dawkins, dado que su polémica antirreligiosa no ayuda a nadie a vivir realmente en este mundo. «Los nuevos ateos tienen un problema descomunal con la ética activa»,[38] dice. Ciertamente, Peterson ha encontrado un mayor terreno común con los buscadores espirituales como Russell Brand

36. "Jordan Peterson vs. Susan Blackmore".

37. "Jordan Peterson vs. Susan Blackmore".

38. "Jordan Peterson vs. Susan Blackmore".

(cada uno ha aparecido en el pódcast del otro) que con sus famosos interlocutores ateos.

Esto nos lleva a la pregunta sobre qué piensa realmente Peterson sobre las afirmaciones exclusivas del cristianismo. Durante el debate, Susan Blackmore expresó la frustración de sus correligionarios ateos. Peterson respalda claramente el relato científico de la psicología evolutiva, pero lo combina con la admiración ferviente por las historias bíblicas, lo cual deja perplejos a muchos escépticos.

Pero Peterson no se echó atrás y dijo que «los textos bíblicos son fundamentales».[39] Por ejemplo, cree que el relato de la creación de Génesis 1 (en el que Dios crea al hombre y a la mujer a su imagen) es fundamental para nuestra creencia en la dignidad y la igualdad intrínsecas de los seres humanos.

De igual manera, respalda fuertemente el efecto del cristianismo en el mundo: «La doctrina cristiana elevó el alma individual, poniendo en el mismo nivel metafísico a esclavos, amos, plebeyos y nobles, considerándolos iguales delante de Dios y de la ley… De hecho, esto es prácticamente un milagro».[40]

Por supuesto, admitir la deuda cultural y psicológica que tenemos con el cristianismo no es lo mismo que creer que Jesús vivió, murió y resucitó de los muertos. De nuevo, aquí es donde resulta difícil acorralar a Peterson. Los cristianos no creen solamente que el cristianismo tiene una utilidad social; creen que su mensaje es cierto. Pero nunca queda claro en qué punto entre esas dos opciones se encuentra Peterson.

De igual manera, una cuestión clave en el debate que moderé entre Bret Weinstein y Alister McGrath se centró en la disposición de Weinstein de admitir los beneficios socioculturales de la religión, aunque no creyese en Dios. Por lo que respecta a eso, adoptó la postura de que la religión era útil, no verdad. Para muchas personas, con eso basta. Pueden obtener los beneficios de la práctica del yoga sin creer en su dimensión espiritual. Pueden disfrutar del sentimiento de buena voluntad que aporta la temporada de Navidad sin creer que Jesús nació de una virgen.

Pero yo no estoy tan convencido de que podamos disfrutar de los frutos de la religión sin sus raíces, sobre todo cuando hablamos del cristianismo.

Sí, deberíamos estar agradecidos por todo lo que la herencia judeocristiana ha legado a Occidente: los derechos humanos, la democracia

39. "Jordan Peterson vs. Susan Blackmore".

40. Jordan B. Peterson, *12 Rules for Life*, 186.

y la libertad de expresión, entre otras cosas. Sin embargo, como te dirá cualquier estudiante de historia, estos son frutos infrecuentes, cultivados exclusivamente en la tierra específica de nuestra herencia judeocristiana. ¿Cuándo más tiempo resistirán estos conceptos si la identidad cristiana de Occidente sigue mermando y, en su lugar, comienzan a surgir múltiples historias contrapuestas sobre la identidad y el sentido?

Estas son las preguntas que también se plantean muchos de los pensadores inmersos en el nuevo debate sobre Dios. Cuando Susan Blackmore confrontó a Peterson con el hecho de que los países escandinavos, otrora cristianos, siguen siendo líderes en felicidad y en bienestar a pesar de su rápida aceptación del secularismo, este contraatacó diciendo que esas naciones aún están en la infancia de su experimento poscristiano. «Son estables hasta el punto en que no son seculares», dijo. «Vivimos del cadáver de nuestros antepasados. Pero eso deja de ser alimento y empieza a pudrirse si no se renueva. Y no creo que lo estemos renovando. Vivimos con tiempo prestado y corremos el riesgo de que se nos acabe».[41]

Peterson admite la utilidad social del cristianismo y teme por el futuro de Occidente cuando aquel desaparezca. Pero, una vez más, admitir que algo es útil no lo convierte en verdad. Weinstein y Peterson parecen estar dispuestos a creer que el cristianismo es "metafóricamente" cierto porque funciona. Sin embargo, en el resto de este libro intentaré convencerte de que el motivo de que haya tantas personas que vuelven a defender el hecho de que el cristianismo funciona es porque *es realmente cierto*.

## El inicio de un nuevo diálogo

Entonces, a la hora de estudiar esta nueva conversación que está teniendo lugar, la pregunta sigue siendo: ¿de verdad Jesús es el divino Hijo de Dios? ¿O es Cristo solamente un "arquetipo" simbólico (uno de los términos favoritos que Peterson toma de Jung), que representa la perfección de la condición humana? Cuando el locutor católico Patrick Coffin le preguntó si estaba dispuesto a defender que Jesús resucitó históricamente, Peterson contestó: «Antes de aventurarme a responder a eso, tengo que pensarlo durante tres o cuatro años más».[42]

---

41. "Jordan Peterson vs Susan Blackmore".

42. "#61: Dr. Jordan Peterson on Catholicism, Suffering, Evil, and the Origin of 'Bucko'", 6 de febrero de 2018, *The Patrick Coffin Show*, pódcast, audio y video, https://www.patrickcoffin.media/

Según parece, Peterson sigue dándole vueltas al tema. Desde su regreso a la vida pública, los debates en los que ha optado por participar se han centrado cada vez más en los ámbitos del sentido, la religión y el propósito. Quizá el motivo por el que sigue encontrando un público tan numeroso para estas conversaciones es porque él mismo sigue meditando en su salvación de una forma tan pública.

En una conversación con Jonathan Pageau, cristiano ortodoxo oriental y escultor de iconos religiosos, Peterson luchó por contener sus emociones al hablar de sus anhelos religiosos. Casi llorando, describió su creciente comprensión de que el "mundo objetivo" de la historia y del hecho y el "mundo narrativo" del mito, el significado y la belleza parecen coincidir en la persona de Jesucristo; dijo entonces: «Me asombra mi propia creencia, y no la entiendo».[43]

El psicólogo no teme manifestar sus emociones públicamente al hablar de estas cosas, y es frecuente que en sus entrevistas o en el escenario se le escapen las lágrimas. También esto forma parte de su atractivo. Habla de las personas como si tuvieran alma. Como si existieran la belleza, la verdad y el significado. De alguna manera, Peterson ha atravesado ese cortafuego intelectual que a menudo separa a los pensadores públicos del "mundo real" de la emoción, la tragedia y el gozo.

Nada de esto significa que haya que celebrar a Peterson como el salvador de Occidente o del cristianismo (ese es un trabajo que ya hizo Jesucristo, al menos por lo que respecta a los cristianos). Algunos también miran con recelo la puesta en práctica teológica de la visión que tiene Peterson del cristianismo. En términos concretos, su postura a menudo se reduce a una filosofía de autoayuda. Podríamos decir que en este paradigma hay más obras que gracia.

A pesar de esto, la reconexión que hace Peterson del intelecto, la emoción y la espiritualidad es potente. Para una generación que ha estado privada de un compromiso significativo con esas facultades, parece haberse liberado una válvula de presión. Los mileniales que se han alimentado de una dieta escasa de racionalismo y ciencia, reaccionan a menudo ante este mensaje diciendo: «Esto es lo que andaba buscando». Y recibir la oportunidad de ver el mundo de esta manera nueva y desencadenada, a menudo concede a las personas el permiso intelectual de explorar el cristianismo.

---

dr-jordan-peterson-interview/.

43. "The Perfect Mode of Being: Jonathan Pageau", 1 de marzo de 2021, *The Jordan B. Peterson Podcast*, temporada 4, episodio 8, video, https://youtu.be/2rAqVmZwqZM.

Independientemente del punto en que se encuentre personalmente este psicólogo dentro del espectro de la fe, se lo ha descrito como "una droga de iniciación" para que otros contacten con la fe cristiana ortodoxa, y es fácil entender por qué. Ciertamente, su propia esposa, Tammy, y su hija Mikhaila, han dicho públicamente que han «encontrado a Dios» y una paz sin precedentes gracias a la oración y la lectura de la Biblia.[44]

Peterson y los demás intelectuales públicos que siguen sus pasos han identificado cuál es el problema en Occidente: la falta de significado. La crisis de identidad. La ansiedad que supone habitar un mundo sin una historia según la cual vivir.

Pero ¿podemos resolverlo? El nuevo ateísmo ha fracasado rotundamente, pero no creo que la "web oscura intelectual" y su cohorte de nuevos pensadores logren desentrañar con éxito este problema. Sí, formulan preguntas importantes, pero distan mucho de tener todas las respuestas. Incluso alguien con la influencia cultural de Jordan Peterson, alguien que invita explícitamente a las personas a replantearse el valor del cristianismo, es incapaz de salvar a Occidente de su crisis de significado y de identidad.

¿Por qué? Porque todos estos pensadores están señalando a las personas el camino de vuelta a una historia que solo resulta útil si es cierta. Sí, puede ser "metafóricamente potente", pero el poder de una metáfora radica en el hecho de que, en última instancia, apunta a algo que existe en la realidad. No podemos vivir solo de metáforas. No podemos usar la poesía, la psicología y el mito para mantener a Dios alejado de nosotros. ¿Y si esta historia que tiene dos mil años de antigüedad solo puede reconectar con nuestros deseos más profundos de obtener sentido, propósito e identidad porque es la historia verdadera a la que apuntan todas las demás?

Tengo la sensación de que esta generación se está preparando para volver a escuchar esa historia.

---

44. "Mikhaila Peterson's Story of Finding God and Coming to Christian Faith", 3 de agosto de 2022, *The Big Conversation*, temporada 4, episodio 6, video, https://youtu.be/TVrYijRce8w.

# CAPÍTULO 3

# FORMADOS POR LA HISTORIA CRISTIANA

De vez en cuando me preguntan qué conversaciones y qué debates de los que he organizado son mis favoritos. A menudo bromeo diciendo que esto es como pedirme que elija a un favorito entre mis cuatro hijos. Pero si tuviera que elegir (¡un programa, no un hijo!), siempre pensaré que uno de los mejores fue aquel en el que se produjo el dramático enfrentamiento entre Tom Holland y A. C. Grayling.

Holland acababa de publicar su obra magna: *Dominio: Una nueva historia del cristianismo*. Con más de seiscientas páginas, es una historia enorme, pero extremadamente amena del modo en que el cristianismo ha dado forma a la cultura occidental.

Es una obra maestra del ensayo histórico. El argumento central es que, a pesar de lo que digan los secularistas modernos, el compromiso que tiene el mundo occidental con la igualdad, la dignidad y el valor humanos tiene una naturaleza intrínsecamente cristiana. Holland expone su argumentación galopando por casi dos mil años de historia, desde los Imperios griego y romano hasta los Beatles y el movimiento #MeToo moderno. Las viñetas históricas a través de los siglos montan el escenario para las revoluciones en la política, la religión, la ciencia y la cultura, que son por sí mismas réplicas de la revolución cristiana del primer siglo.

No hace falta decir que los errores y los delitos de la iglesia a lo largo de los siglos también quedan recogidos en la obra. Sin embargo, una y otra vez, Holland regresa al núcleo duro del cristianismo: la afirmación de que Dios mismo padeció la muerte de un esclavo.[1] Esta idea radical, dice

1. Tom Holland, *Dominion: How the Christian Revolution Remade the World*, 1ª ed., EE. UU. (Nueva York: Basic Books, 2019), 541.

Holland, echó los cimientos para la abolición de la esclavitud, el moderno estado de bienestar e incluso la libertad de las personas para rechazar la religión en el mundo contemporáneo. Irónicamente, incluso el ateísmo moderno debe su origen al cristianismo.

En consecuencia, me pareció pertinente juntar a A. C. Grayling (uno de los principales portavoces mundiales del ateísmo) con Holland. Supe que sería todo un enfrentamiento, y sin duda, ese día saltaron chispas intelectuales.

Grayling, director del New College of the Humanities en Londres, es un filósofo respetado y un intelectual público. Ha tratado diversas materias, pero a menudo ha sido un crítico tan franco como elocuente del cristianismo. Entre sus libros se encuentran *Contra todos los dioses*, en el que intenta demoler toda una batería de argumentos filosóficos a favor del teísmo, y *El buen libro: Una Biblia humanista*, una biblioteca de sabiduría alternativa (y, bajo su punto de vista, superior) a las Escrituras hebreas y cristianas, compilada a partir de diversas fuentes.

Poco antes del debate, Grayling había publicado su propia obra magna: *Historia de la filosofía: Un viaje por el pensamiento universal*. Como en el libro de Holland, Grayling procuró ofrecer una narrativa sobre el desarrollo del pensamiento occidental, catalogando a la par toda la gama de filosofías alternativas que habían aparecido en todo el mundo. Donde ambos escritores discrepaban más radicalmente era al respecto de su evaluación del rol del cristianismo.

Desde la primera página de la introducción, Grayling atacó a la iglesia como un freno histórico del progreso. Tras alabar el valor del arte y de la literatura producidos por griegos y romanos, se centra en los cristianos del siglo IV:

> Los fanáticos cristianos destruyeron estatuas y templos, desfiguraron cuadros y quemaron libros "paganos" en una orgía de destrucción de la cultura anterior que duró varios siglos... Resulta difícil entender, y menos perdonar, la inmensa pérdida para la literatura, la filosofía, la historia y la cultura general que esto representó.[2]

Esta afirmación en concreto resultó ser el primero de diversos encontronazos dramáticos en el debate entre Holland y Grayling. Holland, historiador meticuloso, desafió reiteradamente a Grayling para que presentara evidencias tangibles de esta «orgía de destrucción».

2. A. C. Grayling, *The History of Philosophy* (Nueva York: Penguin, 2019), 3.

Grayling expuso que el hecho de que, por ejemplo, tengamos solo siete de las setenta obras teatrales escritas por el trágico antiguo Esquilo es prueba de esa destrucción indiscriminada. Pero Holland repitió directamente su pregunta varias veces: ¿cómo sabía Grayling que «había bandas de cristianos que iban de un lado para otro destruyendo ejemplares de Esquilo? No disponemos de una sola evidencia de que así fuera».[3]

Por el contrario, rebatió Holland, debemos dar gracias a los monjes de los primeros siglos, a los que Grayling ignora en su libro, por preservar casi todos los ejemplares de la literatura y de la filosofía antiguas, que siguieron siendo el fundamento de la educación y del aprendizaje clásicos en la Edad Media.

Según Holland, Grayling era un ateo más que se había creído el mito perpetuado sobre todo por el historiador del siglo XVIII Edward Gibbon. La *Historia de la decadencia y caída del Imperio romano*, una obra muy influyente de Gibbon, había echado gran parte de la culpa de la pérdida de la civilización clásica a los merodeadores hipercríticos cristianos. Esta es una versión que historiadores posteriores, como Holland, describen así: «Por decirlo educadamente, no es exactamente lo que pasó».[4]

## La reevaluación de la historia

La versión de la historia que repite Grayling aparece en buena parte de la literatura de los nuevos ateos, que consideran que el cristianismo tuvo un efecto retrógrado sobre la cultura mundial. Según ellos, la ciencia, la salud y la ética se vieron perjudicadas por el cristianismo, que introdujo las tinieblas de la Edad Media y perpetuó durante mucho tiempo la oscuridad; hasta que las cadenas de la religión empezaron a soltarse durante la era de la Ilustración, no pudieron los racionalistas, los filósofos seculares y los pioneros científicos recuperar la inercia del progreso humano.

Pero esta narrativa tan popular ha sido blanco de un número cada vez mayor de críticas por parte de los historiadores, tanto dentro como fuera del cristianismo.

Una voz notable es la de Tim O'Neill, que dirige la página web *History for Atheists* (Historia para ateos). O'Neill no es creyente, pero habitualmente

3. "Tom Holland y A. C. Grayling: History: Did Christianity Give Us Our Human Values?", 6 de diciembre de 2019, *The Big Conversation*, temporada 2, episodio 5, video, https://www.youtube.com/watch?v=7eSyz3BaVK8.

4. "Tom Holland and A. C. Grayling".

critica a los escépticos de internet que, según dice, están empantanados en «una combinación intelectualmente embotadora y sorda a todo, de prejuicios ideológicos, y en una ignorancia histórica casi completa».[5]

Además de los encontronazos regulares con ateos de la tribu "mítica" (quizá O'Neill no crea que Jesús era Dios, pero está convencido de que existió), escribe a menudo para corregir a quienes repiten sin saber que la cristiandad tuvo la culpa de mil años de superstición, trabajos pesados y persecución. De hecho, dice O'Neill (junto con casi todos los académicos modernos expertos en ese periodo), la Edad Media fue una época en la que el arte, la agricultura y el aprendizaje florecieron en centros eclesiásticos de enseñanza creados por la iglesia.

O'Neill también escribe para desmontar un presupuesto escéptico relacionado: que la aceptación por parte de Occidente de los valores y derechos humanos y de la democracia, así como el auge consiguiente de la educación, el bienestar y la ciencia son el don de una ilustración secular que por fin se las había arreglado para desprenderse de su lastre religioso.

Otros también han contado una historia alternativa, parecida, sobre cómo llegamos a ser lo que somos.

Entre ellos se cuenta el historiador secular Rodney Stark, cuyos influyentes libros, como *El auge del cristianismo*, han reevaluado la naturaleza contracultural de las primeras comunidades cristianas. Ha sostenido que el cristianismo fue el elemento crucial que encauzó la civilización en una dirección radicalmente nueva, pasando de una cultura en la que muchas vidas se consideraban baratas y prescindibles a otra que valoraba toda vida humana.

En los últimos años, ha habido libros como *The Evolution of the West* (La evolución de Occidente), de Nick Spencer, *Atheist Delusions* (Espejismos ateos), de David Bentley Hart, y *El aire que respiramos*, de Glen Scrivener, que han seguido exponiendo las maneras en que los conceptos culturales occidentales como la dignidad, la igualdad y el progreso humanos se vieron moldeados no por nuestros ancestros griegos y romanos ni por filósofos racionalistas, sino por la historia cristiana que, en última instancia, rebasó al mundo clásico y a partir de la cual se fraguó y moldeó la Ilustración.

Por lo tanto, Holland no está ni mucho menos solo a la hora de defender una reevaluación de la influencia que ha tenido el cristianismo sobre el

5. Tim O'Neill, "'The Dark Ages'—Popery, Periodisation and Pejoratives", *History for Atheists* (blog), 19 de noviembre de 2016, https://historyforatheists.com/2016/11/the-dark-ages-popery-periodisation-and-pejoratives/.

mundo moderno. Quizá el motivo de que se haya convertido en un portavoz tan destacado sea que al hacerlo ha abarcado los mundos secular y cristiano. Como Jordan Peterson, Douglas Murray y otros, Holland tiene el historial de ser un pensador secular que, a pesar de ello, cada vez se ha sentido más atraído por las cualidades morales y espirituales de la fe cristiana.

## UN CAMBIO DE OPINIÓN

Holland ha sido muy franco sobre su propia relación cambiante con el cristianismo. Cuando lo invité a un debate con el eminente experto en Nuevo Testamento, N. T. Wright, Holland explicó dónde comenzó su amor por la historia antigua:

> Yo era el tipo de niño a quien le encantaban los dinosaurios. Me gustaban porque eran grandes y feroces, y glamurosos, y además se habían extinguido… Hice una transición impecable del *Tyrannosaurus rex* a César. Me resultaban muy atrayentes el glamur, la belleza, el poder y la crueldad de los griegos y los romanos.[6]

Holland explicó cómo, habiéndose criado y confirmado en la Iglesia anglicana, las creencias de su niñez se fueron apagando durante su adolescencia, cuando "el dial regulador" de la fe pareció girar hasta desconectarse.

> Iba a la escuela dominical y estaba muy interesado en la historia bíblica, pero los personajes me parecían muy secos. No me gustaban sus barbas. Prefería el aspecto de Apolo, bien afeitado. En cierto sentido, me sedujo el glamur de Grecia y de Roma, de modo que los primeros libros de historia que escribí fueron sobre Grecia y Roma.

Entre sus primeros libros figuran *Rubicón: Auge y caída de la República romana*, *Fuego persa: El primer imperio mundial y la batalla por Occidente,* y *Dinastía: La historia de los primeros emperadores de Roma*. Estos volúmenes establecieron su reputación como un autor de libros históricos populares con éxito de ventas.

6. Las citas en esta sección proceden de "N. T. Wright and Tom Holland: How St. Paul Changed the World (Full Show)", 20 de julio de 2018, *Unbelievable?*, video, https://www.youtube.com/watch?v=nlf_ULB26cU.

Pero el viaje de Holland por el mundo clásico también fue un recordatorio claro de hasta qué punto difieren sus actitudes hacia la vida, la muerte y la existencia humana de aquellos ancestros de la antigüedad para quienes la esclavitud, la explotación sexual y la indiferencia hacia los débiles y los vulnerables formaban parte de la cultura cotidiana. «Cuanto más vives en la mente de los romanos», dijo, «y pienso incluso más en los griegos, más ajenos te parecen. Y lo que acaba dando más miedo es esa cualidad de insensibilidad, que creo que es aterradora porque es algo que se daba totalmente por hecho».

A modo de ejemplo, Holland describe una de las campañas de César:

> César, según algunas versiones, acaba con la vida de un millón de galos y esclaviza a otro millón con el objetivo de impulsar su carrera política y, lejos de sentirse hasta cierto punto avergonzado por ello, lo proclama. Y cuando celebra su triunfo, la gente se pasea por las calles de Roma llevando pancartas donde se jactan de cuántas personas ha matado.

Holland resumió lo que le resultaba más inquietante de esto:

> Ese es un mundo terriblemente ajeno a nosotros, y cuanto más lo contemplas, más cuenta te das de que se levanta sobre la explotación sistemática... En casi todos los sentidos, este es un mundo indeciblemente cruel según nuestra manera de pensar. Y esto me fue preocupando cada vez más.

Esa consciencia creciente de qué poco tenía, en realidad, en común con la cultura del mundo antiguo se intensificó cuando Holland centró su atención en el final de la Antigüedad y en la emergencia del imperio islámico para su libro *A la sombra de la espada*: «En el islam había facetas que me resultaban muy familiares, pero tenía muchos aspectos que me parecían profundamente, profundamente ajenos».

De hecho, el libro y el documental que lo acompañó, *Islam: La historia no contada*, que cuestionaba aspectos de la historicidad de la vida de Mahoma y la fiabilidad del Corán, produjo una intensa controversia e incluso amenazas de muerte por parte de islamistas radicales. Holland, un occidental liberal comprometido con conceptos como la libertad de expresión, se vio forzado a recordar de nuevo qué peculiar resultaba ese paradigma para muchas culturas, tanto pasadas como presentes.

Era evidente que la cosmovisión particular que tiene Occidente, tan ajena a buena parte de la historia y de la cultura, no surgió de la nada. Fue el producto de una historia concreta. «Empecé a darme cuenta de que, en realidad, casi en todos los sentidos, soy cristiano», dijo Holland.

## La fe humanista

No es de extrañar que cuando Holland empezó a hablar públicamente de su reorientación intelectual hacia el cristianismo no todo el mundo aceptase bien sus ideas.

El historiador (que es asiduo usuario de Twitter) se enzarzaba a veces en combates dialécticos con portavoces del humanismo. Ellos insistían en que los conceptos de dignidad e igualdad humana y de justicia, que constituían el marco de su moral humanista, debían más a las civilizaciones clásicas y a la Ilustración secular que al cristianismo. Por otro lado, Holland ha insistido cada vez más en que la filosofía del propio humanismo secular fue producto directo de la herencia judeocristiana que la dio a luz.

Fundamentó esta idea durante otro punto importante de su debate con Grayling (vicepresidente de Humanists UK), cuando sacó una hoja de papel con una lista de todas las ciudades internacionales donde se habían celebrado conferencias humanistas desde 1952. Después de mencionar Londres, Oxford, Miami, Washington, Oslo, Ámsterdam, Bruselas, París, Búfalo, Hanover y Boston, Holland señaló que, con la excepción de Mumbai en 1999, todos esos lugares estaban situados en "países básicamente cristianos". Esto, dijo él, es evidencia de que «el humanismo es una especie de protestantismo sin Dios. En este sentido, es tan contingente culturalmente como todo lo demás en el vasto campo de la civilización humana».[7]

Otros han defendido de maneras parecidas que el mismo concepto de derechos humanos que sustenta la cosmovisión humanista es radicalmente dependiente de la concepción cristiana de lo que significa ser humanos.

Por ejemplo, la Declaración Universal de los Derechos Humanos (DUDH), redactada en 1948 en la estela de dos guerras mundiales,

7. "Tom Holland and A. C. Grayling".

encapsula en su primer artículo que «todos los seres humanos nacen iguales en dignidad y derechos».[8]

Cuando invité al conocido humanista Steven Pinker a debatir sobre la moral y el progreso humanos en un episodio de *The Big Conversation*, el filósofo de Harvard insistió en que ese documento «no tiene ni pizca de cristianismo».[9]

En cierto sentido, Pinker tiene razón. La Declaración es, claramente, un documento secular, redactado deliberadamente para permitir que personas de muchas culturas y cosmovisiones coincidan en el lenguaje empleado. Pero eso no impide que el lenguaje suene casi religioso en su naturaleza cuando afirma que los seres humanos, «dotados como están de razón y conciencia, deben comportarse fraternalmente los unos con los otros».[10]

El interlocutor de Pinker en el debate, Nick Spencer, sostuvo que buena parte del documento (redactado en gran medida por Charles Malik, un cristiano libanés) se basaba en el concepto de "persona" tal como lo define la enseñanza social católico romana.

El documento pasa después a hacer una lista de numerosos derechos fundamentales y libertades de fe, justicia, salud, raza y educación. Bajo el punto de vista de Pinker, estos conceptos se desprenden del hecho científico de que todos los humanos comparten el mismo ADN, además de capacidades racionales y emocionales: «Es un hecho que estamos compuestos de la misma materia, somos una misma especie, todos somos sentientes, todos tenemos la capacidad de experimentar placer y dolor, todos tenemos raciocinio. Este es un fundamento bastante sólido para los derechos humanos universales y la dignidad humana universal».[11]

Pero Spencer se mostró escéptico:

> No dudo de que muchos de mis amigos ateos defienden la dignidad humana o la igualdad entre humanos, pero no veo dónde se encuentran los cimientos profundos para que así sea. No creo que la razón,

---

8. Asamblea General de la ONU, Declaración Universal de los Derechos Humanos, A/RES /217 (III) A, artículo 1 (10 de diciembre de 1948), https://www.un.org/en/about-us/universal-declaration-of-human-rights.

9. "Steven Pinker vs. Nick Spencer: Have Science, Reason and Humanism Replaced Faith?", 22 de junio de 2018, *The Big Conversation,* temporada 1, episodio 2, video, https://www.youtube.com/watch?v=Ssf5XN5o9q4.

10. Declaración Universal de los Derechos Humanos, artículo 1.

11. "Steven Pinker vs. Nick Spencer".

> en y por sí misma, y mucho menos la ciencia, sean un fundamento suficientemente robusto para ese compromiso... No me convence la idea de que el mero hecho de ser racionales o estar hechos de la misma materia baste para justificar nuestro humanismo.[12]

Como Spencer, me resulta difícil justificar la idea de que esos conceptos tan elevados, como la libertad, la igualdad y la dignidad inherentes de todos los humanos, se puedan cimentar en hechos científicos abstractos o en nuestra capacidad de raciocinio.

¿Qué tiene de especial el hecho de nacer con la identidad genética de Homo sapiens que, de repente, confiere a un individuo la larga lista de derechos y libertades inalienables de la Declaración Universal de los Derechos Humanos? La propia ciencia no tiene nada que decir al respecto. Y cuando hablamos de atrocidades como los programas de eugenesia de los nazis, a menudo se ha usado la ciencia en detrimento de esos derechos.

Un documento aún más famoso, la Declaración de Independencia de Estados Unidos, afirma que «sostenemos que estas verdades son evidentes por sí mismas, que todos los hombres son creados iguales, que su Creador los ha dotado de determinados derechos inalienables, entre los que se cuentan el derecho a la vida, la libertad y la búsqueda de la felicidad».[13]

En este caso, los redactores de la Declaración no tuvieron problema en usar un lenguaje religioso. Pero en realidad, la naturaleza "evidente por sí misma" de la igualdad entre seres humanos y sus derechos solo parece evidente para quienes han heredado los mismos supuestos cristianos que trajeron consigo a Estados Unidos los padres fundadores.

Contrariamente a las afirmaciones de humanistas contemporáneos como Pinker, la existencia de esos derechos y libertades no es evidente en ausencia de Dios. No se revelan simplemente mediante un acto de reflexión racional o al admitir que estamos hechos de la misma materia. Durante la mayor parte de la historia humana, la inmensa mayoría de culturas no reconocieron estos hechos, y en muchas partes del mundo moderno sigue siendo así.

Un destacado pensador ateo que parece haber reconocido sinceramente la contingencia de nuestra aceptación de los derechos humanos, es Yuval

12. "Steven Pinker vs. Nick Spencer".

13. Declaración de Independencia (4 de julio de 1776), U. S. National Archives and Records Administration, https://www.archives.gov/founding-docs/declaration-transcript.

Noah Harari. Haciendo un comentario sobre la Declaración de la Independencia en su superventas *Sapiens*, escribe:

Los estadounidenses sacaron del cristianismo el concepto de la igualdad, que sostiene que toda persona tiene un alma creada por Dios, y que ante Dios todas las almas son iguales. Sin embargo, si no creemos en los mitos cristianos sobre Dios, la creación y las almas, ¿qué significa que todas las personas son "iguales"? La evolución se fundamenta en la diferencia, no en la igualdad.[14]

Como ha dicho Tom Holland, los humanistas seculares que creen en la existencia de los derechos humanos y los consideran sacrosantos son tan teológicos en sus hipótesis sobre la realidad como el cristiano que cree que nos fueron conferidos por un Creador divino.

## Una explicación de la moral

Entonces, ¿cómo explicamos el fundamento de esta creencia tan extendida en el valor moral de los humanos? Cuando hablamos de la moral humana y del modo en que el ateísmo intenta explicarla, hay dos argumentos separados a los que debemos encontrar sentido. El primero tiene que ver con el propio concepto de moral, y si es siquiera un concepto coherente en la cosmovisión atea.

En mi primer libro, *Unbelievable?: Why, After Ten Years of Talking with Atheists, I'm Still a Christian* (¿Increíble? Cómo, después de diez años de hablar con ateos, sigo siendo cristiano), dediqué un capítulo a explicar por qué no creo que los ateos tengan fundamentos sólidos para creer en la moral objetiva. Por favor, tengamos en cuenta que no estoy diciendo que los ateos no tengan moral. La mayoría de ateos, por naturaleza, se adhiere a los mismos códigos morales de conducta que las personas que los rodean. De hecho, algunos de mis amigos ateos se cuentan entre las personas más éticas que conozco.

Sin embargo, no creo que, en ausencia de Dios, haya fundamentos para creer que esos códigos morales son mucho más que opiniones subjetivas o una moda propia de una época. En un universo sin Dios no existe un estándar moral último según el cual podamos evaluar nuestros esfuerzos. Lo vamos inventando sobre la marcha. El ateo seguramente estará de acuerdo con esto. «La moral cambia con los tiempos», puede decir. «No es más

---

14. Yuval Noah Harari, *Sapiens: A Brief History of Humankind*, 1ª ed., EE. UU. (Nueva York: Harper, 2015), 109.

que otro producto subjetivo de las fuerzas socioevolutivas que dan forma a nuestras culturas».

El problema con este relato de la realidad es que ninguno de nosotros se comporta como si nuestras creencias morales no fuesen más que la última fase del espíritu de una era en constante evolución. De hecho, por lo que respecta a los más abominables actos de maldad y a los más generosos actos de bondad, tratamos la moral como algo que tiene una naturaleza muy fija y real. Cuando declaramos que el racismo está mal, no nos estamos limitando a expresar nuestros sentimientos actuales sobre ese asunto; queremos decir que siempre ha estado mal y siempre lo estará. Nuestros antepasados que no reconocieron esto estaban gravemente equivocados, y ahora sabemos más que ellos.

Pero esta visión de una naturaleza fija y objetiva de la moral contradice la cosmovisión atea. Según un relato puramente naturalista de las cosas, en el universo no hay inserto un arco moral, no hay un "debería" para el "es" de la realidad física. ¿Cómo hallar la cuadratura de este círculo? En resumen, argumenté que, si existe realmente un "norte" en nuestra brújula moral (un ideal más elevado hacia el que debería apuntar nuestra vida), este debe hallar su sede en algo que esté más allá de nosotros mismos. Si existe una ley moral, tiene que haber un legislador. Y el mejor candidato para ese puesto es Dios.

Sin embargo, tanto si un ateo se convence con este argumento un tanto filosófico como si no, hay una segunda cuestión que tenemos que abordar: ¿cómo llegamos a la moral que actualmente sostenemos? Esta pregunta es más histórica que metafísica. Pero, bajo mi punto de vista, la respuesta sigue apuntando a Dios.

Tal como han dejado en claro historiadores como Holland, hay una historia muy concreta de cómo los valores occidentales modernos se vieron conformados por la revolución cristiana que tuvo lugar hace dos mil años. Por amor a la brevedad, esbozaré solamente dos supuestos morales clave de nuestra cultura occidental, cuyo desarrollo se vio profundamente influido por el cristianismo. Primero, nuestra creencia en la dignidad y en la igualdad humana y, segundo, la creencia en nuestro deber de proteger a los más débiles en la sociedad.

## LA DIGNIDAD Y LA IGUALDAD HUMANAS

La primera creencia moral que examinaremos es el concepto de la dignidad y la igualdad intrínsecas de todos los seres humanos. Podría decirse que estas son ideas que tuvieron su génesis (perdón por el juego de palabras) en la primera página de la Biblia. En su poético primer capítulo, Génesis 1:27 afirma: «Y creó Dios al hombre a su imagen, a imagen de Dios lo creó; varón y hembra los creó».

Otras religiones antiguas de Oriente Próximo y otras mitologías paganas también tenían sus propias historias de la creación, pero esta era diferente.

John Walton, experto en Antiguo Testamento, escribe:

> La literatura mesopotámica se ocupa de la jurisdicción de los diversos dioses en el cosmos, y la humanidad está en el punto más bajo de la escala. El relato del Génesis se ocupa de la jurisdicción de la humanidad sobre el resto de la creación, como resultado de la imagen de Dios según la cual fueron creadas las personas.[15]

Esta idea exclusivamente judía (que los humanos, tanto hombre como mujer, llevan la imagen del Dios creador y existen para convertirse en cocreadores dentro de su obra) dotó a la raza humana de un depósito sin precedentes de valor y dignidad inherentes a ella. Ningún otro relato de los orígenes situó a los humanos en el punto culminante de la narrativa de la creación ni les concedió este estatus incomparable.

Una vez más, Walton escribe: «Dado que todas las personas llevan la imagen de Dios, todas merecen que las traten con la dignidad que conlleva esa imagen».[16]

Cabe admitir que se podrían escribir muchos libros que hablasen de la incoherencia con que se ha aplicado esta ética a lo largo de la historia por parte de quienes afirmaban hallar la inspiración en las Escrituras. Aun así, a pesar de los frecuentes fracasos de la cristiandad para vivir conforme a estos ideales, el supuesto de una *imago dei* que reside en cada ser humano ha sido fundamental para el desarrollo secular moderno de la dignidad y la igualdad humanas.

Sin embargo, el camino desde Génesis hasta nuestra admisión moderna de los derechos humanos no pasó por Roma ni Atenas; pasó por Belén, Nazaret y Jerusalén.

### *La esclavitud en el mundo antiguo*

La creencia de que toda persona debe ser tratada con una dignidad y una igualdad de estatus inherentes a ella, independientemente de su género, etnia,

15. John H. Walton, *Genesis* (Grand Rapids, MI: Zondervan Academic, 2011), e-book, "Day Six (1:24-31)".

16. Walton, "Day Six (1:24-31)".

sexualidad, discapacidad, estatus económico o cualquier otra característica, es algo que da por hecho la mayoría de personas del Occidente moderno, hasta el punto de que apenas la cuestionamos. Sin embargo, la mayoría de las civilizaciones anteriores la hubieran considerado muy extravagante.

Durante la mayor parte de la historia humana, el trato dispensado a determinadas personas como si tuvieran menos valor que otras ha sido la norma. La institución de la esclavitud es uno de los ejemplos más evidentes.

En el mundo grecorromano, la esclavitud se entendía no solo como factor esencial de la prosperidad económica, sino también como parte del orden natural de las cosas. Aristóteles resumió la actitud de sus iguales cuando escribió: «Pues que algunos gobiernen y otros sean gobernados es algo no solo necesario, sino conveniente; desde el momento de su nacimiento, algunos están señalados para la sumisión, y otros para el mando».[17]

En el Imperio romano temprano, una de cada cinco personas era esclava. Los edificios, la infraestructura y el comercio esenciales para su civilización se levantaban sobre las espaldas de esclavos que desempeñaban las tareas que nadie más quería hacer. El comercio de esclavos era un negocio lucrativo y normalmente las campañas bélicas exitosas eran la vía por la que multitud de personas quedaban esclavizadas a los vencedores.

Aunque algunos esclavos tenían posiciones de autoridad y, en ocasiones, podían conseguir su libertad, en general al esclavo se lo consideraba menos que una persona. No se les permitía tener propiedades, tenían poco acceso a la justicia o a los derechos básicos, y se los sometía típicamente a castigos corporales (y, en algunos casos, a la ejecución sumaria). Cuando el senador Lucius Pedanius Secundus fue asesinado por uno de sus esclavos, el senado aprobó la ejecución de cuatrocientos de sus esclavos domésticos a modo de castigo.

Lo que para nuestra mirada moderna parece inaceptable era, para el mundo antiguo, la manera en que funcionaban las cosas. La vida de un esclavo era barata. Esto era especialmente cierto al respecto de la explotación sexual de los esclavos. Mientras que, en general, se esperaba que las esposas fueran fieles a sus maridos, un amo varón tenía la libertad de saciar su apetito sexual con todas las prostitutas y esclavas que quisiera. Durante su debate con A. C. Grayling, Tom Holland describió gráficamente los usos a los que se sometía a los esclavos:

> Se esperaba que los usaran como objetos sexuales. Los romanos tenían la misma palabra para "orinar" y "eyacular", y esencialmente

17. Aristóteles, *Política* 1.5.

> las bocas, vaginas y anos de los esclavos y esclavas se consideraban orinales; eran objetos en los que el amo podía verter sus fluidos corporales. Y ese era su rol; se daba por hecho sin discusión.[18]

Pasar tiempo inmerso en el mundo de la cultura grecorromana fue lo que indujo a Holland a empezar a apreciar el radical distintivo del cristianismo. Ahora bien, ver lo que escribió el apóstol Pablo —«no hay judío ni griego; no hay esclavo ni libre; no hay varón ni mujer; porque todos vosotros sois uno en Cristo Jesús» (Gl 3:28)— lo impactó como una afirmación igualitaria y revolucionaria sobre la etnia, el género y el estatus social.

De igual manera, Holland cree que la insistencia en la monogamia de los primeros cristianos, tanto para el marido como para la esposa, y la abstinencia sexual de los solteros fueron elementos pioneros, sobre todo debido a la dignidad que supuso para los esclavos que se unieron a la comunidad cristiana junto a los ciudadanos libres:

> La doctrina de la sexualidad que predica Pablo se fundamenta profundamente en esta idea de que la esclavitud es algo a superar, y que todo el mundo ha sido liberado por el sacrificio de Cristo. Está diciendo que ahora todo ser humano, en virtud del sacrificio y la muerte de Cristo, tiene valor. Y dice concretamente que tienen una integridad física... Eso otorgó al esclavo doméstico una dignidad que nunca antes había tenido.[19]

Muchos ojos modernos han mirado atrás a la insistencia paulina en la castidad, la monogamia y la permanente ética sexual cristiana a la que dio a luz, y las han considerado algo represivo y puritano. Pero dentro del contexto de la Roma antigua fue una norma de vida que ofreció dignidad y estabilidad tanto a las mujeres como a los esclavos. El hecho de que la mayoría de sociedades seculares observe hoy el consentimiento mutuo y la fidelidad como una expectativa mínima de la propiedad sexual es un recordatorio de cuán profundamente arraigada está todavía la ética cristiana, incluso cuando las sociedades han descartado sus otras prohibiciones. Holland incluso propone que los movimientos contemporáneos como #MeToo, que denuncian el abuso sexual de las mujeres, siguen apelando

---

18. "Tom Holland and A. C. Grayling".

19. "Tom Holland and A. C. Grayling".

fundamentalmente a las virtudes y los valores del autocontrol y el reconocimiento mutuo que el cristianismo sacó a la luz por primera vez.

En los últimos años, otros escritores seculares han venido reconociendo el valor único de la monogamia cristiana para dar forma al mundo occidental. En su libro *The WEIRDest People in the World* (La gente más rara del mundo), el biólogo evolucionista Joseph Henrich sostiene que el «programa de matrimonio y familia»[20] de la iglesia fue responsable en gran medida de la naturaleza exclusivamente WEIRD —Western, Educated, Industralized, Rich, Democratic (occidental, educada, industrializada, rica, democrática)— de Europa. De igual manera, en su libro *Contra la revolución sexual: una nueva guía para el sexo en el siglo XXI*, la escritora feminista Louise Perry ha dirigido una crítica enérgica a la cultura propia del mundo moderno, saturada de pornografía, hipersexualizada, que fomenta los encuentros sexuales informales. Sostiene que el regreso a la ética sexual judeocristiana y a la monogamia redunda en los mejores intereses de hombres y mujeres. En la raíz de estos libros se encuentra la admisión básica de que el cristianismo cambió cómo pensamos en el valor de hombres y mujeres, esclavos y libres, y el modo en que deberíamos tratarlos.

### *Una respuesta a una objeción importante*

A estas alturas, un escéptico diría, naturalmente (y con razón), que la historia cristiana y la propia Biblia no tienen las manos limpias al respecto al tema de la esclavitud.

En el segundo caso, el Antiguo Testamento asume ciertamente la esclavitud como parte del *statu quo* en el Antiguo Oriente Próximo y, en diversos momentos, afirma el lugar que ocupa en las leyes de la Torá. Pero tal como han señalado muchos especialistas, las regulaciones estipuladas para el trato de los esclavos en las Escrituras hebreas estaban infinitamente por delante de las que aplicaban las naciones circundantes. Aquella no era la esclavitud mercantilista del comercio transatlántico de esclavos (de la que hablaremos más adelante), sino algo más parecido a una servidumbre transitoria. Frecuentemente, venderse a este tipo de servicio era una vía para garantizar la supervivencia o la estabilidad económica.

¿Era este el ideal para la humanidad que pretendía Génesis 1? Sin duda que no. Pero tal como han señalado muchos teólogos, al aplicar sus propósitos, Dios puede optar por adaptarse a las normas culturales de una

---

20. Joseph Henrich, *The WEIRDest People in the World: How the West Became Psychologically Peculiar and Particularly Prosperous* (Nueva York: Farrar, Straus and Giroux, 2020).

sociedad tal como es, en lugar de impulsarla de inmediato hacia el punto en que debería estar. Buena parte del Antiguo Testamento es la historia de cómo Dios atrajo paulatinamente a un pueblo de duro corazón y pecador, alejándolo de las prácticas de las culturas paganas que lo rodeaban y llevándolo hacia una consciencia nueva y radical de su ley moral y su amor perfecto. Pero la obra de transformar los corazones y la cultura humanos es un maratón, no una carrera de velocidad... requiere tiempo. Esto queda de manifiesto a lo largo de toda la historia del pueblo judío. Tras haber sido esclavos ellos mismos en Egipto, se les recordó una y otra vez que debían ser luz a las naciones, portadores de la promesa de una libertad futura. Pero esa luz tardaría mucho tiempo en manifestarse en toda su plenitud.

Avancemos rápidamente al Nuevo Testamento y seguiremos encontrando una denuncia explícita de la institución de la esclavitud. En algunos casos, Pablo parece tolerarla al ofrecer consejos en sus epístolas sobre cómo debería mantenerse la relación entre amos y esclavos. Pero sería un error pensar que Pablo defendía el *statu quo*. Sin duda, no tuvo ninguna expectativa de que durante su vida la comunidad cristiana pudiera erradicar la institución de la esclavitud de la sociedad de la que formaba parte. Sin embargo, su reforma de los códigos domésticos fue notable por el modo en que estos ordenaban a los amos y a los esclavos cristianos que se considerasen mutuamente hermanos y hermanas en Cristo. Y cuando envía de vuelta al esclavo fugitivo Onésimo a su amo Filemón, lo hace instruyendo a este último de que lo recibiera «no ya como esclavo, sino como más que esclavo, como hermano amado» (Flm 1:16).

Pero ¿qué hay de los horrores del comercio transatlántico de esclavos y del hecho de que a menudo los dueños cristianos de esclavos y los financieros usaban versículos bíblicos del Antiguo y del Nuevo Testamento para justificar sus actos?

Desde el siglo xvi al xix, el comercio transatlántico de esclavos fue testigo de cómo entre diez y doce millones de africanos esclavizados eran transportados a las Américas, y cómo muchos de ellos morían debido a las condiciones inhumanas de los barcos, mientras que los supervivientes se enfrentaban a la brutalidad y la servidumbre. Fue uno de los mayores males que nuestro mundo ha conocido jamás. La complicidad de quienes se llamaban a sí mismos cristianos no es algo que podamos sanear u ocultar bajo la alfombra. La prolongada subyugación de los africanos negros es una cicatriz que siempre remorderá la conciencia de la cristiandad.

Teniendo esto en mente, cabe recordar que las propias Escrituras que fueron mal usadas por aquellos que sacaban versículos de su contexto para justificar la esclavitud en las plantaciones inspiraron también a los cuáqueros y a los evangélicos como William Wilberforce y Frederick Douglas en el movimiento abolicionista que pondría fin al comercio transatlántico de esclavos y, al final, acabaría ilegalizando la esclavitud. De igual manera, los adalides del movimiento posterior de los derechos humanos, como el reverendo Martin Luther King Jr., se inspiraron profundamente en el propio Éxodo de los israelitas esclavizados en el Antiguo Testamento y en la visión de Pablo en el Nuevo Testamento de judíos, gentiles, varones, mujeres, esclavos y libres unidos en Cristo.

Pablo avanzaba en la dirección natural que había establecido el ministerio del propio Cristo, ese Cristo que en su encarnación adoptó la «forma de siervo», según Filipenses 2; el que vivió entre los pobres y los despreciados, ministrando a amos y a siervos; el que acabó padeciendo el tipo de muerte humillante reservada para los esclavos rebeldes y los criminales. La trayectoria hacia la emancipación fue establecida por la revolución cristiana, aunque fueran necesarios varios siglos para que esta se produjera. La esclavitud se disipó primero con la caída del Imperio romano en el siglo v, y luego el movimiento se desplazó por Europa y Gran Bretaña, hasta que en la época medieval la esclavitud en el Occidente cristiano era, realmente, cosa del pasado.

Recordemos, sin embargo, que esto fue algo que solo se consiguió en el seno de la cristiandad. La esclavitud existió incontestada durante milenios en muchas otras civilizaciones. En muchos países musulmanes solo se prohibió formalmente durante la segunda mitad del siglo xx, y podemos decir que esos casos se debieron a la presión del Occidente cristiano. Como dijo el historiador Rodney Stark, «el potencial moral para una conclusión antiesclavista»[21] solo fue posible dentro del pensamiento cristiano.

Tristemente, sigue habiendo partes del mundo donde la esclavitud, aunque no esté refrendada por el Estado, sigue existiendo en la práctica mediante el tráfico de humanos, especialmente en torno al comercio sexual. Muchos cristianos siguen trabajando en la primera línea de campañas antiesclavistas modernas.

## EL CUIDADO DE LOS MÁS DÉBILES

El contraste de nuestro propio mundo con el de la antigüedad sirve para subrayar qué tan radicalmente ha transformado el cristianismo nuestra

21. Rodney Stark, *For the Glory of God: How Monotheism Led to Reformations, Science, Witch-Hunts, and the End of Slavery* (Nueva Jersey: Princeton University Press, 2004), 345.

visión de la igualdad humana. Lo mismo es verdad (quizá incluso más) al respecto de la segunda creencia moral que quiero esbozar: la importancia de servir y proteger a los más vulnerables.

Los reiterados mandamientos de Cristo a sus seguidores (servir antes que ser servidos, amar al despreciado, tratar con especial respeto a los más pobres y débiles) fueron revolucionarios en su época, pero quedaron refrendados por su propio ejemplo de compasión y de amor.

La descripción que hace Jesús de un reino en el que los primeros serán los últimos y los últimos serán los primeros suena al principio como una inversión extravagante, incluso para los oídos modernos. Pero como mínimo nos hemos acostumbrado a la idea de que no podemos dejar que nadie muera de hambre mientras otros tienen qué comer, que hay que atender a los enfermos o discapacitados si hay alguien que pueda ocuparse de ellos, y que los que sufren la amenaza de la violencia deben contar con la protección de quienes pueden dársela.

Estos conceptos morales se manifiestan en todo tipo de resultados prácticos: la red de seguridad del Estado de bienestar; las oenegés dedicadas a servir a los pobres; los hospitales y enfermerías; los programas de vacunación públicos; los comedores sociales, bancos de alimentos y refugios para los sin techo; las fuerzas internacionales para la preservación de la paz... y la lista sigue y sigue. Todas estas empresas humanitarias existen sobre el supuesto de que las vidas de los pobres y los más vulnerables merecen nuestra compasión y nuestro respeto. Pero, una vez más, no heredamos estos paradigmas de los antiguos griegos y romanos.

Rodney Stark, historiador experto en el mundo antiguo, es muy conocido por su tesis sobre el motivo por el que la iglesia cristiana primitiva creció con tanta celeridad y se extendió por el mundo mediterráneo. Como ya hemos dicho, llamaba la atención, como es natural, de los esclavos y los miembros de las clases inferiores. Pero el número de personas que se convirtieron al cristianismo, de alto y de bajo rango, también careció de todo precedente.

Stark dice que esto se debió al modo en que las mujeres (a las que en el mundo antiguo normalmente se consideraba ciudadanas de segunda) recibían un trato diferente dentro de la comunidad cristiana. «Normalmente, el cristianismo resultaba atractivo porque dentro de la subcultura cristiana las mujeres disfrutaban de un estatus superior al que tenían las mujeres en el mundo grecorromano en general».[22]

22. Rodney Stark, *The Rise of Christianity: A Sociologist Reconsiders History* (Nueva Jersey: Princeton University Press, 1996), 95.

Stark ofrece otro motivo notable para la preponderancia de las mujeres en el movimiento; afirma que «el cambio inicial en la proporción entre géneros fue la consecuencia de las doctrinas cristianas que prohibían el infanticidio y el aborto».[23]

El abandono de bebés era una práctica habitual en el mundo antiguo, era legal y estaba refrendada por las mentes más notables de la época (como Platón). Se dejaba a los recién nacidos en las laderas de colinas o en los vertederos, para que muriesen de hambre o fuesen devorados por los animales salvajes. Supuestamente, los padres pensaban que, como no habían matado directamente al pequeño, eran inocentes de su muerte. Teóricamente, el destino, los dioses o alguien que pasara por allí intervendrían para salvarle la vida.

Las víctimas más frecuentes de esta práctica eran las niñas o los bebés que nacían con deformidades físicas, debido a las desventajas económicas que creaba su género o su defecto dentro de esa cultura. Stark afirma que «el abandono de niñas recién nacidas y de bebés varones deformes era legal, estaba aceptado por la moral y era práctica habitual en todas las clases sociales del mundo grecorromano... incluso en las familias numerosas "prácticamente nunca se criaba a más de una hija"».[24]

Si bien esta práctica resulta aborrecible para nuestros instintos modernos, parece que para los antiguos era algo casi imperceptible. Una carta que envió un soldado romano a su esposa embarazada nos da una idea de lo barata que era la vida del recién nacido: «Sigo en Alejandría... Te ruego que cuides de nuestro pequeño, y en cuanto reciba mi salario te lo enviaré. Entre tanto, si das a luz (¡que la fortuna te acompane!), si es un nino, que viva; si es una niña, abandónala».[25]

### *El rescate y la adopción*

Entonces, ¿qué fue lo que cambió entre esa época y ahora? En pocas palabras, el cristianismo.

En la enseñanza apostólica temprana de la Didaché existía el mandamiento: «No matarás a un niño mediante el aborto ni acabarás con su vida cuando nazca»;[26] esta enseñanza se encarnaba en los actos de los cristianos

23. Stark, *Rise of Christianity*, 95.

24. Stark, *Rise of Christianity*, 97.

25. Papiro Oxirrinco, documento n.º 744 (Egipto, s. I a. C.).

26. *Didaché*, trad. y ed. J. B. Lightfoot, 2:2, Universidad de Pennsylvania, Center for Computer Analysis of Text (CCAT), consultada el 25 de octubre de 2022, http://ccat.sas.upenn.edu/gopher/text/

que visitaban los lugares donde típicamente se abandonaba a los niños, para rescatarlos. Los cristianos fueron muy conocidos porque rescataban y adoptaban a esos niños y, como señala Stark, el número de niñas rescatadas contribuyó significativamente al lugar destacado de las mujeres en las primeras comunidades cristianas.

La oposición al infanticidio no carecía de precedentes. A los judíos se les prohibía esta práctica, y los escritores judíos como Josefo y Filón de Alejandría manifestaron su rechazo a la conducta de sus contrapartidas griegas y romanas. En el pensamiento judío estaba muy arraigada la importancia de la doctrina de la Torá que decía que todas las personas, hombres o mujeres, son creadas a imagen de Dios.

Sin embargo, lo que acabó transformando el mundo fue la misma visión de la sacralidad de la naturaleza humana tal como se expresó en el activismo y la misión de las primeras comunidades cristianas. Gradualmente, la práctica del abandono llegó a considerarse algo bárbaro, y en el mundo romano se prohibió formalmente a finales del siglo IV. A su debido tiempo, las iglesias se convirtieron en el entorno donde se recibía a los hijos no deseados o a aquellos que los padres no podían cuidar, y los cristianos fundaron los primeros orfanatos. Muchas de las principales agencias modernas de acogida y de adopción tienen una herencia cristiana fundada en esta tradición de rescatar a los bebés expósitos.

### *La pobreza y las epidemias*

Si durante los primeros siglos, los recién nacidos huérfanos representan un ejemplo evidente de la forma de vida humana más vulnerable, lo mismo puede decirse sobre las viudas, los pobres y los enfermos. Dentro de una cultura patriarcal en la que la posesión de propiedades y la independencia económica estaba en manos de los varones, la vida de una mujer que había perdido a su esposo era precaria. Si ella no disponía de medios independientes, su mejor esperanza radicaba en casarse de nuevo lo antes posible; si eso no sucedía, se vería arrojada a la indigencia. De igual manera, en ausencia de un Estado de bienestar, las vidas de los pobres habrían pendido de un hilo.

Por lo tanto, resulta significativo ver que, desde que nació la iglesia cristiana tal como se describe en el libro de Hechos, la provisión para las viudas, los huérfanos, los pobres y los enfermos era una prioridad: «Así que no había entre ellos ningún necesitado; porque todos los que poseían heredades o casas, las vendían, y traían el precio de lo vendido, y lo ponían

---

religion/churchwriters/ApostolicFathers/Didache.

a los pies de los apóstoles; y se repartía a cada uno según su necesidad» (Hch 4:34, 35).

Lo destacable de esta ayuda económica descrita es que, a diferencia de las otras culturas de la época, no se fundamentaba en la etnicidad o en los vínculos familiares (las primeras disputas en Hechos se centraron en garantizar un trato igualitario a viudas de distintos trasfondos étnicos), y su generosidad era radical. Esto marcó desde el principio la naturaleza de la caridad cristiana. Más tarde se expresaría en el modo en que los cristianos cuidaron de los pobres y los enfermos fuera de sus propias comunidades.

Otro ejemplo significativo de esto es la manera en que los cristianos reaccionaban a las epidemias (algo que hemos llegado a conocer bien a escala mundial en los últimos años). Cuando se desataban epidemias por las ciudades del mundo mediterráneo durante los siglos I y II, las clases media y alta huían en busca de seguridad a las zonas rurales. Por el contrario, los primeros cristianos avanzaron en la dirección contraria: fueron a las ciudades y aldeas arrasados por la epidemia para cuidar de los enfermos y los pobres. Rodney Stark escribe:

> Ciertamente, el impacto de la misericordia cristiana fue tan evidente que en el siglo IV, cuando el emperador Juliano intentó restaurar el paganismo, exhortó a los sacerdotes paganos a competir con la caridad cristiana... comentando que «los galileos impíos [cristianos], además de a los suyos, ayudan a los nuestros, [y] es una vergüenza que nuestros pobres carezcan de nuestra ayuda».[27]

N. T. Wright explica por qué el atractivo del cristianismo se volvió tan fuerte en medio de aquellas circunstancias:

> [La gente] observaba a aquellos cristianos tan graciosos, a los que siempre habían considerado raros, por todos los motivos habituales, y decían: «¿Por qué has hecho eso? ¿Por qué has venido a cuidarnos? No somos de tu familia. No somos de tu tribu». Y [los cristianos] decían: «Es porque seguimos a este hombre llamado Jesús, que fue haciendo el bien, tocando a leprosos y cadáveres, y arriesgándose a ser impuro para sanar a otros».[28]

---

27. Rodney Stark, *The Triumph of Christianity: How the Jesus Movement Became the World's Largest Religion* (Nueva York: HarperOne, 2011), 118.

28. Justin Brierley, "Tom Wright: How Christians Responded to Ancient Plagues", *Premier Christianity*, 25 de marzo de 2020, https://www.premierchristianity.com/home/tom-wright-how-christians-responded-to-ancient-plagues/2496.article.

Resulta difícil exagerar lo radical que fue este compromiso activo con el valor de toda vida humana. Ricos y pobres, hombres y mujeres, judíos y gentiles, esclavos y libres, estaban incluidos en el abrazo de la nueva comunidad de cristianos. N. T. Wright ha acuñado una descripción extendida para abarcar esa naturaleza única:

> Era conocido, y por este motivo, se consideraba tan atractivo como peligroso, como un grupo centrado en la adoración, renovado espiritualmente, multiétnico, multicolor, de ayuda mutua, que miraba hacia fuera, culturalmente creativo, que celebraba la castidad, activo en la sociedad, una familia adoptada, con un liderazgo que no tenía en cuenta el género, generoso con los pobres y con la valentía de defender a los que no tenían voz.[29]

En pocas palabras, era la iglesia.

A su debido tiempo, la iglesia fundaría los primeros hospitales, hospicios y centros de enseñanza de la medicina y la enfermería, que serían el fundamento de los servicios de asistencia hospitalaria en Occidente. De igual manera, prácticamente no hay ningún otro aspecto de la vida y de la cultura modernas que no se haya visto profundamente influido por nuestro pasado cristiano. La enseñanza y la escolarización; la familia y el matrimonio; la música, la literatura y el arte; el gobierno y la democracia; la ley internacional; e incluso la tecnología y la ciencia (como veremos en capítulos posteriores) se han visto moldeados por la estela de la revolución cristiana.

Sin embargo, más que otra cosa, lo que fue transformado por esta comunidad contracultural fueron los instintos morales fundamentales de Occidente, porque aquella se basaba en el ejemplo de un mesías-rey que vivió entre los pobres y padeció la muerte propia de un esclavo rebelde. Cuando exaltamos la humildad y la compasión, o defendemos la igualdad y la dignidad de todo ser humano, estamos siguiendo los pasos de Jesucristo.

## Nuestro instinto moral

Esta afirmación supuso el centro del debate entre Holland y Grayling: que los derechos y los valores defendidos por el humanismo secular no son un

29. N. T. Wright, "Anti-Racism in the Church", *N. T. Wright* (página web), publicado originalmente en *The Spectator*, 27 de marzo de 2021, https://ntwrightpage.com/2021 /03/27/anti-racism-in-the-church/.

producto de los griegos y los romanos, ni del racionalismo ilustrado cuya tradición sigue Grayling, sino que dependen totalmente de la visión cristiana de Occidente.

Como el pez dorado proverbial que no logra darse cuenta de que existe algo llamado "agua", todos nadamos en el agua moral del cristianismo, aunque la mayoría de las personas no sea consciente de ello. Actúa como un filtro constante de nuestra visión de la realidad, como ese par de gafas que olvidamos que llevamos puestas al final de la nariz.

En diversos puntos del debate, Grayling (con bastante razón) planteó las lacras de la historia de la cristiandad. Desde las Cruzadas y la Inquisición hasta los escándalos sexuales modernos, hay mucho de lo que la iglesia debería avergonzarse porque ha sucedido estando ella de guardia. Sin embargo, irónicamente, reconocer esos sucesos como lacras morales solo es posible porque los juzgamos sobre el fundamento de los valores y de la virtud cristianos. Cuando las personas modernas condenan justificadamente la hipocresía de los esclavistas cristianos del pasado, o incluso la moral de la propia Biblia, lo hacen a través del filtro moral que han heredado del cristianismo y de la Biblia.

Por eso, cuando más adelante entrevisté a Tom Holland sobre su viaje de fe personal, asemejó la visión moral que ha heredado Occidente más con un conjunto de "instintos" que de "valores".[30] Hoy día, la idea de que todos los humanos tienen una dignidad y un valor iguales, y merecen compasión y protección, es algo que todo el mundo da por hecho, no un tema sobre el que tengamos que discutir.

Sin embargo, el tiempo que Holland pasó en compañía de los antiguos griegos y romanos le hizo darse cuenta de que esos instintos dependían por completo de la narrativa cristiana de la realidad. No eran los instintos de otras civilizaciones antiguas ni se transmitieron por medio de la observación racional de un universo materialista, como parecían creer muchos de sus iguales ateos.

«Los postulados del liberalismo secular son tan fantásticos como los postulados del cristianismo del que surgió», dice Holland. Hasta ese punto, según Holland, el ateo que cree en la existencia de realidades inmateriales, como los derechos humanos, ejerce la misma "fe" en algo sobrenatural que los cristianos que creen en Dios.

30. Las citas de esta sección están sacadas de una entrevista personal con Tom Holland.

Pero el viaje del historiador no solo ha sido intelectual. Me contó cómo su profunda inmersión en la historia cristiana lo hizo sentirse "aburrido" frente a una forma "anémica" del liberalismo secular:

> Los principios abstractos me parecen sosos. El cristianismo no solo es la fuente de estos, sino que las explicaciones que ofrece del porqué creemos en tales cosas son infinitamente más dramáticas e interesantes, hermosas y complejas. La experiencia de investigar para *Dominio* supuso que tuve que leer una amplísima gama de fuentes procedentes de un amplio periodo de tiempo. Ese proceso me resultó muy, muy seductor. Me parecieron absolutamente impresionantes.

## Isis, la cruz y los ángeles

En última instancia, fue un viaje realizado a la primera línea de los fuertes del Estado Islámico al norte de Iraq lo que dramáticamente impulsó a Holland a tener una apreciación profundamente personal de la historia cristiana de la realidad.[31]

En 2017, Holland presentó un documental televisivo para Channel 4 titulado *ISIS: The Origins of Violence* (ISIS: El origen de la violencia), donde exponía la grave situación de las minorías perseguidas cristiana y yazidí, que habían sido superadas y obligadas a huir de su tierra natal. En aquel momento, ISIS todavía controlaba grandes sectores del territorio. En los titulares periodísticos habían aparecido regularmente relatos escalofriantes de atrocidades contra hombres, mujeres y niños. El propio documental formulaba preguntas serias sobre si la violencia del Estado Islámico contradecía el pensamiento islámico o era intrínseca a él.

A lo largo de la filmación, Holland se vio por turnos inspirado, condenado y asqueado (literalmente) por lo que descubrió. Me contó unos pocos incidentes concretos que dejaron una huella perdurable en su vida.

El primero fue su encuentro con el Padre Yousif Ibrahim, monje ortodoxo sirio que supervisaba el monasterio de Mar Mattai, de casi 1700 años de antigüedad, suspendido en el monte Alfaf por encima de las llanuras de Nínive. Construido como una fortaleza, había ofrecido un bastión de refugio para las minorías perseguidas que huían del terror. Holland describió al Padre Yousif como «un hombre con una santidad y una valentía

31. Las citas de esta sección, a menos que se indique lo contrario, proceden de una entrevista personal que grabé con Tom Holland.

palpables». La manera en que su fe lo indujo a servir a los más vulnerables impactó con fuerza en Holland.

El segundo incidente fue una visita a Sinjar, una aldea que hacía poco tiempo que había sido liberada por las fuerzas kurdas. ISIS la había diezmado por completo, dado que su primera línea estaba a menos de cinco kilómetros de allí. Las evidencias de su campaña de persecución estaban por todos lados: partes de cuerpos que sobresalían de los cascotes en las calles; puertas reventadas, pintadas con los emblemas que indicaban que allí habían vivido cristianos o yazidís; casas de padres e hijos a los que habían reunido para fusilarlos; mujeres e hijas capturadas para ser vendidas como esclavas sexuales.

También era un pueblo donde ISIS había crucificado a gente.

Como historiador de la antigüedad, Holland sabía bastante de la crucifixión. Era una forma de ejecución pública espantosa, brutal y vergonzosa, que el Imperio romano utilizó durante siglos para proclamar el poder que tenían sobre los pueblos conquistados. Jesús fue solo uno de cientos de miles de personas que murieron crucificadas por los romanos.

Pero recorrer las calles donde «habían clavado a gente en cruces, dejándolos bajo el sol ardiente como si fueran trozos de carne» transportó de repente a Holland desde algo que había «entendido en lo abstracto» hasta una realidad mucho más concreta:

> Es posible pasarse la vida estudiando a los romanos y no respirar jamás el polvo de un pueblo donde han crucificado a personas. Pero cuando lo hice, sentí vergüenza por la falta de empatía histórica que yo había demostrado, aparte de la falta de curiosidad al no plantearme qué había cambiado entre la época de César y mis propios tiempos. Para el Estado Islámico, esas cruces eran símbolos de su poder, igual que lo fueron para los romanos.
>
> Al estar en Sinjar me di cuenta de que el abismo existencial que sentía no se debía únicamente a mi sentimiento de terror por estar cerca de las personas que habían hecho esto. Era algo más profundo. Fui consciente de la realidad de un mundo en el que la cruz funciona como un símbolo del poder que tienen los poderosos para torturar, atormentar y matar a los indefensos, cuando instintivamente para mí, como alguien que había crecido en una sociedad fundamentalmente cristiana, la cruz servía para lo contrario.[32]

32. Tom Holland, "Invisible Fire: Christianity in a Post-Western World", conferencia para Open Doors, 17 de noviembre de 2021, British Library, Londres, en "Tom Holland: Christianity, Persecution and the Meaning of the Cross", 30 de diciembre de 2021, *Unbelievable?*, video, https://youtu.be/p6w7qw9kJ9k.

De repente, ver unas cruces que se habían usado de nuevo para el terrible propósito para el que se inventaron puso a la vista de Holland el poder de la cruz, interpretada mediante la muerte de Jesús:

> Tenemos que ponernos en las sandalias de los romanos para comprender y apreciar correctamente lo insondablemente extraña que resulta que hoy la cruz, entre todas las demás cosas, sea el símbolo cultural inmediatamente más reconocible que haya creado ninguna cultura. Y que no simboliza el poder, sino lo opuesto. Que la víctima triunfará.[33]

Y por último llegaron los ángeles.

Mientras estaba en Sinjar, Holland visitó una iglesia ortodoxa que originariamente fue construida por los refugiados del genocidio armenio un siglo antes. ISIS había derruido por dentro el edificio y había «profanado sistemáticamente» el santuario, destruyendo estatuas, pisoteando iconos e incluso usado taladros para destruir el altar de piedra.[34] Holland recuerda que recogió un cuadro que estaba en el suelo. Representaba la Anunciación: el ángel Gabriel, con las alas desplegadas, transmitía a María el mensaje de que daría a luz a Jesús, Emmanuel, Dios con nosotros.

Tal como reconoce Holland, «hacía mucho calor. Yo estaba muy alterado, me encontraba bastante mal y tenía la mente saturada de material bíblico». Pero entonces sucedió algo extraño:

> En aquel momento estaba abierto a la idea de que los ángeles existían. Estaba en un entorno en el que aquello no me parecía tan remotamente posible. Fue una dulce sensación de embriaguez, que decía que quizás en realidad todo era extraño. Y en el momento en que aceptas que hay ángeles, de repente el mundo parece un lugar más rico y más interesante.[35]

Tras su regreso a casa, ya plenamente recuperado, Holland dice que pudo rechazar aquella experiencia recurriendo a la psicología. Pero descubrió que en el fondo no quería hacerlo. «El recuerdo de haber pensado que podrían existir era realmente potente», dijo. «Es como el recuerdo de

33. Tom Holland, "Invisible Fire".

34. Tom Holland, "Invisible Fire".

35. Tom Holland, entrevista personal con el autor.

haber tomado alguna droga. Todo parece más intenso, más vívido, más hermoso, y lo recuerdas con melancolía. Creo que fue algo muy transformador porque de repente quería creerlo de verdad».

## ELIGE TU MILAGRO

Para Holland, creer en la existencia de los derechos humanos (la igualdad intrínseca de todas las personas y el deber de proteger a los vulnerables) es un artículo de fe tanto como lo son los milagros, la existencia de los ángeles y la resurrección de Jesucristo. Su incapacidad para imaginar un mundo sin los primeros lo ha hecho estar abierto a un mundo que incluye los segundos.

Entonces, ¿cree Holland en el cristianismo, la historia que cuenta que Dios se hizo carne en la persona de Jesucristo y que, por medio de su vida, muerte y resurrección, reconcilió al mundo consigo mismo?

«A veces», comenta sonriendo. «Sobre todo en Semana Santa y en Navidad. En determinados momentos y lugares».[36]

No es que Holland se muestre evasivo o reticente; simplemente es sincero al hablar del hecho de que introducir una fe cristiana «hermosa y compleja» en el entorno secular que lo rodea, menos discutido, pero más mundano, no está desprovisto de sus retos. Describe momentos «en que cae un jarro de agua fría» y nada parece posible. «Hay momentos en que me someto al poder que tiene todo esto, y hay otros en los que simplemente pienso que no puede ser».[37]

La vacilación de Holland me recuerda a las palabras de aquel hombre que acude a Jesús para que sane a su hijo y le dice, paradójicamente: «Creo; ayuda mi incredulidad» (Mc 9:24). Todos somos una amalgama de fe y dudas. A pesar de esto, parece que a Holland lo ha cautivado una historia que habla a sus deseos más íntimos y a la naturaleza del mundo que lo rodea. «Dota de sentido de la forma más completa a cualquier metafísica que yo pueda asimilar».[38]

Para Holland, los momentos en que la creencia tiene más capacidad de vencer a sus dudas es cuando entra en la historia, no como espectador, sino como participante en aquel drama antiguo.

36. "Why the Bible Makes Sense of Modern Life: Tom Holland and Andrew Ollerton", *Unbelievable?*, 30 de abril de 2021, video, https://www.youtube.com/watch?v=f2_W6eCijV4.

37. "Why the Bible Makes Sense".

38. "Why the Bible Makes Sense".

Le encantan las iglesias antiguas, donde las piedras están impregnadas de las esperanzas, los temores y las oraciones de adoradores ya desaparecidos. Se ha convertido en miembro comulgante de una de las iglesias más antiguas de Londres, donde la tradición coral del rito anglicano-católico parece encajar con la misión de su vida: imaginarse en la piel (o las sandalias, claro) de nuestros antepasados lejanos.

«Quiero misterio. Quiero rareza. Quiero extrañeza. Eso es exactamente lo que quiero. Quiero todo eso que, en general, en sus manifestaciones públicas, a las iglesias les da un poco de vergüenza», dice.[39]

Hasta ese punto, Holland sigue directamente la tradición de los primeros cristianos. Su misteriosa creencia en la dignidad y el valor intrínsecos de todo ser humano (esclavo o libre, hombre o mujer) era extraña. Según los estándares de la época, su deseo de servir a los miembros más débiles y vulnerables de la sociedad era extraño. Y todo esto emanaba de la creencia más extraña y misteriosa de todas: que el Hijo de Dios se había encarnado y se había sometido a la humillación de ser crucificado.

Tal como escribe Holland en *Dominio*: «La creencia de que el Hijo del Dios de los judíos había sido torturado hasta la muerte en una cruz llegó a extenderse tanto y de forma tan permanente que la mayoría de nosotros hoy, en Occidente, nos quedamos atónitos al ver cuán escandalosa fue originariamente».[40]

Los ciudadanos del Occidente moderno han olvidado casi por completo la historia de su fundación. Junto con otros, Holland ha estado ayudándoles a recordar la extrañeza de la historia que dio forma a su mundo. Y, en comparación, lo extraño que les parece ahora el mundo anterior a la revolución cristiana.

Al hacerlo, un mundo que (como Holland) cada vez se siente más insatisfecho con el materialismo secular, y en el que los cimientos parecen estar rompiéndose, ha empezado quizá a preguntarse si después de todo la historia del cristianismo podría ser verdad.

Si la iglesia está dispuesta a arriesgarse a ser extraña una vez más y a contar sin pedir excusas la historia del Dios que se hizo hombre, vivió una vida ejemplar, padeció la crucifixión y resucitó después, es posible que una nueva generación encuentre sentido en medio de las ruinas.

39. Tom Holland, entrevista personal con el autor.

40. Tom Holland, *Dominion*, 17.

# CAPÍTULO 4

# REDESCUBRIENDO LA BIBLIA

El actor David Suchet es conocido sobre todo por su papel como Hércules Poirot. Su representación del regordete detective belga se convirtió en la encarnación definitiva en la pantalla del personaje durante casi veinticinco años, en más de setenta adaptaciones televisivas y cinematográficas de las novelas de Agatha Christie. Sin embargo, en persona Suchet es más esbelto (por lo visto, cuando actúa lleva relleno) y su voz es mucho más grave que la del personaje que representa.

Lo que la gente no sabe de este actor es que también es un cristiano convencido. Incluso son menos los que conocen la historia de su conversión siendo ya adulto.

Cuando entrevisté a Suchet al respecto de su carrera en el teatro y la televisión, me contó que, cuando en 1986 estaban rodando en Estados Unidos, le vino a la mente un pensamiento inesperado mientras se relajaba en la bañera del hotel, un pensamiento que le cambiaría para siempre la vida: «Estaba recordando a mi difunto abuelo. Para mí estaba muy vivo, era casi mi guía. Solía hablar con él. Y de repente empecé a pensar en la otra vida, porque me dije: "Yo no creo en la otra vida. Si no creo que mi abuelo está vivo, ¿qué hago hablándole?"».[1]

Los momentos "eureka" se dan en la bañera, y fue este pensamiento el que indujo a Suchet a conseguir una Biblia y a empezar a investigar lo que esta afirma.

Aunque el actor se había criado en un hogar nominalmente religioso, no se le había pegado nada. Lo más cerca que estuvo de una práctica religiosa fue un interés pasajero en la espiritualidad oriental que probaron los

---

1. Las citas de David Suchet y los detalles de esta sección proceden de una entrevista con el autor en "David Suchet: Playing Poirot, Reading the Bible and Why I Love St. Paul", 27 de septiembre de 2019, *The Profile*, programa radiofónico y pódcast, https://theprofileinterview.podbean.com/e/david-suchet-playing-poirot-reading-the-bible-and-why-i-love-st-paul/.

Beatles en las décadas de 1960 y 1970. Por lo que respecta al cristianismo, ni siquiera estaba seguro de si Jesús era un personaje estrictamente histórico o no. Sin embargo, repasando sus lecciones sobre teología, que casi había olvidado del todo, recordó que el apóstol Pablo había escrito algunas cartas. Así que empezó leyendo el libro de Romanos.

Suchet decidió emplear la misma técnica que usaba cuando leía obras de teatro clásicas para la Royal Shakespeare Company, es decir, leer la carta no como Escritura, sino como si fuese el primer borrador en ser leído, una carta no para aquellos primeros lectores, sino dirigida a él personalmente.

Admite que le costó entender los primeros capítulos de Romanos. Sin embargo, cuando llegó al capítulo 8, las palabras del apóstol Pablo parecieron hablarle desde el otro lado del abismo de dos mil años, y hacerlo con poder:

> De repente descubrí una forma de existir, una forma de pensar, de actuar y de cuidar y mirar el mundo bajo un prisma totalmente distinto. Cuando acabé aquella carta me sentí conmovido, emocionado. Creí haber encontrado lo que había estado buscando. Olvida a los gurús, olvida todo lo demás. Encontré una nueva forma de vivir en la vida cristiana que él describe.

Aquel encuentro en Romanos indujo a Suchet a leer los Evangelios de Mateo, Marcos, Lucas y Juan. Allí conoció a la persona de Jesús, que había cautivado hasta tal punto el corazón y la mente del serio maestro judío Saulo de Tarso, y que le había encomendado, ya como apóstol Pablo, que llevase las buenas noticias al mundo gentil. Al leer los Evangelios, Suchet descubrió la personalidad magnética y las enseñanzas sublimes de Jesucristo, plasmadas en un conjunto de documentos históricamente robustos que, incluso a dos mil años de distancia, eran capaces de llevar a otro gentil al punto de la conversión. Poco después Suchet se bautizó.

## El que sigue siendo el mejor superventas del mundo

Hoy, la Biblia se ha convertido en un libro tan ubicuo culturalmente que la mayoría de personas da por hecho que sabe de qué va, incluso aunque en realidad no lo hayan leído nunca. Por este motivo, muchas personas rechazan su contenido como algo obsoleto, irrelevante y falso, basándose en ruido de fondo de una cultura en gran medida escéptica. Sin embargo, la Biblia tiene la capacidad tenaz de sorprender a cada nueva generación de lectores que abren sus páginas.

Hace unos trescientos años, uno de los escépticos más famosos del mundo al respecto del cristianismo era el escritor e intelectual francés Voltaire. Según se cuenta, afirmó que «cien años después de mi época, en este mundo no quedará una sola Biblia, excepto la que ande buscando un anticuario amante de las rarezas».[2]

Por supuesto, no es esto lo que pasó. De hecho, la gran ironía de la predicción de Voltaire es que, un siglo después de su declaración, el propio hogar de Voltaire en Ginebra, Suiza, se había convertido en un almacén de Biblias y tratados producidos por la Sociedad Evangélica de Ginebra. De igual modo, las mismas imprentas que se habían usado para imprimir los panfletos antirreligiosos de Voltaire se usaban entonces para imprimir Biblias.

Los escépticos de nuestros tiempos han expresado sentimientos parecidos a los de Voltaire. Los jinetes del nuevo ateísmo han puesto la mira en la moralidad, historicidad y relevancia de la Biblia para la era moderna. Sam Harris ha dicho: «Puedo entrar con los ojos vendados en cualquier Barnes & Noble y sacar un libro de cualquier estantería que tenga más relevancia, más sabiduría para el siglo XXI, que la Biblia».[3] Otros nuevos ateos como Lawrence Krauss y Richard Dawkins menosprecian la Biblia como producto de «campesinos de la Edad de Bronce» o «tribus del desierto».[4]

Dawkins es famoso por tomar como blanco el retrato que hace de Dios el Antiguo Testamento como «discutiblemente, el personaje de ficción más desagradable del mundo: celoso y orgulloso de ello; mezquino, injusto, inmisericorde obsesionado por el control; destructor de etnias, vengativo y sediento de sangre; un abusón misógino, homofóbico, racista, infanticida, genocida, filicida, pestilencial, megalomaníaco, sadomasoquista,

---

2. Para una defensa útil de la historicidad de esta cita polémica y esta anécdota de Voltaire, véase Daniel Merritt, "Voltaire's Prediction, Home, and the Bible Society: Truth or Myth?", *Bellator Christi*, 18 de marzo de 2019, https://bellatorchristi.com/2019/03/18/voltaires-prediction-home-and-the-bible-society-truth-or-myth/.

3. "Sam Harris: On Interpreting Scripture", 7 de julio de 2011, *Big Think*, video, https://www.youtube.com/watch?v=8zV3vIXZ-1Y.

4. Lawrence Krauss, en "Is There Evidence for God? The Craig-Krauss Debate", 30 de marzo de 2011, North Carolina State University, transcripción, *Reasonable Faith*, https://www.reasonablefaith.org/media/debates/the-craig-krauss-debate-at-north-carolina-state-university; Richard Dawkins (@RichardDawkins), "Bible and Quran were the best that Bronze Age desert tribes could do", Twitter, 17 de mayo de 2015, 2:11, https://twitter.com/richarddawkins/status /599834516274978816.

caprichoso y malévolo».[5] Es una descripción que el difunto rabino Lord Jonathan Sacks condenó como «profundamente antisemita».[6]

Dawkins ha sido igual de crítico con el Nuevo Testamento, rechazando su confiabilidad cuando escribió que «los relatos de la resurrección y la ascensión de Jesús están tan bien documentados como *Jack y las habichuelas mágicas*».[7]

A pesar de esto, de los escépticos del pasado y del presente que predijeron la muerte del cristianismo y de sus Escrituras fundacionales, la Biblia tiene la empecinada costumbre de negarse a morir. Hoy la Biblia sigue siendo el libro más impreso y vendido del mundo, sin excepciones.

Deja en pañales las ventas de los libros de los propios nuevos ateos. Incluso los libros de Harry Potter escritos por J. K. Rowling (las novelas más vendidas del siglo xxi, con más de quinientos millones de ejemplares impresos) palidecen en comparación con el número de Biblias publicadas desde su escritura, entre cinco y siete mil millones de ejemplares. Irónicamente, la mayor parte de las Biblias del mundo se producen hoy en China, un país oficialmente ateo, donde la Amity Printing Company imprime setenta Biblias por minuto, y en 2019 celebró la publicación de la Biblia número doscientos millones.[8]

¿Por qué ha sobrevivido la Biblia a las predicciones sobre su muerte? ¿Por qué sigue informando las vidas de miles de millones de personas? Como su antecesor Voltaire, en su prisa por rechazar la superstición religiosa, los nuevos ateos no han logrado entender que la Biblia no es simplemente una historia moralista o un libro de ciencia que se puede rechazar y tirar cuando se juzga que no sigue el ritmo del mundo moderno. Representa algo más profundo que esto.

De hecho, estoy convencido de que este es otro ejemplo de la marea cambiante de la fe en nuestra cultura. Como veremos, muchos intelectuales públicos ya no desprecian la Escritura. Al contrario, admiten que, independientemente de sus afirmaciones sobrenaturales, la Biblia contiene un

---

5. Richard Dawkins, *The God Delusion*, 1ª ed. Mariner Books (Boston: Houghton Mifflin, 2008), 51.

6. "Chief Rabbi Lord Sacks and Richard Dawkins Debate Deity", *Jewish Chronicle*, 13 de septiembre de 2012, https://www.thejc.com/news/uk/chief-rabbi-lord-sacks-and-richard-dawkins-debate-deity-1.36074.

7. "Richard Dawkins: You Ask the Questions Special", *The Independent*, 4 de diciembre de 2006, https://www.independent.co.uk/news/people/profiles/richard-dawkins-you-ask-the-questions-special-427003.html.

8. Pamela Choo, "The Greater Miracle: Amity Press Prints Its 200 Millionth Bible", *United Bible Societies*, 16 de septiembre de 2020, https://www.ubscp.org/the-greater-miracle-200-millionth-bible/.

profundo manantial de sabiduría psicológica, práctica y espiritual que ha influido positivamente en la cultura de muchas maneras.

## El libro que dio forma al mundo

Algunos de los propios nuevos ateos han estado dispuestos (aunque a regañadientes) a admitir la tremenda deuda cultural que tienen con la Biblia, especialmente con la traducción que hizo William Tyndale en el siglo xvi y con la versión King James (también conocida como "Authorized Version") que vino después.

En el cuadringentésimo aniversario de su publicación, Christopher Hitchens escribió:

> Aunque a veces me muestre reacio a admitirlo, *sí* que hay algo realmente "atemporal" en la síntesis Tyndale/King James. Durante generaciones ha proporcionado un núcleo común de referencias y alusiones, con el que en este sentido solo puede rivalizar Shakespeare. Resonó en las mentes y en los recuerdos de las personas cultas, así como en las de aquellos que accedían a ella solo al escucharla.[9]

De igual manera, incluso Richard Dawkins estuvo preparado para financiar una campaña para poner un ejemplar de la Biblia King James en todas las bibliotecas escolares del Reino Unido, no porque le concediese un valor moral, sino por su estatus indiscutido como «una gran obra literaria».[10]

De hecho, ningún crítico cultural serio, ni siquiera los hostiles a la religión organizada, puede negar la influencia cultural de la Biblia.

Primero, tenemos la multitud de expresiones modernas que nos ha dado: «La sal de la tierra», «buen samaritano», «es mejor dar que recibir». Incluso el apodo sedicente de Dawkins, Harris, Dennett y Hitchens ("los cuatro jinetes") procede del libro de Apocalipsis. Después tenemos la poesía sublime de pasajes como el Salmo 23, y la meditación sobre el amor de 1 Corintios 13. De incontables maneras, la cadencia, belleza y ritmo de la Biblia ha impregnado la poesía y la literatura de generaciones posteriores.

---

9. Christopher Hitchens, "When the King Saved God", *Vanity Fair*, 11 de abril de 2011, https://www.vanityfair.com/culture/2011/05/hitchens-201105.

10. Richard Dawkins, "Why I Want All Our Children to Read the King James Bible", *The Guardian*, 19 de mayo de 2012, https://www.theguardian.com/science/2012/may/19/richard-dawkins-king-james-bible.

Dante, Milton y Shakespeare son, podríamos decir, algunas de las influencias más grandes de la literatura occidental, pero no pueden compararse con la Biblia. El propio Shakespeare estuvo profundamente influenciado por la traducción que hizo Tyndale del Nuevo Testamento. Directa o indirectamente, todas las grandes obras de la literatura occidental se han alimentado de *la* gran obra literaria.

La escritora Marilynne Robinson, ganadora del Premio Pulitzer, ha descrito la Biblia como «el libro de los libros»; escribió: «Incluso cuando las referencias a la Escritura dentro de la ficción y de la poesía contemporáneas no son más que ornamentales o retóricas (de hecho, incluso cuando no son intencionadas), siguen siendo una consecuencia natural de la persistencia de una poderosa tradición literaria».[11]

Cuando entrevisté al locutor veterano Melvyn Bragg sobre su amor por la traducción de Tyndale de la Biblia (en la que se basó mucho la Authorized Version), explicó por qué, a pesar de ya no conservar la fe de su juventud, aún llevaba «el cristianismo grabado en algún lugar», debido a la influencia persistente de la King James Version con la que creció. Y no solo se trataba de su impacto literario. Él describió «la fenomenal influencia social de la Biblia» en «todo tipo de culturas, la filantropía, las leyes para paliar la pobreza, en todos los sentidos que podamos imaginar».[12]

Bragg está consternado por el hecho de que la Biblia haya sido relegada a una subsección de Estudios Religiosos y la mayoría de académicos modernos ya no la lea, la escuche o la estudie (mientras que Shakespeare sigue formando parte esencial de la mayoría de currículos):

> ¡Eso me enciende! A nadie se le ocurriría demoler todas las catedrales del país porque no haya tanta gente que acuda a ellas. Pero hemos demolido catedrales de la lengua que son únicas en el mundo. Deberíamos recuperarla como fuerza cultural. Si no quieren, que no la crean, pero como fuerza cultural, como algo que dota de cohesión a este país y que lo ha hecho durante muchos años (y puede seguir haciéndolo), ese libro tiene una importancia colosal.[13]

---

11. Marilynne Robinson, "The Book of Books: What Literature Owes the Bible", *New York Times*, 22 de diciembre de 2011, https://www.nytimes.com/2011/12/25/books/review/the-book-of-books-what-literature-owes-the-bible.html.

12. "Why William Tyndale's Bible Changed the World: Melvyn Bragg and Ben Virgo", 29 de marzo de 2019, *Unbelievable?*, pódcast, https://unbelievable.podbean.com/e/why-william-tyndale-s-bible-changed-the-world-melvyn-bragg-and-ben-virgo/.

13. "Why William Tyndale's Bible Changed the World".

Las Escrituras también han tenido un impacto extraordinario fuera del mundo angloparlante.

El reformador social Vishal Mangalwadi, autor de *El libro que dio forma al mundo: Cómo la Biblia creó el alma de la civilización occidental*, describe la amplísima influencia de la Biblia en el mundo, incluyendo en su propio país, India. Los misioneros que empezaron a traducir la Biblia en la lengua nativa de miles de distintos grupos humanos fueron responsables de la primera codificación oficial de esas lenguas, lo cual dio pie a un progreso educativo y cultural que antes nunca había estado disponible. La cosmovisión bíblica que acompañó a los misioneros condujo a la abolición de prácticas como la quema de viudas y el infanticidio de niñas recién nacidas. Mangalwadi llega incluso a decir que cuando India forjó su propio camino independiente del Imperio británico, fue debido en gran medida a la cosmovisión cristiana que los misioneros del imperio llevaron consigo: «Siempre nos dijeron que la libertad de India fue resultado de la lucha de Mahatma Gandhi; fue toda una sorpresa descubrir que, en realidad, la libertad de India fue un fruto de la Biblia. Antes de la Biblia, nuestro pueblo no tenía siquiera los conceptos modernos de nación o de libertad».[14]

Tanto si se reconoce o se celebra (como debería ser) como si no, no cabe ninguna duda sobre el impacto cultural de la Biblia en el mundo angloparlante y también fuera de él. Pero las palabras que han modelado las generaciones pasadas no lo han hecho simplemente sobre la base de su genio literario. Estas palabras recibieron su autoridad de las otras palabras, mucho más antiguas, de la lengua de origen. Las ideas allí expresadas se plasmaron tan poéticamente porque ya de entrada tenían una belleza intrínseca.

## PERO ¿QUÉ ES LA BIBLIA, EN DEFINITIVA?

Por supuesto, la Biblia no es en realidad un solo libro, sino una colección de ellos. La palabra *Biblia* se deriva del latín y el griego y se refiere al plural que significa "libros" o "biblioteca" (de ahí vienen *bibliografía* y *bibliofilia*).

Los sesenta y seis libros de la Biblia (aunque las Biblias católicas romanas y ortodoxas incluyen algunos adicionales) se escribieron en tres

14. Vishal Mangalwadi, *The Book That Made Your World: How the Bible Created the Soul of Western Civilization* (Nashville: Thomas Nelson, 2011), 55–56.

idiomas distintos: hebreo, arameo y griego. Esta colección de libros, Antiguo y Nuevo Testamento, se fueron cohesionando a lo largo de 1500 años, mientras que los orígenes de los textos más antiguos se remontan aún más lejos. Hubo muchos autores distintos, que vivieron en diferentes culturas y épocas históricas, y que usaron muchos géneros literarios. En esta biblioteca encontrarás literatura sapiencial, proverbios y poesía, profecía y escritos apocalípticos, así como relatos históricos, biografías y cartas.

Pero a pesar de la diversidad de estilos y la multiplicidad de autores a lo largo de extensos periodos de tiempo, en todo el conjunto existe una armonía y una coherencia extraordinaria. La afirmación del cristianismo es que esto no es una mera coincidencia afortunada, sino la obra de una mano divina que vincula esta historia con la gran historia del propio cosmos.

A menudo, en la imaginación popular, la Biblia se entiende como una especie de manual de referencia sagrado (y, encima, largo y complicado) que usan las personas religiosas para determinar las normas para sus posturas éticas o sus doctrinas. Otros quizá recuerden vagamente relatos bíblicos de la escuela dominical, que funcionaban como cuentos morales en la tradición de las fábulas de Esopo.

Aunque la Biblia contiene algunas de estas cosas, sería un error confundir las partes con el todo. Antes que nada, de Génesis a Apocalipsis, la Biblia es una historia.

El Antiguo Testamento es la historia de cómo el Dios único del universo vio cómo su creación buena se malograba debido a la rebelión humana, de modo que optó por escoger a un grupo particular (el pueblo de Israel) para que mantuviera una relación especial con él. Sus tratos con ellos revelarían su gran propósito y su promesa de redención y renovación de toda la tierra.

El Nuevo Testamento es la historia de cómo ese propósito y esa promesa se cumplieron en la vida, la muerte y la resurrección de Jesucristo, el Mesías prometido al pueblo judío. Documenta los primeros años del nuevo movimiento de Jesús cuando se extendió desde Jerusalén por todo el Mediterráneo con la ayuda de su converso y evangelista más famoso, Pablo.

Los cristianos modernos creen que siguen nadando en el río de esa gran historia (a veces se dice que el capítulo 29 de Hechos todavía se está escribiendo), que tendrá su cumplimiento tal como se predijo tanto en el Antiguo como en el Nuevo Testamento: una renovación de toda la creación en la cual «enjugará Dios toda lágrima de los ojos de ellos; y ya no habrá muerte, ni habrá más llanto, ni clamor, ni dolor» (Ap 21:4), y donde reinará Jesús, cuando toda la tierra esté «llena del conocimiento de Jehová, como las aguas cubren el mar» (Is 11:9).

Es una gran narrativa, a menudo emocionante y absorbente, a veces compleja y densa, de vez en cuando perturbadora y confusa, y frecuentemente hermosa e inspiradora. Es una historia que ha conducido al auge y a la caída de naciones, que se ha usado como instrumento de opresión o de liberación, que algunos han prohibido y quemado, y que otros han considerado objeto de veneración. Para muchos es una fuente de consuelo diario, pero muchos otros permiten que vaya acumulando polvo en una estantería.

Pero tanto si la alaban como si la ridiculizan o la ignoran, la manera en que esta historia ha dado forma al mundo, y sigue haciéndolo, no se puede pasar por alto o rechazarse alegremente.

## Cómo leen la Biblia los nuevos ateos

Es por esto que los ataques de los nuevos ateos contra la Biblia, aunque ofrecen mucho material para los memes de internet que se centran en serpientes que hablan y deidades petulantes, no han logrado en absoluto apreciar la manera en que la Biblia sigue ejerciendo la influencia que tiene. ¿Cómo consigue renacer de sus cenizas, como un fénix, cada vez que la queman literal o metafóricamente?

Parte del problema es que los críticos contemporáneos más acerbos de la Biblia han intentado rechazar su credibilidad al leerla igual que los cristianos fundamentalistas con los que a menudo se traban en reyertas.

Por ejemplo, tratan los primeros capítulos de Génesis como si debieran leerse como un relato estrictamente científico e histórico de cómo se creó la Tierra y todas las formas de vida. Levantan esos hombres de paja solo para derribarlos rápidamente, cuando señalan las diferencias evidentes entre esas lecturas y lo que nos dicen nuestras mejores evidencias científicas sobre la edad de la Tierra y su historia evolutiva.

Pero ¿y si esos críticos (y los cristianos que abordan la Biblia desde ese ángulo) se pararan a leer Génesis en sus propios términos, examinando la poesía, la estructura y los conceptos que realmente transmite?

Por ejemplo, en la manera en que se desarrolla la historia de la creación hay un patrón y un propósito. En cada mandamiento divino se inserta orden en el caos, y la vaciedad se llena de vida. En su punto culminante, los humanos, que han sido creados a imagen de Dios, son colocados en el centro de la historia para comprender, nombrar y cultivar esa creación. En una era precientífica, esta historia transmitía verdades sobre nuestro origen y nuestro propósito humano, que tenían sentido para el mundo de sus primeros oyentes, y lo tuvieron durante muchas generaciones. Notablemente, la historia sigue resonando incluso en nuestra era científica. El motivo no es que sea una descripción científica, sino que es mucho más que eso.

Cuando presenté un debate sobre si la ciencia del universo ofrece evidencias de Dios, con el profesor de Oxford Peter Atkins, un científico ateo declarado, él anunció que la Biblia podría justificar sus credenciales divinas si contuviera una hipótesis científica inconfundible, como la segunda ley de la termodinámica: «Si examinase la Biblia, que el cielo no lo quiera, esperaría encontrar quizá "un aumento de la entropía es igual a Q reversible divida por la temperatura". Eso si hubiera en la Biblia una ecuación en lugar de toda esa palabrería elástica e indefinida».[15]

No está claro cómo diversas generaciones de lectores podrían encontrar sentido a todas esas palabras ininteligibles antes de que llegaran los físicos del siglo XIX para explicarlas. Pero esta idea, que la única manera de que las personas modernas se tomen en serio la Biblia exige que sus escritores antiguos hubieran sido inspirados para incluir predicciones sobre teorías científicas contemporáneas y tecnología moderna, es sorprendentemente habitual. De forma parecida, hay comentaristas como Sam Harris y Richard Dawkins que ponen en tela de juicio la inspiración de los textos porque sus escritores no defendieron explícitamente nuestros estándares más recientes de conducta ética y social (estándares que, como saben ellos por experiencia, con frecuencia son actualizados y cuestionados por sus propios colegas).

El motivo de que estas críticas sean tan superficiales es que se basan en un malentendido fundamental al respecto del propósito de la Escritura.

En su serie de libros *Lost World* (El mundo perdido), el especialista en Antiguo Testamento John Walton distingue acertadamente entre dos públicos para la Escritura antigua: aquellos *a quienes* se escribió originariamente (por ejemplo, un pueblo seminómada del Antiguo Oriente Próximo) y los de generaciones *para quienes* también se escribió. Entender lo que significó el texto para el primer público ayudará a lectores posteriores a interpretar correctamente su importancia para su propia época y su cultura, en vez de imponer al texto, equivocadamente, sus propios postulados modernos.

---

15. "Hugh Ross vs. Peter Atkins: Debating the Origins of the Laws of Nature", 10 de Agosto de 2018, *Unbelievable?*, video, https://www.youtube.com/watch?v=hVCVt-dvVOc.

El hecho de que los libros de la Biblia no se escribieran de una forma que satisfaga el grado de conocimiento científico o moral, un tanto arbitrario, que exigen los nuevos ateos como Atkins, Harris y Dawkins, no es una objeción válida ni mucho menos para un Dios que puede tener en mente una panorámica mucho más amplia que solo los intereses de los escépticos de principios del siglo XXI. C. S. Lewis acuñó la expresión "esnobismo cronológico" para referirse a quienes consideran que el pensamiento y la filosofía de la era en la que han nacido son las únicas dignas de atención.[16]

Pero, una vez más, hay un nuevo conjunto de voces seculares que está reevaluando la Biblia.

## Cómo leen la Biblia los nuevos pensadores

La Biblia no ha sido transmitida, estudiada y absorbida por miles de millones de personas por pura suerte o a pesar de sí misma. Hay razones por las que ha sobrevivido y fructificado. Después de toda la fanfarria de rechazos y burlas que apilaron sobre la Biblia los nuevos ateos, hay una serie de pensadores destacados que proyectan sobre ella una mirada nueva.

Por ejemplo, el psicólogo evolutivo Jonathan Haidt dice que las Escrituras judeocristianas han supuesto una fuente inigualable de inspiración para el bienestar y el desarrollo moral humano, y describe la Biblia como «uno de los depósitos más ricos de sabiduría psicológica jamás compendiado».[17]

Haidt es un exitoso escritor secular, pero llegó a apreciar el valor de la Biblia mientras investigaba para escribir su libro *La hipótesis de la felicidad: La búsqueda de verdades modernas en la sabiduría antigua*. Cuando lo entrevisté preguntándole por esa experiencia, me dijo que lo que le hizo cambiar de opinión fue pasar tiempo junto a personas religiosas y sus textos fundacionales:

> Yo era un judío ateo estándar, científico y estadounidense. No estaba predispuesto a que me atrajera la religión. Pero durante el proceso de redacción de ese libro, llegué a darme cuenta de que la religión forma parte de la naturaleza humana. En Estados Unidos, la

16. C. S. Lewis, *Surprised by Joy: The Shape of My Early Life* (Nueva York: Harcourt Brace, 1955).

17. Sarah Eekhoff Zylstra, "'An Unlikely Ally': What a Secular Atheist Is Teaching Christian Leaders", *The Gospel Coalition* (TGC), 28 de febrero de 2018, https://www.thegospelcoalition.org/article/what-a-secular-atheist-is-teaching-christian-leaders/.

> práctica de las religiones hace mejores a las personas. Las vincula en comunidades en las que sus miembros intentan elevarse unos a otros moralmente. Cuando todos los nuevos ateos escribían cosas desagradables sobre la religión y la Biblia y decían que «esto es falso», yo decía: «En realidad, aquí se aprecia mucha sabiduría».[18]

Hablando de nuestra toma de decisiones morales en su libro *La mente de los justos*, Haidt usó la analogía de un elefante y quien lo guía, el cornaca; este último, escribió, tiene menos control sobre el elefante del que le gustaría imaginar que tiene. La investigación psicológica indica que, tanto si nos consideramos progresistas como conservadores, nuestras creencias morales raras veces son el resultado de un proceso puramente racional (el cornaca). En cambio, tendemos a usar nuestra razón para justificar lo que nos dicen nuestros compromisos emocionales (el elefante).

Hasta ese punto, dice Haidt, nuestra sociedad siempre ha dependido de un núcleo compartido de conocimiento moral que se nos ha transmitido a través de medios como la Biblia:

> La Biblia hebrea y el Nuevo Testamento están llenos de conceptos. Ciertamente me abrieron los ojos al valor de atender a nuestras tradiciones, las palabras que se nos han legado. No es que los antiguos fueran más listos que nosotros, pero escribieron muchas cosas, tuvieron muchas ideas. Y lo que se nos ha transmitido es el material que se ha tamizado, probado y considerado útil.[19]

En su libro de continuación *The Coddling of the American Mind* (La mimada mente estadounidense), Haidt detalló los peligros psicológicos de criar a hijos a los que se protege de recibir daño, a los que no se ofende y cuyas ideas nadie discute. Cuestionó la proliferación de lugares seguros y de mensajes de advertencia para una generación que cada vez padece de mayor fragilidad mental. Al hablar del libro, Haidt citó Romanos 5:3, 4: «También nos gloriamos en las tribulaciones, sabiendo que la tribulación

---

18. "Unbelievable? Are We Raising a 'Snowflake' Generation? Jonathan Haidt and Andrew Wilson", 11 de enero de 2019, *Unbelievable?*, pódcast, https://www.premierunbelievable.com/unbelievable/unbelievable-are-we-raising-a-snowflake-generation-jonathan-haidt-and-andrew-wilson/11500.article.

19. "Jonathan Haidt and Andrew Wilson".

produce paciencia; y la paciencia, prueba; y la prueba, esperanza», y añadió: «Justo ahí tenemos lo opuesto a la fragilidad».[20]

El periodista y escritor Douglas Murray también se considera un incrédulo secular que cada vez siente un aprecio mayor por la importancia de la Biblia.

En nuestra conversación sobre la dirección de la cultura poscristiana, Murray describió «el fracaso más impactante de nuestros tiempos» como una incapacidad para encontrar algo mejor que la ética bíblica cuando esta sostiene que todas las personas son creadas iguales a los ojos de Dios:

> La gente lucha por conservar y defender este don excepcionalmente valioso de la herencia cristiana. Sin la idea de la igualdad ante los ojos de Dios y el valor de cada individuo, solo nos quedan esos intentos de afirmar, por ejemplo, que «todo el mundo es igual o puede serlo». Y es evidente que no podemos serlo ni lo somos.[21]

Murray pasó luego a contar una historia que expuso el crítico literario ya desaparecido George Steiner sobre la manera en que un depósito estable de conocimiento en el "libro" de las Escrituras ha ofrecido a generaciones y culturas sucesivas un sentido de continuidad y tradición. Steiner relató una conversación parecida que mantuvo una noche con unos activistas negros en Sudáfrica durante la época del *apartheid*. Uno de ellos dijo a Steiner: «Pero es que no lo entiende... Nosotros no tenemos un libro». Steiner, quien, siendo judío, tenía la Torá en la que apoyarse, dijo que «fue uno de los comentarios más inquietantes que había oído en su vida».[22]

Cuando le preguntaron dónde podemos encontrar una base fundacional en ausencia de la Biblia, Murray hizo referencia a una cita del filósofo Allan Bloom: «La Biblia no es el único medio para formar una mente, pero en ausencia de un libro de una gravedad similar, leído con la gravedad del creyente potencial, la mente no se formará como debe».[23]

«Este siempre me ha parecido un reto muy importante», dijo Murray. «Y es que hay libros que algunos podrían proponer como base, pero nunca

---

20. "Jonathan Haidt and Andrew Wilson".

21. "N. T. Wright and Douglas Murray: Identity, Myth, and Miracles: How Do We Live in a Post-Christian World?", 13 de mayo de 2021, *The Big Conversation*, temporada 3, episodio 3, video, https://www.youtube.com/watch?v=VN8OUi9MF7w.

22. "N. T. Wright and Douglas Murray".

23. Allan Bloom, *The Closing of the American Mind: How Higher Education Has Failed Democracy and Impoverished the Souls of Today's Students* (Nueva York: Simon and Schuster, 1987), 60.

tienen una seriedad equivalente. En realidad, es bastante complicado encontrar un libro con una gravedad equivalente a la de la Biblia. ¿Sobre qué basarás todo?».[24]

## Cómo lee la Biblia un psicólogo

Uno de los pensadores seculares más destacados que reevalúan el lugar de la Escritura es Jordan Peterson, cuyo asombro ante la Biblia y su valoración de ella parecen ir creciendo con cada año que pasa.

La llegada a la fama de Peterson llegó en la estela de diversas conferencias sobre el Antiguo Testamento celebradas en teatros a reventar de público; estas conferencias también han sido visualizadas millones de veces *online*. Pasarse quince noches hablando durante dos horas y media sobre el libro de Génesis no es la manera más evidente de construir una base de fans, pero gracias a la influencia de Peterson, su numeroso público, muchos de cuyos integrantes son varones jóvenes, se están tomando la Biblia en serio.

Uno de ellos, Daniel James, que se describió a sí mismo como «ateo anarquista avezado» cuando rondaba los veinte años, ha acabado bautizándose en la Iglesia católica romana. James dice que, de joven, pensaba que la Biblia era «un libro absurdo», tomando como referencia la descripción de la Escritura que hizo Lawrence Krauss, como un libro escrito «por campesinos ignorantes de la Edad de Bronce». Sin embargo, cuando empezó a visualizar las conferencias de Peterson, se sintió «sobrecogido»: «Nunca había oído hablar así de la Biblia... Jordan me abrió la puerta para comprender que, sí, fue escrita por personas que vivieron en una era precientífica, pero que no eran ni mucho menos ignorantes».[25]

Peterson mismo considera que el conocimiento de la Biblia es integral para «la comprensión profunda de la cultura occidental, que a su vez es esencial para la buena salud psicológica».[26] El psicólogo enmarca a menudo los relatos de la Escritura en términos junguianos, hablando de los arquetipos y las jerarquías sobre las que se construye la vida humana. Las historias que pueblan el Antiguo y el Nuevo Testamento tienen profundidades insondables que revelan su longevidad y su influencia.

---

24. "N. T. Wright and Douglas Murray".

25. "How Jordan Peterson Led Me to the Catholic Church w/ Daniel James", 10 de enero de 2022, de *Pints with Aquinas*, video, https://www.youtube.com /watch?v=ZB7nP3rwPjE.

26. Jordan B. Peterson, "The Psychological Significance of the Biblical Stories", *Jordan B. Peterson* (página web), consultada el 27 de octubre de 2022, https://www.jordanbpeterson.com/bible-series/.

Por ejemplo, el relato de la creación de Adán y Eva no es meramente un mito para explicar de dónde venimos. Es una historia que nos dice quiénes somos y nos ofrece una base para la soberanía, el valor y la igualdad humanos. «Bajo mi punto de vista, esta doctrina se fundamenta en la proposición judeocristiana, muy profunda y antigua, de que los hombres y las mujeres por igual están hechos a imagen de Dios, el propio Creador del ser», escribe Peterson. «Es probable que no haya un postulado más fundamental que cimiente nuestra cultura».[27]

De igual manera, la historia en la que Caín mata a Abel, que se encuentra al principio de Génesis, no es un mero relato supersticioso sobre el sacrificio de animales y la rivalidad fraterna. Para Peterson es «la manifestación del cuento arquetípico de los hermanos hostiles, héroe y adversario: los dos elementos de la psique individual humana, la una apuntando arriba, a lo bueno, y la otra abajo, al propio infierno».[28] De hecho, como vimos antes, Peterson dice que el pozo de sabiduría en esta historia es tan profundo que «no tiene fondo»[29] (y a estas alturas solo ha llegado al capítulo 4 del primer libro de la Biblia).

El asombro crece a medida que explora el Nuevo Testamento. Allí, Cristo es el arquetipo preeminente de la figura heroica que debe vencer por medio de la lucha y la muerte. En *12 reglas para vivir*, Peterson describe el encuentro de Jesús con Satanás como la demostración de que «Cristo *es para siempre el que determina aceptar la responsabilidad personal por el desarrollo pleno de la depravación humana*... No es una mera cuestión intelectual».[30]

Sobre los relatos de la Pasión dice: «No se puede escribir una historia más mágica. Es imposible». Describe cada elemento de la injusticia y de la tristeza que experimentó Cristo como «la suma de todo aquello que la gente teme», y que cada personaje de la historia (María, Pilato, Judas, Barrabás, la multitud) interpela un aspecto de nuestra propia condición humana cuando nos enfrentamos a la muerte, la destrucción y la desesperanza. Sin embargo, cuando «miramos más a fondo», vemos «muerte y resurrección».[31]

---

27. Jordan B. Peterson, "Equity: When the Left Goes Too Far", *Jordan B. Peterson* (página web), consultada el 27 de octubre de 2022, https://www.jordanbpeterson.com/political-correctness/equity-when-the-left-goes-too-far/.

28. Jordan B. Peterson, *12 Rules for Life: An Antidote to Chaos* (Toronto: Random House Canada, 2018), 177.

29. "Jordan Peterson vs. Susan Blackmore: Do We Need God to Make Sense of Life?", 8 de junio de 2018, *The Big Conversation*, temporada 1, episodio 1, video, https:// youtu.be/syP-OtdCIho.

30. Peterson, *12 Rules for Life*, 180.

31. "#1769—Jordan Peterson", 25 de enero de 2022, *The Joe Rogan Experience*, pódcast, https://open.spotify.com/episode/7IVFm4085auRaIHS7N1NQl.

Sin duda, la visión que tiene Peterson de la importancia de la Escritura es profundamente simbólica y psicológica. Para él son casi irrelevantes las preguntas sobre la historicidad real de los relatos. A pesar de esto, el psicólogo se siente asombrado constantemente por la capacidad aparentemente milagrosa que tiene la Escritura para describir la condición humana.

Peterson llega hasta el extremo de decir que la propia Biblia funciona como el texto definitivo del que se desprenden todos los otros textos y pensamientos del mundo occidental. Tal como lo expresa: «No se trata de que la Biblia sea cierta. Se trata de que es la condición previa para la manifestación de la verdad. Y esto la vuelve mucho más verdadera que simplemente verdadera».[32] Esto significa que un occidental moderno no puede rechazar la Biblia con más justificación que alguien que, estando en un apartamento de un piso veinticinco, desee rechazar los cimientos de su edificio por el mero hecho de que le quedan lejos.

Peterson, Haidt y Murray abordan la Biblia como intelectuales seculares que sienten una admiración cada vez mayor por las contribuciones fundamentales que esta hace a nuestra cultura compartida y a la experiencia humana. Por sí solo, eso bastaría para enviar a muchos de vuelta a la Biblia para explorarla como un ejemplo psicológicamente profundo y simbólicamente rico de literatura sapiencial.

Sin embargo, una vez más, en mi opinión, los nuevos pensadores aún se quedan a mitad de camino. Es posible que la Biblia sea la descripción más extraordinaria de realidad psicológica y espiritual, y a pesar de eso siga siendo una obra de ficción teológica. Ciertamente, las dudas sobre la realidad histórica de la Biblia fueron uno de los motivos por los que Douglas Murray dio por perdida su fe siendo joven.

No obstante, creo que no es necesario que exista una dicotomía falsa entre el impacto cultural y psicológico de la Biblia y su afirmación de que describe una historia real, objetiva.

## Un clasicista y Jesús

James Orr y yo asistimos a la misma facultad de la Universidad de Oxford a finales de la década de 1990. Cuando llegué, yo ya era cristiano, pero James no. Su educación en una escuela pública le había exigido visitar

32. "#1769—Jordan Peterson".

la capilla, pero esto no tuvo un gran impacto en él; se mostraba bastante agnóstico al respecto del cristianismo.

James y yo no nos conocimos cuando éramos estudiantes (él estaba un curso por encima del mío), pero en los años transcurridos desde entonces llegamos a conocernos, aunque ahora James tiene un título mucho más impresionante del que yo podría aspirar a tener jamás: profesor adjunto de Filosofía de la Religión en la Facultad de Teología de la Universidad de Cambridge.

¿Cómo es que alguien que tenía un interés mínimo por la fe acabó convirtiéndose en un filósofo de la religión en una de las universidades más prestigiosas del mundo? Resulta que, poco después de licenciarse, James experimentó una conversión dramática que comenzó después de encontrar a Jesús en las páginas de la Biblia mientras aún era estudiante.

En la escuela, James había estudiado latín y griego. Cuando llegó a la universidad para licenciarse en lenguas clásicas, leía griego casi con total fluidez. James dice que hasta ese momento solo había leído las obras antiguas de los grandes dramaturgos y filósofos que formaban parte de su lista de lecturas. Pero un día, un amigo cristiano dio a James el Nuevo Testamento en su idioma original: el griego *koiné*.

James dice que recuerda vívidamente la emoción que le produjo poder leer los Evangelios en su idioma original. Por supuesto, ya había escuchado leer en público traducciones de la Biblia al inglés, pero lo cierto es que nunca lo había considerado como un libro histórico.

James describe un momento «fulminante», diciendo:

> Me di cuenta de que ese texto estaba anclado en la historia. Si me preguntas "¿De dónde crees que ha salido?", no lo sé. Pero de alguna manera, hasta ese punto había ocupado una parte de mi imaginación que estaba aislada del tejido de la vida cotidiana y de los procesos concretos de la historia.[33]

Cuando James empezó a leer los Evangelios en griego, se dio cuenta de que aquellos textos se habían escrito para ser entendidos como registros históricos reales, tanto como muchas de las historias y los anales con los que estaba familiarizado en Tucídides, Herodoto y Plutarco. A James también le impresionó lo bien conservados que estaban esos textos comparados con

33. James Orr, entrevista personal con el autor.

buena parte de la literatura antigua que él conocía. Lo más importante, la vida de Jesús cobró repentinamente vida de una forma nueva.

Este fue el comienzo del viaje que acabó llevando a James al cristianismo. Como veremos, en esta conversión hubo algo más que este encuentro con la Biblia, pero la historia de James ilumina un aspecto de ella que muchas personas a menudo infravaloran: su pedigrí histórico, sobre todo en lo relativo a la vida, la muerte y la resurrección de Jesús.

## Los motivos para la fiabilidad

Cuando la gente piensa en el Jesús histórico, parece que en la cultura contemporánea prevalece una suposición escéptica. Sin duda la investigación moderna demuestra que los Evangelios solo son relatos legendarios... ¿verdad? Según una encuesta en el Reino Unido, el 40 por ciento de la población cree que Jesús es un personaje mítico o no está segura de que fuese una persona real.[34]

Pero en realidad, la trayectoria de la erudición histórica moderna avanza constantemente en la dirección opuesta a este supuesto tan extendido. A medida que la investigación estudia la historicidad de los documentos y el momento y lugar en que vivió Jesús, obtenemos más motivos para confiar en que los Evangelios son el producto de una historia real.

Brevemente, examinemos cinco áreas en las que la erudición moderna confirma la fiabilidad de los relatos bíblicos.

### *La evidencia manuscrita*

N. T. Wright, especialista en Nuevo Testamento, describe la crucifixión de Jesús como «uno de los hechos mejor atestiguados de toda la historia antigua».[35] Si crees en personajes del pasado como Julio César o Alejandro Magno, no deberías tener ningún problema en creer que Jesús existió.

Es bien sabido que existen diversas fuentes extrabíblicas que hacen referencia a Jesús y al movimiento cristiano primitivo, escritas por historiadores antiguos como Josefo, Tácito y Plinio el Joven. Sin embargo, nuestras fuentes principales de información sobre Jesús son los cuatro Evangelios

---

34. Barna Group and ComRes, *Talking Jesus: Perceptions of Jesus, Christians and Evangelism in England* (Talking Jesus, 2018), https://talkingjesus.org/wp-content/uploads/2018/04/Talking-Jesus.pdf.

35. "N. T. Wright: Why Jesus' Crucifixion Is a Fact of History", 13 de abril de 2017, Premier Christian Radio, video, https://youtu.be/7dQZTLcNSLs.

en sí mismos. Y esos documentos se cuentan entre los más confiables que tenemos de aquella era.

Una regla básica al evaluar la autenticidad histórica afirma que cuanto más cercanos están los textos originarios a los eventos que describen, más motivos tenemos para pensar que son confiables. Además, cuanto más tempranos sean los ejemplares existentes de esos textos, y cuanto mayor sea el número de ejemplares que tengamos de ellos, mayor es la probabilidad de que podamos reconstruir una versión precisa de esos primeros relatos. Naturalmente, la mayoría de los textos del mundo antiguo, escritos en papiro, se han convertido en polvo con el paso de los siglos. Sin embargo, incluso hoy en día aparecen fragmentos de documentos muy antiguos.

Entonces, ¿cómo se comparan los documentos del Nuevo Testamento en estos términos con otros textos antiguos? Pues resulta que... extremadamente bien. De hecho, el Nuevo Testamento supera con creces a la mayoría de los registros antiguos de personajes y sucesos históricos.

Cuando se examinan otros personajes históricos clave del mundo antiguo, lo más típico es que exista solamente un puñado de documentos existentes que detallen sus vidas. Aparte de eso, aquellos relatos normalmente fueron escritos muchos años, o incluso siglos, después de los sucesos narrados.

En contraste, se calcula que los cuatro relatos evangélicos se escribieron entre treinta y sesenta años después de la vida de Jesús, y muchas de las cartas del apóstol Pablo que dan testimonio de esos eventos se escribieron incluso antes.

Además, hay miles de manuscritos supervivientes, muchos de los cuales se remontan a una época inferior a un siglo después de los acontecimientos. Comparemos esto con la inmensa mayoría de otros relatos de la historia antigua, donde nuestros documentos supervivientes se hallan a cientos o incluso miles de años de los originales.

Lo crítico del caso es que mientras la imaginación popular da por hecho que el texto que tenemos hoy debe haberse metastatizado y mitologizado con el paso del tiempo y la transmisión, en realidad sucede lo contrario. Por medio de la ciencia de la crítica textual y la llegada de la tecnología digital, los especialistas han podido examinar y confrontar una amplia gama de textos bíblicos y reconstruir con extraordinaria precisión lo que decían los documentos originales.

No estamos hablando de meros relatos recordados a medias, adaptados, alterados y puestos por escrito siglos más tarde. El material fuente goza de un buen pedigrí histórico.

### *Los nombres en los Evangelios*

Cuando nos centramos en el contenido de los Evangelios se revela toda una batería de motivos por los que podemos confiar en que plasman testimonios presenciales y no una información de segunda o tercera mano. La investigación señala que los detalles de los Evangelios confirman su precisión y su fiabilidad en términos de su conocimiento de geografía, sucesos y personajes históricos, además de costumbres locales y cultura.

El libro del historiador del Nuevo Testamento Richard Bauckham, *Jesus and the Eyewitnesses* (Jesús y los testigos oculares) es una obra pionera de erudición en este sentido.

Su investigación expone cómo los Evangelios están llenos de evidencias de que los escritores transmitían relatos de los primeros seguidores de Cristo, que fueron testigos presenciales. Por ejemplo, hay fundamentos sólidos para sostener que el Evangelio de Marcos se basa en los relatos de primera mano del apóstol Pedro. Incluso el Evangelio de Juan, del que suele darse por hecho que es un relato posterior y más teológico de la vida de Jesús, contiene múltiples indicios de que es la obra de un discípulo directo.

Quizá resulte más fascinante la investigación de Bauckham sobre cómo los nombres que se usan en el Nuevo Testamento (pensemos en María, Marta, Simón, Andrés, Bartolomé, etc.), están perfectamente sincronizados con la época y el lugar en que vivió Jesús. La frecuencia de los nombres en los Evangelios se confrontó con la profunda investigación del erudito israelí Tal Ilan realizada en lugares de enterramiento, donde estudió los nombres usados en aquella época. Una sorprendente correlación demostró que los Evangelios están repletos de los mismos nombres que eran comunes en la época y en los lugares en que vivió Jesús.

Cualquier padre o madre que haya buscado cuáles son los nombres de bebé más populares, publicados anualmente, sabrá que los nombres más comunes cambian frecuentemente. Pero los escritores de los Evangelios aciertan para *su* tiempo y su localización. Esta es una confirmación sólida de que esos relatos no se pergeñaron en cualquier otro lugar en un momento posterior. Solo pudieron obtener ese tipo de detalles si estuvieron allí y conocieron a las personas de las que hablaron.

### *La geografía y las costumbres*

De igual modo, una investigación adicional de un especialista bíblico de Cambridge, el Dr. Peter J. Williams, autor de *¿Podemos confiar en los*

*Evangelios? La confiabilidad histórica de los Evangelios*, ha revelado infinidad de maneras en las que los escritores de los Evangelios demuestran que están claramente familiarizados con los momentos, lugares y costumbres de los tiempos de Jesús, incluyendo la geografía local.

Williams explica lo increíblemente fiables que son los Evangelios como guía para el paisaje de Judea y de Jerusalén en el primer siglo:

> Yo diría que la persona ha vivido en aquella tierra o ha mantenido conversaciones detalladas con quienes lo hicieron. Y diría eso de los cuatro Evangelios, que saben cuándo el terreno sube o baja; entre ellos mencionan veintiséis nombres de pueblos; saben el tiempo necesario de viaje entre poblaciones, etc.[36]

En ausencia de Google o de cualquier tipo de obra de referencia, este tipo de información solo podía conocerse si se era de la zona. Una y otra vez los escritores de los Evangelios sitúan sus sucesos dentro del contexto geográfico e histórico correcto. También conocen bien los detalles. Conocen las monedas, costumbres y convenciones del momento. Williams afirma que la fraseología también es distintivamente local:

> Recuerdo cuatro versículos consecutivos de Lucas 16, donde hablamos de una medida para áridos y una para líquidos, y luego encontramos la expresión «los hijos de luz», que es una frase religiosa palestina, y en el siguiente versículo dice «las riquezas injustas». Estos son cuatro ejemplos lingüísticos que reflejan realmente la tierra de Palestina. Si las tenemos colocadas en serie es porque en realidad, de alguna manera, se han conservado las palabras exactas.[37]

Cuando comparamos estos tipos de detalles en Mateo, Marcos, Lucas y Juan con historias posteriores de Jesús (llamadas en ocasiones "evangelios apócrifos", como los evangelios de Tomás o de Judas), de los siglos II y III, enseguida detectamos la diferencia. Los relatos tardíos contienen muy pocos detalles sobre las costumbres locales, la geografía o los nombres. Son

36. "Peter J. Williams and Bart Ehrman: The Story of Jesus: Are the Gospels Historically Reliable?", 25 de octubre de 2019, *The Big Conversation*, temporada 2, episodio 3, video, https://www.youtube.com/watch?v=ZuZPPGvF_2I.

37. "Peter J. Williams and Bart Ehrman".

mucho más imprecisos, están mucho menos conectados con la historia, el momento y el lugar reales.

### *Consecuencias imprevistas*

Otra línea de evidencia para demostrar que los Evangelios son el resultado de los relatos de testigos presenciales, es la que han estudiado recientemente diversos académicos, como la Dra. Lydia McGrew en su libro *Hidden in Plain View: Undesigned Coincidences in the Gospels and Acts* (Oculto a simple vista: Coincidencias imprevistas en los Evangelios y Hechos).

Las coincidencias imprevistas son detalles dentro de los relatos en los distintos Evangelios de Mateo, Marcos, Lucas y Juan que parecen solaparse unos con otros, sugiriendo que los autores conocían la verdad de los sucesos que describen. Estas "coincidencias" son ejemplos de corroboración natural entre los relatos separados, y no pudieron fabricarse.

Por poner solo un ejemplo, cuando en Juan 6 se relata el episodio de la alimentación de los cinco mil, Jesús se vuelve hacia el discípulo Felipe y le pregunta dónde pueden ir a comprar pan para aquella tremenda multitud que los había seguido hasta el campo. En la historia, Jesús pone a prueba a sus discípulos y recibe la respuesta que esperaba de un asombrado Felipe: «Doscientos denarios de pan no bastarían para que cada uno de ellos tomase un poco» (Jn 6:7). Este breve diálogo dispone el escenario para uno de los milagros más memorables de Jesús, donde participó un muchacho con su almuerzo de panes y peces.

Sin embargo, si esta historia fuese ficción en lugar de una descripción, ¿por qué querría el escritor que Jesús le hiciera esa pregunta a Felipe, en lugar de a uno de los discípulos más maduros, como Pedro o Juan?

La respuesta puede hallarse en otras partes de los Evangelios. Juan nos había dicho antes que Felipe procedía de la ciudad de Betsaida. Resulta que cuando la historia se registra en Lucas 9, también se nos dice dónde tuvo lugar el milagro: cerca de la ciudad de Betsaida.

Como disponemos de esta información adicional, podemos encontrar el sentido de que Jesús le formule la pregunta en concreto a Felipe, ya que era de la zona. De entre todos los discípulos, él era el único que podía responder a la pregunta (por retórica que fuese). El relato que hace Lucas del episodio dota de sentido al de Juan. En el proceso, vemos que ambos relatos comparten la misma realidad subyacente.

Por sí solo, este ejemplo aislado no convencerá probablemente a quien dude de la confiabilidad general de los Evangelios. Pero el peso acumulativo de los numerosos ejemplos adicionales que podríamos poner debería inducir al escéptico a pensarlo bien. Como las piezas de un puzle que van encajando en su sitio, las conexiones entre los múltiples detalles de los Evangelios no se pueden atribuir a la ingenuidad del escriba o a una invención posterior. Tal como escribe McGrew, todas estas coincidencias imprevistas son «indicios de la verdad de los Evangelios oculta a simple vista».[38]

### *La arqueología*

Quizá lo más impresionante de todo sea ver cómo a día de hoy se están excavando en Israel los lugares mencionados en la Biblia, lo cual sigue demostrando la autenticidad de los Evangelios.

Por ejemplo, en Juan 9, Jesús sana a un ciego y le dice que se lave en el estanque de Siloé. Hasta hace poco, la localización de este estanque no se había descubierto, y los escépticos daban por hecho que seguramente nunca existió. Sin embargo, en 2004, mientras se hacían unas obras, se desenterraron las gradas del estanque, y al final se excavó el yacimiento, revelando un gran estanque que da pleno sentido a las palabras de Jesús y al relato.

Un especialista en la Biblia, Mark D. Roberts, comenta: «En el estuco de ese estanque se encontraron monedas que fijan la fecha en los años anteriores y posteriores a Jesús. No cabe duda de que este es realmente el estanque de Siloé, al que Jesús envió al ciego en Juan 9».[39]

El estanque de Siloé es solo un ejemplo de muchos otros hallazgos arqueológicos que corroboran los relatos del Nuevo Testamento. Estos incluyen casas recién excavadas, asentamientos y sinagogas, que han puesto patas arriba el escepticismo anterior sobre la importancia cultural y religiosa de los pueblos donde Jesús desempeñó su ministerio, como Nazaret y Capernaum. Los restos de víctimas de la crucifixión también confirman la naturaleza de la ejecución de Jesús tal como se relata en los Evangelios.

Muchos otros hallazgos igual de emocionantes confirman diversos aspectos de la historia del Antiguo Testamento y de su cronología.

Por ejemplo, tenemos el descubrimiento del "túnel de Ezequías" en el subsuelo de Jerusalén, en la década de 1800, y de una inscripción antigua que lo vincula al relato bíblico de cuando Ezequías ordenó la construcción de ese túnel para llevar agua fresca a la ciudad, frente a la amenaza de una invasión asiria inminente. O el descubrimiento en 1993 de la estela de Tel Dan,

38. Lydia McGrew, introducción a *Hidden in Plain View: Undesigned Coincidences in the Gospels and Acts* (Chillicothe, OH: DeWard, 2017).

39. Mark D. Roberts, *Can We Trust the Gospels?: Investigating the Reliability of Matthew, Mark, Luke, and John* (Wheaton, IL: Crossway, 2007), 153–154.

una losa de piedra que contiene una antigua inscripción cananea que ofrece evidencia del reinado del rey David más allá de los relatos bíblicos. Y siguen produciéndose descubrimientos. En 2022, el arqueólogo Dr. Scott Stripling anunció el hallazgo de una "tableta de maldición" fechada entre los años 1400 y 1200 a. C., que parece contener el ejemplo más primitivo de la escritura y el uso hebreo del nombre "Yahvé". Si se verifica (en el momento de escribir esto, el hallazgo sigue sometido a análisis), ofrecerá una sólida evidencia de que los relatos históricos de Israel en el Antiguo Testamento pudieron haber sido escritos mucho antes de lo que los críticos han dado por hecho.

Inevitablemente, la mayor parte de la historia arqueológica del Antiguo y del Nuevo Testamento se ha perdido entre las arenas del tiempo. Sin embargo, a pesar del escepticismo que existe a menudo frente a la fiabilidad de los relatos bíblicos, siempre que se hacen nuevos descubrimientos, raras veces contradicen la Biblia. Por el contrario, cada año que pasa parece desvelar nuevos hallazgos arqueológicos que confirman el registro bíblico.

Estas son solo unas pocas de las razones por las que las nuevas evidencias y los estudios académicos recientes implican que hay que tomarse en serio la Biblia, no solo como una obra literaria que ha tenido un tremendo impacto sobre el mundo, sino también como una obra de historia. Esto supone tomarse también en serio a su personaje central, Jesucristo.

## Algunas objeciones importantes

A pesar de que los nuevos ateos han infravalorado la influencia de la Biblia y también la naturaleza histórica de los Evangelios, hay algunas entre las objeciones generales que han puesto sobre la mesa a las que vale la pena responder.

### *No podemos fiarnos de los Evangelios porque muestran parcialidad*

Esta objeción plantea la pregunta de si los Evangelios tienen un programa teológico que cumplir. ¿No son solo piadosas obras de ficción para el movimiento de Jesús que comenzó en el siglo I?

Lo primero que cabe destacar como respuesta es que las obras de eruditos como Richard Burridge han confirmado que los Evangelios entran de lleno en una categoría de escritos grecorromanos llamados "biografía histórica". Es el mismo tipo de obras que escribieron en la misma época Plutarco, Josefo y otros historiadores contemporáneos para otros personajes notables.

Tanto si piensas que son precisos como si no, estos relatos se escribieron como mínimo para que se entendieran como la transmisión de sucesos históricos reales, no solo como ficción piadosa, como han sostenido algunos críticos.

Entonces, ¿hubo un programa? Mi respuesta sería que sí, por supuesto que los Evangelios tienen un programa. De hecho, son muy explícitos al respecto. Juan 20:30, 31 dice: «Hizo además Jesús muchas otras señales en presencia de sus discípulos, las cuales no están escritas en este libro. Pero estas se han escrito para que creáis que Jesús es el Cristo, el Hijo de Dios, y para que creyendo, tengáis vida en su nombre».

Estas historias de Jesús no fueron puestas por escrito por observadores despegados, neutrales. Los escritores de los Evangelios creían que Jesús era el Hijo de Dios y escribían sus relatos para persuadir a otros a creer lo mismo. Pero esto no quiere decir que los relatos sean mera propaganda.

Tener "un programa" es algo totalmente normal para casi cualquier obra. Tanto si es un periódico que se inclina en cierta dirección política, como un folleto publicitario que intenta venderte algo o un manual de historia que pretende dejar clara una idea sobre el mundo, pocas cosas leerás en tu vida que no tengan un propósito o una intención subyacente, incluyendo el libro que tienes ahora entre manos.

Así que no nos estanquemos en los "programas". Todo escritor tiene algún tipo de agenda. La pregunta es: ¿presentaron un caso convincente? ¿Cuadran sus evidencias? Y, en el caso de los Evangelios, ¿podemos confiar de que ofrecen un relato fiable que respalde su afirmación de que Jesús era realmente el Hijo de Dios?

Creo que podemos confiar en que estos documentos no solo son relatos históricos fiables, sino que los escritores de los Evangelios tenían buenas razones para transmitir su creencia de que Jesucristo era realmente el Hijo de Dios.

La historia de un Mesías que fue crucificado como un criminal a manos de los opresores imperiales de los judíos y fue descubierto vivo tres días más tarde por un grupo de sus seguidoras contradijo todas las normas culturales y teológicas que prevalecían en el judaísmo. Es muy improbable que alguien se hubiera inventado semejante historia. Sin embargo, es la que contaron. Fue un relato por el que estuvieron dispuestos a padecer persecución y muerte y que pasó a cambiar el curso mismo de la historia.

### *¿Qué pasa con todas las diferencias y las contradicciones?*

Parece que muchos escépticos creen que, simplemente, con señalar que los Evangelios contienen diferencias entre sí, basta para rechazar la afirmación que hace la Biblia de ser inspirada por Dios. Pero esto solo es cierto si su estatus divino se basa sobre la precisión con la que imita las convenciones literarias modernas. ¿Y si, una vez más, somos culpables de "esnobismo cronológico" al emitir un juicio como ese?

Es verdad que existen diferencias entre los relatos, pero ninguna de ellas es irreconciliable. Francamente, deberíamos sospechar si los relatos encajasen a la perfección, porque eso sugeriría que alguien ha manipulado las cosas. Cualquier detective de policía te dirá que en la escena de un crimen nunca escucharás exactamente la misma versión de dos testigos distintos. No quiere decir que no estén diciendo la verdad, solo que sus puntos de vista difieren.

Sin embargo, muchas de las supuestas contradicciones tienden a evaporarse una vez entendemos que el género literario de los Evangelios, la biografía histórica, seguía convenciones diferentes de las de la biografía moderna.

Ciertamente, si colocas los Evangelios uno al lado de otro, frecuentemente encontrarás una línea cronológica distinta de los acontecimientos, menciones a personas diferentes en los mismos casos, palabras y discursos expresados de formas alternativas y más cosas. Pero esa era simplemente la manera estándar en que trabajaban los biógrafos en aquella época y lugar.

En su libro *Why Are There Differences in the Gospels?* (¿Por qué hay diferencias entre los Evangelios?), Michael Licona compara los relatos evangélicos con las vidas que registró el historiador romano Plutarco, y detecta un chocante solapamiento en recursos literarios. Sencillamente, los escritores gozaban de más libertad para reorganizar y reordenar su material o dar relevancia a determinados personajes para establecer sus ideas. Nada de esto reduce la contribución de Plutarco a la historia, y con los Evangelios deberíamos adoptar la misma actitud.

La lección que aprendemos hoy es que comparar los Evangelios con una biografía moderna será problemático; los estilos y las convenciones literarias varían mucho en dos mil años. Este es un error moderno, que cometen a menudo tanto los cristianos como los escépticos, que lastra la Escritura con expectativas irrazonables. Sin embargo, entendidos bajo sus propios términos, estos relatos no se contradicen entre sí. Por el contrario, resultan notables por el asombroso grado de correlación entre ellos.

## El milagro de la Escritura

En ese sentido, la Biblia no es un libro mágico que bajó flotando del cielo a la tierra plenamente formado, encuadernado en piel y con un índice y todo. No existe independientemente de las circunstancias y las influencias históricas de las muchas manos que la escribieron.

Si Dios ha optado por transmitir algo divino por medio de su palabra escrita, después ha decidido transmitirlo a través de los siglos por medio de escritores humanos ordinarios y de procesos imperfectos. Esto significa que ha quedado un arduo trabajo pendiente para que las generaciones posteriores recuperen los manuscritos más confiables, reúnan los textos originarios e intenten comprender el contexto histórico y religioso en el que fueron escritos originariamente.

A pesar de todo, una vez se ha completado ese trabajo (y además *meticulosamente*), descubrimos algo asombroso.

Lo que realmente señala la Biblia como algo inusual es que, a pesar de ser el producto final de muchos escritores distintos que escribieron en momentos y lugares muy diferentes entre sí (y de los nuestros), sigue contando un relato históricamente coherente y temáticamente unificado.

Quizá lo que resulta incluso más notable es que ha podido transmitir, infaliblemente, el significado y la sabiduría de esa historia a distintas generaciones y en partes diferentes del mundo. Ha habido amplios grupos de personas cuyas vidas se han empapado de las palabras de la Biblia y que, en consecuencia, han podido localizarse a sí mismas y su propósito dentro de una gran narrativa de lo que significa ser humanos.

Este es el milagro de la Escritura. No es un truco de salón como encontrar una ecuación científica predicha en sus páginas (como quisiera un nuevo ateo como Peter Atkins). No tiene la capacidad mágica de existir herméticamente aislada de los procesos normales del tiempo y de la historia (como les gustaría creer a algunos cristianos). El milagro de la Escritura consiste en que ha hablado, y sigue hablando, a cada generación, lugar y época en la que ha estado presente. Al hacerlo, su mensaje ha transformado a individuos, naciones e imperios.

Este es el motivo por el que James Orr, habiéndose sentido intrigado cuando era estudiante por el descubrimiento de un Jesús de Nazaret real, histórico, quiso probar si el Cristo de la historia era también el Cristo de nuestros tiempos.

Tras licenciarse y embarcarse en una prometedora profesión como abogado, James siguió formulándose preguntas existenciales sobre el propósito de su vida. La víspera de Año Nuevo de 2002 formuló una oración escéptica (y, como él admite, después de haber bebido más de la cuenta) pidiendo a Dios que, si estaba ahí, se le revelase. James dice que, notablemente, desde la mañana siguiente y durante los dos meses siguientes, experimentó una serie de respuestas a sus oraciones muy específicas e inusuales. «Llegué al punto en el que me resultaba irracional negar el peso acumulativo de estas coincidencias».[40]

Esas señales se interrumpieron casi tan repentinamente como empezaron, pero condujeron a James a investigar las evidencias del cristianismo con un vigor renovado, devorando libros especializados a la par que leía la Biblia. En ese momento no estaba vinculado con una comunidad eclesial ni conocía a cristianos profesantes, pero aun así su estilo de vida empezó a cambiar drásticamente. Desapareció su deseo de beber alcohol y de fumar. Las personas que lo rodeaban percibieron la diferencia. Su repentino cambio de conducta resultó "preocupante" para sus familiares y sus amigos.

Sin embargo, dentro de James se había encendido algo. El Jesús de la historia que había cautivado su interés intelectual, empezó ahora a perfilarse como el mismo Dios que lo conducía inexorablemente hacia la fe cristiana. Al final James se convirtió en parte de una comunidad eclesial, donde conoció a otros que habían realizado viajes parecidos al suyo. Le parecieron "auténticos". «En esa comunidad había algo que la dotaba de una autenticidad intrínseca», dice.

Por medio de una serie adicional de circunstancias providenciales, al final James se vio llamado a abandonar su carrera de Derecho y cursar un posgrado en Filosofía de la Religión en Cambridge. Irónicamente, el auge del nuevo ateísmo en esa época alimentó también su cambio de orientación profesional. «Me quedé asombrado por la inconsistencia de sus argumentos», recuerda.

Hoy día, James sigue desempeñando su rol como miembro de la Facultad de Teología de la Universidad de Cambridge. Dicho sea de paso, forma parte de un grupo de académicos de Cambridge que volvieron a emitir una invitación de investigador residente a Jordan Peterson (la invitación previa había sido rescindida controvertidamente), lo cual permitió al psicólogo proseguir con sus estudios en literatura bíblica en esa institución.

## El mito hecho realidad

A pesar de que actualmente la Biblia está disponible en todo tipo de formatos digitales y físicos, la nuestra es la generación de los últimos siglos que más desconoce su contenido. Por este motivo, es razón de ánimo ver

40. Las citas en toda esta sección proceden de una entrevista personal con James Orr.

que las críticas superficiales de los nuevos ateos se están viendo remplazadas por un aprecio renovado por la Biblia en sectores seculares, gracias a pensadores como Peterson, Murray y Haidt. Aunque estos personajes no crean en su inspiración divina (Peterson, no obstante, se acerca bastante a describir la Biblia en términos milagrosos), al menos recuerdan a sus abultadas audiencias la manera en que la Escritura ha moldeado la cultura y la deuda que tenemos con ella.

Pero quiero presionar un poco más a estos intelectuales.

Sin duda, la Biblia es una tremenda fuente de sabiduría antigua. También es indudablemente la destilación de miles de años de mitos[41] y sentido en una narrativa cautivadora. Y, tal como destacan ellos, en sus páginas encontramos supremos ejemplos psicológicos de sacrificio, heroísmo y amor, que han sido fuente de inspiración para millones de personas.

Pero ¿qué pasaría si, en palabras de C. S. Lewis, en su personaje central «el gran mito se hiciera realidad»?[42] Y es que es solo si combinamos la profundidad psicológica de la Escritura con fundamento histórico de la persona de Jesucristo, podemos explicar realmente el impacto extraordinario que esta biblioteca ha tenido en el mundo.

Pensemos en esos relatos inolvidables sobre hijos pródigos y buenos samaritanos; en las incomparables enseñanzas de Jesús sobre el perdón, la gracia y el amor; en el mandamiento radical de amar a los enemigos; en su disposición única a tocar a los intocables y amar a los indignos de amor. Las palabras y los actos de Jesús en la Escritura son lo que más ha moldeado la historia.

Pero esto implica más que solo una buena enseñanza moral. El motivo de que la Biblia haya cambiado el mundo es que su palabra escrita ofrece evidencias de una "Palabra viva" personal que aún hoy podemos encontrar.

Durante una de mis conversaciones con Douglas Murray, lo desafié a que me diese un motivo por el cual seguía siendo un ateo agnóstico a pesar de su aprecio por el valor cultural del cristianismo y de la Biblia. ¿Qué haría falta para inducirlo a creer? Murray contestó: «Tendría que escuchar una voz».[43]

---

41. Cabe destacar que la palabra "mito" no significa necesariamente "legendario" o "falso", sino que estos pensadores la usan más a menudo para denotar una verdad sobre la realidad que se cuenta a través de historias que tienen una naturaleza primariamente simbólica o poética.

42. C. S. Lewis, *God in the Dock: Essays on Theology and Ethics*, ed. Walter Hooper (Grand Rapids, MI: Eerdmans, 1970), 67.

43. "Douglas Murray: What Would It Take for Me to Become a Christian?", 14 de enero de 2020, de *Unbelievable?*, video, https://www.youtube.com/watch?v=_Nbi9oh3Hag.

Muchos cristianos también agradecerían una voz resonante de los cielos que de vez en cuando confirmase su fe vacilante. Sin embargo, yo diría que todos nosotros, incluyendo a Murray, tenemos acceso a la voz de Dios de una forma muy poderosa. Espero que Murray examine una vez más la Biblia, no solo por su valor psicológico y literario, sino por su estatus histórico. Porque cada vez hay más evidencias históricas de que los Evangelios transmiten fielmente las palabras y la historia real de Jesús de Nazaret, palabras que, como admite el propio Murray, han moldeado milagrosa e irrevocablemente todo aquello del mundo que él valora. ¿Podría pedir una voz más clara?

Las historias de David Suchet, James Orr e incontables otros demuestran que ese libro no se puede coger, admirar y, simplemente, dejar a un lado. La historia misma pivota sobre la realidad de la vida, la muerte y la resurrección de Jesucristo. De algún modo, en él todas las esperanzas, los sueños y los temores de la humanidad encontraron otrora su punto de contacto, y siguen haciéndolo hoy. Esta es, después de todo, la premisa radical que ocupa el centro de toda la historia bíblica.

# Capítulo 5

# LA HISTORIA ALTERNATIVA DE LA CIENCIA

¡Por fin iba a pasar! Empezaba la partida... Richard Dawkins había respondido afirmativamente a mi *email*.

En este libro ya he mencionado unas cuantas veces el nombre de este famoso biólogo. En calidad de ser uno de los ateos más destacados del siglo XXI, su nombre también se invoca frecuentemente cuando modero debates sobre la ciencia, la fe y la creencia. Sin embargo, a pesar de algunas apariciones pasajeras en el pasado, nunca había tenido la ocasión de traerlo a mi programa para realizar una interacción idónea entre ciencia y fe. Hasta ahora. Esta vez hablaría de su área de conocimiento durante una conversación dilatada sobre biología, creencia y COVID junto con otra estrella del mundo científico, Francis Collins.

En el campo de la biología, Collins está a la altura de Dawkins. Genetista renombrado, dirigió el Proyecto del Genoma Humano, el primero en secuenciar el ADN del cuerpo humano completo. Hace poco dejó su cargo como director del Instituto Nacional de Salud de Estados Unidos, después de dirigir la respuesta de este ante el COVID y, en el momento de nuestra conversación, acababa de ser nombrado asesor científico del presidente estadounidense.

Sin embargo, mientras que Dawkins es el ateo más destacado del mundo, Collins es un cristiano profesante que fundó BioLogos, una organización dedicada a demostrar la armonía entre ciencia y fe. Su libro superventas *¿Cómo habla Dios? La evidencia científica de la fe* fue un contrapunto a *El espejismo de Dios* de Dawkins, y defiende la racionalidad del cristianismo desde la ciencia, la razón y la experiencia.

Todo el que esperase un debate explosivo entre ambos se habría quedado decepcionado. Quedó de relieve el respeto mutuo que sentían como colegas científicos; Dawkins preguntó a Collins sobre su experiencia en asuntos específicos de genética y Collins enfocó la conversación como un encuentro amistoso entre dos viejos adversarios pugilísticos.

Dawkins también agradeció calurosamente a Collins la asistencia médica que había dispensado a un amigo común, Christopher Hitchens, durante su enfermedad terminal. Collins pudo añadir varios meses a la vida de Hitchens mediante el análisis genómico y el tratamiento de su cáncer esofágico. No es de extrañar que Hitchens se refiriese a él como «el mejor de los fieles».[1]

La conversación entre Dawkins y Collins tocó toda la gama de preguntas sobre ciencia y fe: si la evolución se puede reconciliar con Génesis, por qué Dios permite el sufrimiento, cómo desarrollamos nuestros instintos morales y si un científico puede plantearse la posibilidad de los milagros.

Fue cuando tocaron las preguntas más profundas sobre el propósito cósmico cuando emergieron las diferencias más fundamentales entre los dos científicos.

Collins planteó la pregunta de cuál fue el origen del universo; de hecho, ¿por qué existen las leyes naturales y la realidad física? ¿Por qué las leyes físicas que gobiernan el universo parecen estar tan bien coordinadas como para producir criaturas vivientes y conscientes como nosotros? ¿Podría estar la explicación en un diseñador último?

A menudo Dawkins ha afirmado que la ciencia y la razón, de forma natural, señalan al ateísmo. Pero cuando se lo confrontó con la apariencia de un diseño en la arquitectura fundamental del universo, admitió que era «lo más cercano a un buen argumento» para la existencia de Dios. Al responder a él, Dawkins admitió que su posición se basaba más en sus preferencias personales que en una respuesta puramente científica o racional:

> Supongo quizá que ambos lo abordamos siendo un tanto emocionales… No, "emocional" no es la palabra… una cierta presuposición. Como alguien profundamente empapado de evolución, me enamora la idea de que es posible explicar cosas complejas en términos de cosas simples… Y esta es una idea hermosa: que inventar algo grande y complejo (algo que Dios, si existe, debe ser) mete una

1. Christopher Hitchens, "Unanswerable Prayers", *Vanity Fair*, 2 de septiembre de 2010, https://www.vanityfair.com/culture/2010/10/hitchens-201010.

> enorme y maldita llave inglesa en el hermoso engranaje de ese concepto darwiniano.[2]

Es muy cuestionable que Dios sea una explicación "compleja" como imagina Dawkins. Pero su admisión de una presuposición sobre cómo siente que *debería ser* la realidad, y por qué entonces excluye una explicación divina, es una reflexión honesta sobre el hecho de que todos aportamos a la mesa más que nuestras facultades racionales a la hora de sopesar las evidencias.

Dawkins vaciló en calificar su sentimiento como "emocional". Pero algunos no llegan tan lejos. En un pasaje muy franco sobre el ateísmo y la religión, el famoso filósofo Thomas Nagel estuvo dispuesto a admitir que su incredulidad no era una mera respuesta racional a las evidencias: «No se trata solo de que no crea en Dios y, como es natural, espero estar acertado en lo que creo. ¡Se trata de que espero que no exista Dios! No quiero que haya un Dios; no quiero que el universo sea así».[3]

## La ciencia es neutral; los científicos, no

Los filósofos y los científicos son tan humanos como todo el mundo. Cuando los científicos entran en un laboratorio para hacer un experimento, no se despojan repentinamente de todos los prejuicios, supuestos y preferencias que llevan consigo en la vida cotidiana. Aunque el método científico que emplean contribuye a que los resultados de sus experimentos sean objetivos (el pH del agua pura siempre será 7, tanto si votas a los republicanos como a los demócratas), esto no quiere decir que sus propias creencias sobre cómo es (o debería ser) el mundo no influyan en su manera de interpretar y aplicar esos resultados.

En su libro esencial *La estructura de las revoluciones científicas*, el filósofo de la ciencia Thomas Kuhn señaló (con una cita ya famosa) la manera en que a menudo los científicos se apegan empecinadamente a sus teorías favoritas, incluso cuando se acumulan las evidencias en contra de ellas. Un ejemplo notable de esto es la manera en que el modelo de la física newtoniana dio paso a la teoría de la relatividad general de Einstein en

2. "Richard Dawkins and Francis Collins: Biology, Belief and Covid", 20 de mayo de 2022, *The Big Conversation*, temporada 4, episodio 1, video, https://www.youtube.com/watch?v=SQ3EU58AzFs.

3. Thomas Nagel, *The Last Word* (Nueva York: Oxford University Press, 1997), 130.

el siglo xx. Einstein cambió por completo nuestra manera de entender la gravedad en las escalas más grandes posibles, y preparó el camino para una nueva física del universo. Sin embargo, en cada etapa, los científicos que defendían el viejo orden de la mecánica newtoniana se resistieron a las nuevas interpretaciones. Incluso en su época, Einstein rechazó algunas ideas dentro de la mecánica cuántica (como el principio de incertidumbre) simplemente porque se negaba a creer que el universo se comportase de ese modo.

Kuhn ha señalado que las revoluciones científicas solo tienden a arraigar una vez el grado de las evidencias se vuelve aplastante o cuando mueren los miembros de la vieja guardia. Tal como sostiene el dicho, la ciencia progresa funeral tras funeral.

De igual manera, en diversos momentos del pasado, la ciencia se ha usado para justificar el racismo, la eugenesia y la esterilización forzosa. La mera aplicación del método científico no erradica los prejuicios de los científicos. Como cualquier otra área de estudio, la ciencia es una empresa muy humana, caracterizada por los prejuicios y las presuposiciones de quienes participan de ella.

De modo que no es de extrañar que, a pesar de la frecuente afirmación de ser objetivos, neutrales y basados en las evidencias, los científicos también interpreten el mundo a través de un conjunto de lentes casi teológicas.

En el capítulo anterior presenté a Peter Atkins, profesor emérito de química en la Universidad de Oxford. Este ateo es bien conocido por su estilo presuntuoso en los debates, que lo lleva con frecuencia a burlarse de las afirmaciones de fe de los científicos creyentes, tachándolas de «pensamientos ociosos», «paparruchas» o cosas peores. Los invitados con quienes lo junto suelen estar preparados para esa actitud teatral, y no les cuesta pasar por alto los comentarios maleducados.

En cierta ocasión lo invité a debatir sobre el origen de las leyes del universo junto a Hugh Ross, destacado astrofísico cristiano. Ross, fundador de la organización de ciencia y fe Reason to Believe (Razones para creer), arguye que las propiedades del universo (su principio en el tiempo y el grado extraordinario en el que parece estar sintonizado con precisión para permitir la existencia de la vida) son evidencias de un creador por detrás del cosmos. Por supuesto, Atkins discrepó y contraatacó con su franqueza retórica habitual.

Al final pregunté a Atkins qué tipo de evidencia podría inducirlo a pensar que quizá exista Dios. ¿Había alguna grieta en su armadura atea? Por ejemplo, ¿y si las estrellas del cielo se dispusieran de forma que se leyera: «Peter, por favor, que ya es hora: cree en mí»?

«Diría que me he vuelto loco», respondió Atkins.

«En ese caso, parece que no hay ninguna evidencia que pudiera persuadirlo a dejar de ser ateo», comentó Ross.

«Para ser sincero, creo que es exactamente así», replicó Atkins.[4]

Creo que la respuesta sincera de Atkins es reveladora. Seguramente yo podría haberle dado una docena más de evidencias hipotéticas a favor de la existencia de Dios, y él las habría refutado con explicaciones naturalistas parecidas. ¿Un profeta cristiano te predijo todo lo que te ha sucedido durante las últimas veinticuatro horas? Cuestión de suerte. ¿Un ciego de toda la vida recupera la vista delante de ti? Cosas más raras han pasado. ¿ Jesús se aparece en la misma habitación y te pide personalmente que creas en él? Debo estar soñando.

Incluso aquellos que afirman «fiarse de las evidencias» pueden haber levantado barreras invisibles que nadie puede atravesar. Hay ciertos tipos de explicación que, simplemente, no tienen intención de plantearse.

El problema no radica necesariamente en la calidad de las evidencias presentadas; se centra en el filtro interpretativo usado para procesar esa evidencia. Como Dawkins, Atkins cree en el materialismo científico: que toda la realidad es reductible, en el fondo, a las fuerzas impersonales de la biología, la química y la física. La cosmovisión de Atkins también se podría definir como "cientificismo", según el cual las únicas explicaciones plausibles son físicas, científicas. Su compromiso *a priori* con una cosmovisión puramente naturalista significa que las explicaciones sobrenaturales están fuera de toda consideración. La presentación de más evidencias no lo hará inmutarse. Para que Atkins dejase de ser ateo sería necesario sin duda algo totalmente distinto.

Pero si mantenemos una mente abierta y nos negamos a permitir que la razón se alíe con el cientificismo, descubriremos que el progreso de la ciencia nos proporciona en realidad muchísimas evidencias que apuntan hacia Dios, no hacia el ateísmo.

## La mitología científica

La ciencia es el campo de batalla primario en el que el nuevo ateísmo lanzó su ofensiva contra la creencia cristiana. Hay que admitir que las formas simplistas

4. "Hugh Ross vs. Peter Atkins: Debating the Origins of the Laws of Nature", 10 de agosto de 2018, *Unbelievable?*, video, https://www.youtube.com/watch?v=hVCVt-dvVOc.

y fundamentalistas del cristianismo han dado a los nuevos ateos mucho material con el que trabajar, y la investigación demuestra que la creencia religiosa entre los científicos es más escasa, habitualmente, que la del público general.

Sin embargo, el porcentaje real de científicos que profesan creer en Dios se ha mantenido relativamente estable durante los últimos cien años. Una encuesta realizada en 2009 por Pew Forum demostró que el 51 por ciento de científicos de Estados Unidos cree en cierta forma de deidad o de poder superior.[5] Los resultados fueron parecidos en encuestas realizadas en 1914 y en la década de 1990.

A pesar de todo, "la tesis del conflicto" (la historia de que la ciencia y la religión siempre han mantenido una oposición mutua) parece estar bien atrincherada en la mente popular. El Pew Research Center informó en 2010 que el 56 por ciento de estadounidenses cree que existe un conflicto entre ciencia y religión.[6] De igual manera, un estudio de 2002 indicó que el 57 por ciento de británicos piensa que la ciencia es incompatible con la religión.[7]

Estas estadísticas no resultan sorprendentes teniendo en cuenta cuánto tiempo en antena acapara la "tesis del conflicto" en los medios populares. Después de todo, ¿no persiguió la iglesia a Galileo por decir que la Tierra giraba alrededor del Sol? La concepción que tienen los cristianos de la creación y de la edad de la Tierra, ¿no contradicen la teoría de la evolución? Y la lista sigue y sigue.

Sin embargo, una ligera investigación histórica revela enseguida que estos supuestos conflictos se tergiversan a menudo en la esfera pública.

El juicio contra Galileo Galilei en 1633 es un caso destacable. Sí, a Galileo lo censuró la Iglesia católica romana por fomentar el concepto copernicano del heliocentrismo, pero los historiadores han señalado que Galileo no contribuyó en gran cosa a defender su causa.

En la época de Galileo, la iglesia era la patrocinadora principal de la investigación científica. El papa Urbano VIII había sido amigo y patrón de Galileo, y estuvo dispuesto a permitirle publicar sus conclusiones con la condición de que Galileo admitiese que de momento no era más que una

5. David Masci, "Scientists and Belief", *Pew Research Center*, 5 de noviembre de 2009, https://www.pewresearch.org/religion/2009/11/05/scientists-and-belief/.

6. Courtney Johnson, Cary Lynne Thigpen y Cary Funk, "On the Intersection of Science and Religion", *Trend*, Pew Charitable Trusts, 9 de febrero de 2021, https://www.pewtrusts.org/en/trend/archive/winter-2021/on-the-intersection-of-science-and-religion

7. Nick Spencer y Hanna Waite, *"Science and Religion": Moving Away from the Shallow End* (Londres: Theos, 2022), executive summary, https://www.theosthinktank.co.uk/cmsfiles/Science-and-religion-2-Exective-summary.pdf.

hipótesis. La teoría de Copérnico seguía siendo materia de debate en aquellos tiempos, y el papa sostuvo que debía presentarse al mundo como tal. Sin embargo, Galileo (que a decir de todos solía hacerse enemigos cuando no tenía necesidad de ello) optó por publicar su obra sin semejantes cortapisas, y a modo de provocación puso las objeciones del papa en labios de un zoquete llamado Simplicio.

El juicio contra Galileo tuvo tanto que ver con su personalidad y con la política como con la ciencia y la fe. Y lejos de ser condenado a languidecer en prisión después de una tortura de regusto inquisitorial, la sentencia de Galileo consistió en someterse a arresto domiciliario en el entorno cómodo de su propia villa, donde siguió disfrutando de la vida recibiendo a invitados, investigando y publicando su obra científica.

En siglos más recientes, el debate entre evolución y el relato creacional bíblico se ha expuesto como un ejemplo parecido del conflicto entre la iglesia y la ciencia establecida. Sin embargo, una vez más, los problemas siempre se esconden en los detalles.

Por lo general, la teoría de Darwin fue bien recibida por la iglesia de Inglaterra en aquel momento. Los conflictos más famosos, como el debate de 1860 entre el obispo Samuel Wilberforce y el protegido de Darwin, Thomas Huxley, deben más a unas personalidades desmedidas que al deseo por parte de la iglesia de rebatir la teoría. Incluso antes de la teoría de Darwin había enseñanzas —que se remontaban incluso a Orígenes y a Agustín, en los siglos III y IV— que permitían una interpretación alegórica del relato de la creación y un lapso de tiempo dilatado para la aparición de la vida en la Tierra. El movimiento creacionista de la Tierra joven, que ha sido blanco de buena parte de la ira de los nuevos ateos, es un movimiento relativamente moderno que en realidad solo obtuvo prominencia a mediados del siglo XX.

Muchos de estos conflictos han sido exagerados por quienes desean fomentar la ciencia como aliada del ateísmo, no de la fe. Pero cabe tener en cuenta que ni Galileo ni Darwin eran ateos. Darwin se desplazó hacia el agnosticismo durante su vida, pero objetó severamente a quienes intentaban conectar a la fuerza el ateísmo con la ciencia. Y a pesar de sus desacuerdos con la iglesia, Galileo siguió siendo toda su vida un católico romano que no veía contradicción entre la ciencia y la fe, y que escribió: «A Dios se lo conoce... por la naturaleza en sus obras, y por la doctrina en su Palabra revelada».[8]

8. Galileo Galilei a la gran duquesa Cristina de Toscana, 1615, Internet Modern History Sourcebook, Bard College at Simon's Rock, https://digitalcommons.bard.edu/sr-instruct/97/.

## La historia real de la ciencia

De igual manera que los pensadores seculares han estado distanciándose de las críticas simplistas que hizo el nuevo ateísmo a la Biblia, la historia y el valor de la religión, también hallaremos una visión alternativa de la ciencia entre muchos pensadores críticos, algunos de los cuales se ven sorprendidos por la dirección que parecen estar señalando las evidencias.

El punto de partida más evidente es la historia de la propia ciencia. Muchos escépticos asumen que la revolución científica se produjo cuando la Ilustración permitió que la razón se liberase de las cadenas de la superstición religiosa. Pero esta idea está lastrada con tantos prejuicios y es tan ahistórica como los relatos exagerados sobre Darwin y Galileo que ya hemos comentado. En realidad, estos dos hombres edificaron sobre los cimientos de una revolución científica que fue producto directo de la tradición judeocristiana. Y todos los arquitectos principales de esa revolución creían firmemente que su ciencia era un don de Dios.

Por lo que respecta a los creyentes devotos que fueron los pioneros de la revolución científica, son demasiados como para elegir algunos. Por mencionar solo unos pocos del siglo xvii, podríamos empezar con Francis Bacon (considerado discutiblemente como el fundador del método científico) junto con Johannes Kepler, Robert Boyle, Isaac Newton y Blaise Pascal. También estuvieron Gottfried Leibniz, Antoine Lavoisier y Carl Linneo en el siglo xviii. Michael Faraday, James Maxwell y Louis Pasteur se cuentan entre muchos en el siglo xix. La historia de la ciencia está repleta de científicos pioneros que eran creyentes devotos.

Lo que es importante es que los historiadores de la ciencia están de acuerdo en que esos hombres no solo repetían como un eco una fe que les había heredado su cultura, sino que genuinamente percibieron el universo y la empresa científica a través de una mirada cristiana. John Hedley Brooke escribe:

> Cuando los filósofos naturales se referían a las *leyes* de la naturaleza, no eligieron alegremente esa metáfora. Las leyes fueron el resultado de la legislación de una deidad inteligente. Así, el filósofo René Descartes (1596–1650) insistió que estaba descubriendo «las leyes que Dios ha insertado en la naturaleza». Más tarde, Newton declararía que la regulación del sistema solar presuponía «el consejo y el dominio de un Ser inteligente y poderoso».[9]

9. John Hedley Brooke, *Science and Religion: Some Historical Perspectives* (Cambridge, Reino Unido: Cambridge University Press, 1991), 19.

Rodney Stark escribe:

> La imagen cristiana de Dios es la de un ser racional que *cree en el progreso humano*, y que se revela de forma más plena cuando los humanos *obtienen* la capacidad de comprender mejor. Además, dado que Dios es un ser racional y el universo es su creación personal, tiene necesariamente una estructura racional, legítima, estable, *que aguarda el aumento de la comprensión humana*. Esto fue clave para muchas empresas intelectuales, entre ellas el auge de la ciencia.[10]

Incluso el filósofo Friedrich Nietzsche, ateo confeso que despreciaba la fe cristiana, escribió:

> Una ciencia "sin presuposiciones" no existe... antes que nada debe haber siempre una filosofía, una "fe", de modo que de ella la ciencia puede adquirir su dirección, un significado, un límite, un método, un *derecho* a existir... Los hombres de conocimiento modernos, los sin Dios y los contrarios a la metafísica, también nosotros derivamos *nuestra* llama del fuego encendido por una fe que tiene milenios, la fe cristiana.[11]

C. S. Lewis lo resumió concisamente: «Los hombres se hicieron científicos porque esperaban que en la naturaleza hubiese ley, y esperaban ley en la naturaleza porque creían en un Legislador».[12]

Para evitar que pensemos que los ejemplos de científicos que creen en Dios están relegados a siglos anteriores, podríamos reunir una lista igual de larga de entre los siglos xx y xxi, incluyendo en ella a Arthur Eddington, Werner Heisenberg y John Polkinghorne. Afortunadamente, con la llegada de una mayor igualdad y oportunidad para las mujeres en el mundo académico, también podemos añadir muchos nombres femeninos a la lista de científicos creyentes, como la matemática Katherine Coleman Goble Johnson, cuyos cálculos fueron esenciales para la navegación espacial; la astrofísica de la NASA, Dra. Jennifer Wiseman; y la pionera en la tecnología de la IA, Rosalind Picard.

10. Rodney Stark, *The Victory of Reason: How Christianity Led to Freedom, Capitalism, and Western Success* (Nueva York: Random House, 2005), 11–12.

11. Friedrich Nietzsche, *On the Genealogy of Morals* y *Ecce Homo*, trad. Walter Kaufmann (Nueva York: Vintage Books, 1989), 151–152.

12. C. S. Lewis, *Miracles: A Preliminary Study* (Nueva York: Macmillan, 1978), 106.

Ciertamente, la inmensa mayoría de ganadores del Premio Nobel en ciencia durante el siglo xx se han identificado como cristianos o procedían de la fe judía.[13] Solo una reducida minoría se han identificado como ateos o agnósticos. Además, muchos de los cristianos que trabajan en la ciencia no "nacieron" en esa creencia, sino que llegaron a esa fe meditada siendo adultos. Más tarde comentaremos algunas de sus historias.

De hecho, la idea de una batalla multisecular entre la ciencia y la fe es, en gran medida, un invento del siglo xix promulgado por John William Draper y Andrew Dickson White, dos historiadores peculiares cuyos panfletos sobre "la tesis del conflicto" se hicieron inmensamente populares a pesar de que la mayoría de los detalles históricos eran completamente falsos. Lamentablemente, muchos críticos modernos de la fe siguen regurgitando sin analizar la versión de la historia que ellos promueven, a pesar de que los historiadores la han tirado por tierra.[14]

Las raíces cristianas indiscutibles de la revolución científica y el hecho de que la mayoría de científicos de fe manifiesten una complementariedad entre su trabajo en el laboratorio y el Dios al que adoran en la iglesia indican que no existe un conflicto entre ciencia y fe, en absoluto, sino más bien entre dos cosmovisiones: el naturalismo y el teísmo. Los defensores de ambos realizan una ciencia impecable. La pregunta es: ¿cuál de estas dos cosmovisiones dota de más sentido a lo que nos dice la ciencia sobre el mundo en el que vivimos?

## El iceberg bajo nuestros pies

Esta pregunta nos lleva al segundo ámbito en el que podemos buscar una historia alternativa de la ciencia: los resultados de la propia investigación científica y los pensadores científicos que formulan preguntas difíciles a un paradigma del universo que es puramente naturalista.

El progreso de la ciencia siempre ha sido el escaparate preferido por los nuevos ateos, el lugar donde podían decir con seguridad que habían erradicado la necesidad de un Dios. Las deidades que en otro tiempo funcionaron como explicaciones para las estaciones, las cosechas y los fenómenos

13. Baruch Aba Shalev, "Religion of Nobel Prize Winners", *100 Years of Nobel Prizes*, 3ª ed. (Los Angeles: Americas Group, 2005).

14. Para un análisis excelente de la influencia de Draper y White, recomiendo David Hutchings y James C. Ungureanu, *Of Popes and Unicorns: Science, Christianity, and How the Conflict Thesis Fooled the World* (Nueva York: Oxford University Press, 2022).

meteorológicos, de los que dependían las culturas agrícolas supersticiosas, se han disipado cuando la ciencia ha explicado de dónde proceden realmente el viento, la lluvia y el sol. Ni siquiera el aparente diseño y la variopinta complejidad de la vida en todas sus formas necesita ya de un creador divino. Tal como lo expresó Richard Dawkins: «Darwin hizo posible que seamos ateos intelectualmente plenos».[15]

Sin embargo, el hecho de que la ciencia nos haya dado explicaciones físicas para tantas cosas que nuestros ancestros atribuían a la mano divina no significa que Dios ya no sea necesario. Lejos de ello.

Si Dios fuera solamente "el Dios de los huecos" (un ser divino que en otro tiempo se usó como un relleno explicativo de todo tipo de fenómenos, pero que al final, a medida que se descubrían explicaciones físicas, acabó siendo redundante), entonces ese Dios se podría "explicar y borrar" mediante el progreso científico. Este es el tipo de Dios que los nuevos ateos parecen tener siempre en el punto de mira.

No obstante, el progreso de la ciencia es una espada de doble filo. Cada vez que obtenemos un conocimiento nuevo sobre el mundo, nos damos cuenta de repente de lo poco que sabemos realmente de la realidad física. Como un explorador ártico que súbitamente se apercibe de que está sobre un iceberg, trazar las coordenadas de nuestro entorno físico solo nos hace darnos cuenta de cuántas cosas que no comprendemos tenemos debajo de los pies. Pero ¿se puede responder a las profundidades de la realidad que señala la ciencia con una narrativa puramente científico-materialista del universo?

## El origen de la vida

Pensemos, por ejemplo, en el ácido desoxirribonucleico. Cada parte de tu ser está compuesta a partir de este plano llamado ADN. Su famosa hélice en espiral, que identificaron en la década de 1950 Francis Crick y James Watson, contiene los ladrillos microscópicos de la vida, secuencias inmensamente largas de un código escrito con cuatro letras base: A, C, G y T.

Cada célula de tu cuerpo contiene miles de millones de estas diminutas instrucciones que, por medio de un proceso notable y complejo, pueden almacenar, copiar y transcribir la información para desarrollar células

15. Richard Dawkins, "Explaining the Very Improbable", en *The Blind Watchmaker: Why the Evidence of Evolution Reveals a Universe without Design*, ed. rev. (Nueva York: W. W. Norton, 1996), 6.

nuevas, órganos y partes del cuerpo. Estas largas secuencias están enroscadas tan comprimidas que cada célula contiene dos metros de código. Si lo desenrollases entero, el ADN en un solo cuerpo humano daría dos veces la vuelta al sistema solar.

Naturalmente, Charles Darwin no tenía ni idea del ADN ni de la genética moderna cuando propuso su teoría de cambios y adaptaciones graduales a lo largo de inmensos periodos de tiempo. Con los instrumentos a su disposición, una célula bajo un microscopio parecía un glóbulo gelatinoso, sin más. No podía saber que, dentro de ella, las generaciones futuras descubrirían un vasto mundo de máquinas microscópicas, sistemas de entrega y fábricas de producción. El código completo de ADN para la célula se encuentra almacenado en el núcleo central, que contiene más información que cualquier biblioteca en la que jamás entrase Darwin.

Dentro de la cultura popular, la mayoría da por hecho que la teoría de Darwin explica toda esa complejidad. De hecho, existen numerosos motivos por los que la teoría original de Darwin cada vez se rebate más en círculos académicos. Pero su limitación más patente es que no puede explicar de dónde provino la vida. El mero hecho de tener un proceso de evolución biológica requiere una molécula de ADN que se replique a sí misma para continuar el ciclo. ¿Dónde se originó el código fuente? Este es el problema desconcertante de la abiogénesis.

Una de las voces destacadas en el debate sobre los orígenes de la vida es el eminente físico Paul Davies, director del Beyond Center en la Arizona State University. Davies lleva décadas siendo un incordio para los nuevos ateos. Como muchos de ellos, es un divulgador científico autor de superventas, pero rechaza el análisis materialista que hacen ellos del universo y los motivos por los que nos ha producido.

Davies habla frecuentemente con un temor casi reverente del modo en que el universo parece estar "programado" para que se desarrolle la vida. Cuando lo entrevisté para preguntarle cómo comenzó la vida en el planeta Tierra, fue muy claro (aun siendo un firme defensor del proceso evolutivo) al decir que la evolución es incapaz de explicar el origen de la vida, y que Darwin mismo hizo todo lo posible por soslayar una explicación:

> Darwin nos dio una teoría de la evolución sobre cómo ha progresado la vida a lo largo de miles de millones de años, desde los simples microbios hasta la complejidad de la biosfera que vemos hoy. Pero no quería enredarse con el proceso de pasar de la no vida a la vida. Y para mí, ese es un paso mucho más grande.

> La transición desde los primeros microbios hasta lo que vemos hoy exige un enorme grado de complejidad progresiva. Pero no se compara con ese primer paso de pasar de una mezcolanza de químicos al primer ser vivo, porque casi toda la complejidad de la biosfera está en los organismos individuales, no en la ecología posterior ni en todo lo demás.[16]

La complejidad involucrada en la llegada a la vida de la primera forma viviente es realmente sobrecogedora. Cuando Stanley Miller y Harold Urey realizaron experimentos en la década de 1950 para replicar "la sopa química" de la atmósfera primigenia de la Tierra, consiguieron producir aminoácidos al hacer pasar una corriente eléctrica por una mezcla de agua, metano, amoníaco e hidrógeno. Esto se consideró un paso hacia la resolución del misterio de la abiogénesis. Después de todo, los aminoácidos son los ladrillos necesarios para crear las proteínas y, al final, el ADN.

Pero pronto se hizo evidente que el problema no estaba en producir aminoácidos, sino en disponer una serie de ellos en el orden correcto. Es la diferencia entre tener una montaña de ladrillos y construir con ellos la Catedral de San Pablo. El cálculo de la probabilidad de que esta compleja serie de información se cohesione espontáneamente arroja una cifra tan alta que compite con el número de átomos en el universo. El azar no es una opción.

Aunque se ha adelantado un buen número de hipótesis naturalistas para explicar cómo podría haberse producido el inicio de una secuencia, la mayoría de científicos admite que no tenemos la menor idea. Tal como ha escrito el químico y nanotecnólogo Dr. James Tour:

> Quienes piensan que los científicos comprenden las cuestiones de química prebiótica están muy mal informados. Nadie las entiende. Quizá algún día lo hagamos, pero ese día está muy lejano del presente… La base sobre la que nos afirmamos como científicos es tan inestable que debemos reconocer abiertamente en qué situación estamos: es un misterio.[17]

---

16. "Paul Davies and Jeremy England: The Origins of Life: Do We Need a New Theory for How Life Began?", 25 de junio de 2021, *The Big Conversation*, temporada 3, episodio 5, video, https://www.youtube.com/watch?v=R9IU2ZWrkhg.

17. James Tour, "Animadversions of a Synthetic Chemist", *Inference* 2, n.° 2 (mayo de 2016), https://inference-review.com/article/animadversions-of-a-synthetic-chemist.

Paul Davies está convencido de que las condiciones exactas necesarias para producir el primer ser vivo desafían nuestro entendimiento presente de la física. También se muestra escéptico con sus colegas científicos que asumen que la vida debe existir en otros lugares, dada la vastedad de nuestro universo. Incluso teniendo miles de millones de planetas semejantes a la Tierra en este universo, la probabilidad de una abiogénesis espontánea es casi nula. Él afirma que, para tener esa esperanza, debe existir un "principio de vida" que funcione en nuestro cosmos y que ataque la visión puramente naturalista del azar que obra con el paso del tiempo: «Desde mi punto de vista, me gustaría creer que vivimos en un universo que favorece la vida, donde existe un principio de vida que incita a la materia a vivir, en contra de la cruda probabilidad que ofrecen unas moléculas errantes; pero todavía no lo hemos encontrado».[18]

Davies no es una persona religiosa y rechaza con firmeza la idea de que Dios manipule los engranajes de los aminoácidos y los nucleótidos para crear la primera forma de vida. Pero a pesar de ello, Davies roza el lenguaje religioso cuando habla de este "principio de vida", una estructura más profunda que empuja al universo hacia el orden, la complejidad y la vida consciente:

> Si existe este tipo de principio provida, entonces hay un esquema coherente de cosas del que forma parte nuestra existencia. Así, nos inserta en el cosmos dentro de este contexto más amplio. Ahora, esto no es lo mismo que la religión, aunque algunas personas dicen que tiene un regusto religioso. Pero creo que es algo que otorga sentido a la vida humana en una dimensión bastante abstracta. Nos ofrece un sentido cósmico.[19]

Cuando escucho estas declaraciones, me viene a la mente la palabra griega *logos*. Puede significar "razón", "orden" o "principio vivificador". Nuestra palabra *lógica* viene de este término. También es famosa por ser la palabra que se usa en el primer capítulo del Evangelio de Juan para describir al Cristo preexistente de la deidad como la "Palabra" o el "Verbo" creativo, vivificador, por medio del cual se crearon todas las cosas.

Dado que el código del ADN por sí mismo equivale a un lenguaje en el que estamos escritos tú, yo y todo ser viviente, quizá no sea extraño

18. "Paul Davies and Jeremy England".

19. "Paul Davies and Jeremy England".

que, cuanto más aprendemos sobre el modo en que nuestros orígenes desafían un relato puramente naturalista del tiempo y del azar, más podamos tender hacia un "regusto religioso" al expresarlo.

## La sintonización fina del universo

El hecho de que la vida se haya desarrollado en la Tierra requiere un universo capaz de producir nuestro planeta. Esto nos lleva al siguiente gran misterio de lo que está revelando la ciencia acerca de cómo llegamos aquí. Paul Davies se cuenta también entre algunos de los físicos que señalan que, según parece, el universo "nos vio venir". Ha hablado de «un amplio consenso entre físicos y cosmólogos al respecto de que el universo está, en diversos sentidos, "sintonizado" para la vida».[20] Pero ¿qué pinta tiene un universo que se ha sintonizado con precisión para albergar vida?

Por lo general, los astrofísicos aceptan que las fuerzas y las leyes que han existido desde los primeros instantes del universo se encuentran equilibradas con una precisión infinita que ha permitido que la vida se desarrolle en el cosmos.

Si nos centramos más a fondo en la molécula de ADN, vemos que cada aminoácido está compuesto por diversos elementos químicos, el constituyente clave de los cuales es el átomo de carbono. En realidad, el carbono es crítico para innumerables aspectos de la química básica que puede sustentar la vida. Pero ¿cómo se formó el propio carbono en la historia de nuestro universo?

Es posible que hayas escuchado la expresión «todos estamos hechos de polvo de estrellas». A menudo se usa en un sentido casi místico para denotar que los elementos que constituyen la base química de la vida cotidiana emergieron, primero, del núcleo de estrellas ardientes. Los físicos nos dicen que el carbono es el resultado de una reacción de fusión en el corazón de las estrellas, en la que el núcleo de helio, compactado por las temperaturas increíblemente elevadas, se fusiona para convertirse en un núcleo de carbono.

Sin embargo, para que esta reacción produzca eficazmente las grandes cantidades de carbono necesarias, la resonancia de los niveles energéticos en este proceso de fusión debe hallar un equilibrio muy preciso, y cada uno

20. Paul Davies, "How Bio-Friendly Is the Universe?", *International Journal of Astrobiology* 2, n.º 2 (abril de 2003): 115–120.

debe tener unos valores muy específicos. Si estas cifras hubieran diferido ligeramente de las que son, se habría sintetizado demasiado poco carbono para constituir la base de la vida en el futuro.

Una coincidencia así de afortunada puede ser impresionante, pero no acaba ahí. Si profundizamos aún más en el átomo de carbono, llegando a las partículas fundamentales de las que se compone (los protones, neutrones y electrones), descubrimos un nivel aún más profundo de sintonización fina.

Para que se produzca cualquier tipo de química, la masa de protones y la masa de neutrones tienen que calibrarse con precisión entre sí. Si los neutrones fueran ligeramente más pesados, no podrían existir las estrellas que queman hidrógeno. Si tuvieran una masa ligeramente inferior, tendríamos un universo lleno de agujeros negros. En cualquiera de los dos casos, la vida no sería posible. De igual modo, la proporción entre los electrones y los protones del universo también se encuentra ajustada con exquisita precisión, dándonos un universo con carga generalmente neutra en el que la materia se puede cohesionar en lugar de verse disgregada debido a la repulsión eléctrica.

Con cada una de estas facetas de la química y la física en las que la precisión aumenta paulatinamente, la ciencia nos está demostrando que existen muchísimas otras configuraciones que podría haber adoptado el universo y que no serían idóneas para la producción de vida. Pero aquí estamos.

En el extremo más alejado se encuentran las fuerzas fundamentales del universo, como la fuerza nuclear fuerte y débil, la fuerza electromagnética y la fuerza de la gravedad. La extraordinaria precisión de estas fuerzas manifiesta que la existencia de nuestro universo, que permite la vida, se equilibra sobre el filo de un cuchillo afilado a más no poder.

Por ejemplo, si la fuerza de la gravedad variase de su valor actual tan solo en una parte por $10^{60}$ (un 1 seguido de 60 ceros), la vida no existiría. Si la fuerza fuese ligeramente mayor, la materia colapsaría hacia dentro de sí misma. Si fuera ligeramente inferior, la materia se esparciría tanto que no se podrían formar estrellas, planetas o galaxias.

Se han presentado varias analogías que expresan la probabilidad de que estas cifras manifiesten esa coherencia mutua por pura casualidad. Una de mis favoritas es la del astrofísico Michael Turner, que compara la probabilidad con lanzar un dardo desde un extremo del universo hacia una diana situada en el otro extremo y hacer un blanco perfecto en el centro.

El más impresionante de estos fenómenos cósmicos es lo que se llama "entropía inicial del universo". Esto se refiere a la distribución de la materia y la energía en el universo primitivo, que se organizó de la manera idónea, de manera que, una vez el universo comenzó con su veloz expansión, permitió la vida. La vasta, la inmensa mayoría de maneras en que se podría haber organizado, daría como resultado un universo estéril de agujeros negros. ¿Hasta qué punto era preciso ese estado inicial? Roger Penrose, físico ganador del Premio Nobel, ha calculado la tolerancia en una parte entre $10^{10(123)}$. Esa cifra es tan larga que ponerla por escrito requeriría más ceros que partículas subatómicas hay en el universo.

Fue esta aparente sintonización precisa del universo, que parece desafiar cualquier explicación naturalista, la que Dawkins admitió que tendría la mayor probabilidad de convencerlo de que puede existir un Dios. Sin embargo, se han planteado muchas objeciones (la mayoría mejor que la queja de Dawkins sobre un creador "complejo") para contrarrestar cualquier explicación sobrenatural de ese fenómeno.

El contraargumento más frecuente es la objeción del "charco", muy querida por los fans del escritor de ciencia ficción Douglas Adams, que la acuñó. Dicen que sostener que el universo fue creado para nosotros va tan desencaminado como el charco que da por hecho que el agujero fue creado para adaptarse a su forma. Como el agua que llena un agujero, la vida simplemente se adapta a las condiciones que se le presentan. Pero la propia objeción va desencaminada. Sin una sintonización precisa, no habría química desde la que la vida pudiera evolucionar. Volviendo a la analogía de Adams, no existiría un charco que especulase sobre su buena suerte, dado que no habría agua que llenase el agujero.

Otra objeción a la sintonización precisa, más sofisticada, también favorita de los fans de la ciencia ficción es la hipótesis del multiverso. ¿Y si nuestro universo no fuera más que uno entre un número potencialmente infinito de universos, cada uno de ellos dotado de su propio conjunto de leyes físicas y parámetros? Al estar en uno que respalda la vida, nos ha tocado la lotería.

Sin embargo, aunque sirve para crear argumentos estupendos en *Star Trek*, la teoría del multiverso es tremendamente especulativa. También es, probablemente, indemostrable, lo cual lleva a algunos a cuestionar si debería tratarse como teoría científica.

Más problemático para la teoría es el hecho de que el cosmos en el que nos encontramos, enorme, duradero y tremendamente ordenado, no es el tipo de universo que podríamos esperar si existiera el multiverso. En términos probabilísticos, deberíamos esperar vernos en un pequeño espacio de orden en medio de un cosmos desordenado. Que no sea así es un golpe importante contra la teoría del multiverso. Al final, en definitiva, el multiverso solo conseguiría hacer retroceder la pregunta un paso. Como han demostrado otros, el mecanismo propuesto para generar un multiverso tendría que estar en sí mismo exquisitamente sintonizado.[21]

Fred Hoyle, uno de los físicos más influyentes del siglo xx, fue la primera persona en plantear, en la década de 1950, la hipótesis de la fusión del carbono. Cuando se dio cuenta de hasta qué punto debían ser precisos los niveles de resonancia, hizo una afirmación famosa:

> Una interpretación de los hechos basada en el sentido común sugiere que un súper intelecto ha estado manipulando la física, así como la química y la biología, y que en la naturaleza no existen fuerzas ciegas de las que quepa hablar. Los números que uno calcula partiendo de los hechos me parecen lo bastante contundentes como para poner esta conclusión más allá de toda duda.[22]

Los hechos "contundentes" a los que se refería Hoyle han ido aumentando en su número y especificidad con el paso de las décadas, a medida que los físicos siguen descubriendo lo increíblemente improbable que parece ser nuestro universo que permite la vida. A medida que progresa la ciencia, nuestra existencia se vuelve más y más notable. El hecho de que estemos aquí a pesar de todas las probabilidades en contra parece clamar pidiendo una explicación.

## La cosmología del Big Bang

El siguiente misterio, quizá el mayor de todos, que sacó a la luz el progreso de la ciencia el siglo pasado es cómo llegó a existir un universo, del tipo que sea.

En 1927, el físico y sacerdote belga Georges Lemaître fue el primero en proponer el concepto de que el universo no siempre ha existido bajo su forma actual, sino que se expandió con el tiempo hasta su tamaño presente a partir de un punto infinitamente pequeño, denso y caliente en el pasado

---

21. Véase Geraint F. Lewis y Luke A. Barnes, *A Fortunate Universe: Life in a Finely Tuned Cosmos* (Cambridge, Reino Unido: Cambridge University Press, 2016) para un análisis mucho más profundo de la evidencia de una sintonización fina y hallar respuestas a la teoría del multiverso.

22. Fred Hoyle, "The Universe: Past and Present Reflections", *Engineering and Science* 45, n.º 2 (noviembre de 1981): 8–12, http://calteches.library.caltech.edu/527/2/Hoyle.pdf.

distante, al que él llamó "átomo primigenio". Poco después, las predicciones matemáticas de Lemaître quedaron confirmadas por las observaciones de Edwin Hubble, quien demostró que las galaxias se alejaban unas de otras y que el universo estaba en un estado de expansión.

A pesar de estar maravillado ante la naturaleza y las implicaciones del universo sintonizado a la perfección, Fred Hoyle, ateo toda su vida, se sintió inquieto por esta nueva teoría sobre el origen del universo. Hoyle era defensor de la teoría del estado estacionario, que sostiene que el universo físico había existido eternamente en el pasado. Hoyle se volcó a su propia teoría y lo conmocionaron las implicaciones divinas potenciales de un universo que parecía haber llegado a existir "de golpe".

Aun así, incluso cuando la observación en la década de 1960 del fondo de microondas cósmico ofreció evidencias empíricas claras de la huella de calor que dejó la expansión temprana del universo, Hoyle no quiso aceptarlas. Sostuvo esa postura hasta su muerte en 2001, siendo este otro ejemplo del modo en que la ciencia a menudo progresa de funeral en funeral. Una cosa en la que contribuyó Hoyle fue en el nombre con el que normalmente asociamos a este fenómeno. El término despectivo que acuñó en 1949 para definirlo —Big Bang (gran estallido)— ha echado raíces.

La cosmología del Big Bang pasó a convertirse en la visión consensuada en la astrofísica. Con el tiempo, las mentes brillantes de físicos como Stephen Hawking desarrollaron "teoremas de la singularidad", demostrando que, si hiciéramos retroceder el reloj unos 13 800 millones de años, encontraríamos que el universo tuvo "un primer momento", cuando apareció todo el espacio, la materia e incluso el propio tiempo.

Como es natural, las preguntas planteadas por esos cruciales descubrimientos científicos han reavivado el interés por los argumentos clásicos a favor de la existencia de Dios. Mucho antes de la llegada de la cosmología del Big Bang, teólogos y filósofos como Tomás de Aquino y Leibniz sostuvieron la existencia de una "primera causa" divina para que todo pudiera existir. Tal como temía Fred Hoyle, la cosmología del Big Bang parecía haber puesto de nuevo sobre el tapete la hipótesis de Dios.

Al igual que el misterio de la sintonización fina del universo y la naturaleza de la información del ADN, la pregunta de qué precedió al gran estallido (de dónde proviene nuestro universo) ha puesto a prueba a las mentes científicas, filosóficas y teológicas desde el momento en que se planteó. Después de todo, la idea de que el universo empezó a existir en determinado punto del pasado parece solaparse perfectamente con la visión cristiana de un Dios que creó el universo *ex nihilo*.

El filósofo cristiano William Lane Craig ha sido la voz más prolífica que ha defendido las implicaciones teístas del Big Bang. Craig ha conjugado las evidencias procedentes de la cosmología contemporánea con un argumento filosófico, propuesto por primera vez por eruditos medievales, que sostiene que, por lógica, el universo no pudo existir infinitamente en el pasado. En pocas palabras, el argumento cosmológico de Craig propone que el hecho de que el espacio, el tiempo y la materia llegaran a existir requiere una primera causa que trascienda estas tres cosas. Además, esa causa debería ser tanto poderosa (para ser capaz de crear un universo) como personal (para tomar la decisión de crear). El único candidato lógico, dice Craig, es Dios.

Naturalmente, esas conclusiones teológicas se atacan con ardor. Lo que más divide las opiniones es la pregunta de si se puede decir que el universo tuvo un principio.

En defensa de la evidencia científica de un comienzo, Craig ha defendido el teorema de Borde-Guth-Vilenkin, que afirma que todo universo que en general se ha estado expandiendo debe tener una frontera espaciotemporal pasada. Los propios creadores del teorema parecen estar divididos al respecto de sus implicaciones. Mientras que Guth niega que el teorema necesite un principio del universo, Vilenkin parece convencido de que no es así.

Algunos físicos, como Sean Carollo, cosmólogo de Caltech, han propuesto teorías alternativas que evitan ese principio de la realidad física. Sin embargo, los críticos sostienen que estas existen solo como modelos matemáticos y no satisfacen la física de nuestro universo. Otros han propuesto argumentos que dicen que nuestro universo comenzó como una fluctuación en un "vacío cuántico" preexistente. Pero esas teorías solo tienden a llevar las preguntas un paso atrás: ¿por qué existe un vacío cuántico? ¿De dónde salieron las leyes que gobiernan el ámbito cuántico y clásico de la física? Y, como preguntó una vez Hawking: «¿Qué es lo que insufla fuego a las ecuaciones?».[23]

## Los "hechos brutos" y Dios

Pocas personas están en posición de juzgar las matemáticas y la física teórica involucradas en estos debates. Sin embargo, no es difícil captar la intuición

23. Stephen Hawking, *A Brief History of Time: From the Big Bang to Black Holes* (Nueva York: Bantam Books, 1988), 174.

de que la ciencia revela constantemente un universo que es más extraño de lo que podríamos haber imaginado, y que está más intrigantemente adaptado a nuestra existencia de lo que podríamos haber previsto jamás.

Cuando entrevisté a Sean Carroll sobre estas preguntas últimas,[24] admitió que acepta que existen algunos "hechos brutos" en su propio relato de la realidad. A diferencia de muchos de sus compañeros ateos que se limitan a dar por hecho un relato naturalista de la realidad, Carroll dice que ha llegado a la conclusión al observar las evidencias. Piensa que la existencia de Dios es improbable, y que el naturalismo es una hipótesis más probable. A pesar de esto, admite que deja algunas preguntas para las que potencialmente no hay respuesta sobre por qué existen las leyes de la física o por qué siquiera existe una realidad física:

> Estoy más o menos convencido de que siempre tocaremos fondo en nuestras series de explicaciones; en algún punto tienen que acabar. Existe la tentación de pensar: «Debe haber una explicación». Pero dentro del contexto de la física moderna, esta no es la manera de pensar correcta. Cuando hablamos de la naturaleza fundamental de la realidad, hablar de causas y explicaciones no sirve de nada.

Había invitado a Carroll a conversar con el astrofísico australiano Luke Barnes. Este último es cristiano, y cree que la evidencia de una sintonización precisa y el origen del universo es coherente con la idea de que tras el cosmos hay una inteligencia. No ve motivos para que las explicaciones "toquen fondo" en el nivel del naturalismo de Carroll.

Como experimento intelectual, imaginó un escenario futurista en el que Alberta, la tataranieta de tercera generación de Einstein, ha escrito en una pizarra los principios últimos de la realidad para los mejores físicos del mundo. En palabras de Barnes, «los físicos entienden perfectamente este universo. Resolvemos el crucigrama. Está todo hecho». Después de algunos aplausos para celebrar este éxito, Barnes preguntó a Carroll si alguno de los científicos reunidos tenía alguna pregunta:

> ¿Estaría bien limitarnos a decir: «Estos son los principios últimos de la realidad. Si tienes más preguntas que trascienden la pizarra, te las

24. Las citas en esta sección de Sean Carroll y Luke Barnes proceden de "Unbelievable? Does God or Naturalism Best Explain the Universe? Sean Carroll vs Luke Barnes", 27 de octubre de 2017, *Unbelievable?*, pódcast, https://www.premierchristianradio.com/Shows/Saturday/Unbelievable/Episodios/Unbelievable-Does-God-or-Naturalism-best-explain-the-Universe-Sean-Carroll-vs-Luke-Barnes.

> guardas. Hemos llegado al final. Eso es todo»? ¿O quizá la pizarra formula preguntas para las que sigues queriendo respuesta? «¿Por qué existe un universo descrito por las notas de esta pizarra?». «¿Por qué existe la materia?». «¿Por qué obedece a leyes científicas?». «¿Por qué presuntamente todo se compone de principios matemáticos bastante elegantes y hermosos?».

Carroll respondió que Barnes tenía su propio “hecho bruto”: Dios. Y dado que Carroll no piensa que la evidencia favorezca a Dios, prefiere vivir con el misterio de sus propios hechos brutos.

Sea como fuere, parece que tanto si nos llamamos teístas como ateos, las explicaciones físicas de la realidad física tienen un punto final. El universo no puede explicarse completamente a sí mismo. Entonces, ¿nos limitamos a aceptar que nos hemos topado con la roca madre del misterio en el nivel del naturalismo, o en este punto son necesarias explicaciones más profundas? Barnes dice que Dios ofrece un grado más profundo de explicación que «nos ayuda a abordar el tema de por qué existe una pizarra».

## El milagro y el misterio de las matemáticas

A estas alturas debe ser evidente cuán extraordinario es que estemos aquí para observar el universo en el que nos encontramos. Tuvieron que pasar tantas cosas justo de la manera precisa que cualquier explicación científica-materialista de nuestra existencia que se reduzca al puro azar empieza a parecer muy poco convincente. Pero lo más notable no es solo que el universo no puede explicarse a sí mismo, sino que la propia ciencia que usamos para sondearlo tampoco puede explicarse a sí misma.

Una de las voces más relevantes en la cosmología es la del físico matemático Sir Roger Penrose, que recibió el Premio Nobel de Física en 2020. Entre los numerosos éxitos estelares de su carrera figura su trabajo con Stephen Hawking para desarrollar los teoremas de la singularidad para la gravedad y los agujeros negros en la década de 1960. Desde entonces, Penrose ha desarrollado su (muy debatida) teoría de la formación cíclica del universo y también ha centrado su atención en teorías sobre cómo interactúa la consciencia con la física cuántica.

Penrose dice que no tiene creencias religiosas. Al mismo tiempo (como Paul Davies), se resiste a que lo asocien con sus pares antirreligiosos que rechazan todo significado último en el cosmos, diciendo: «En cierto sentido, diría que el universo tiene un propósito. No está ahí solamente por casualidad... Creo que en este tema (su existencia) hay algo mucho más profundo, de lo que tenemos muy poca información en este momento».[25] De igual manera, cuando le mencioné la naturaleza de la realidad, habló largo y tendido sobre lo misterioso que es que nuestras mentes humanas limitadas posean la capacidad de mapear el universo (y nuestra presencia improbable en él).

Penrose identifica tres ámbitos de existencia separados: el mundo físico (pensemos en rocas, planetas y el universo), el intelectual (nuestros pensamientos, sentimientos y consciencia) y el abstracto (leyes matemáticas y números). Por el mero hecho de nombrar estas cosas como entidades reales, separadas, Penrose ya se había alejado del naturalismo de colegas suyos como Sean Carroll y Richard Dawkins, quienes afirman que solo existe una de ellas, a saber, el entorno físico.

Penrose pasa luego a especificar tres "grandes misterios" sobre la manera en que esos ámbitos separados se solapan e interactúan unos con otros. Primero, el hecho de que el mundo físico esté descrito con tanta precisión por el ámbito abstracto de las leyes matemáticas. Esto nos permite predecir el movimiento preciso de planetas y galaxias usando ecuaciones y números. «Las teorías matemáticas... cuando realmente las comprendemos y las entendemos bien, tiene una precisión extraordinaria»,[26] dice Penrose.

En segundo lugar, el hecho de que accedamos al ámbito intelectual cuando el mundo físico se dispone de determinadas maneras, produciendo cosas como cerebros humanos conscientes. ¿Cómo surge semejante mundo de experiencia y de pensamiento? «No es solo un asunto de computaciones complejas; aquí está pasando algo mucho más sutil».

Y en tercer lugar, el hecho de que podamos usar nuestra experiencia consciente para acceder, entender y gestionar el ámbito abstracto tremendamente complejo de la matemática. Podemos enviar a gente a la luna porque hemos descubierto un mundo de matemáticas puras que podemos aplicar al mundo físico en el que vivimos. «Está tan indirectamente conectado con nuestra existencia y nuestra manera de movernos en este mundo, con cómo la selección natural nos ha ayudado a sobrevivir y todo eso, que realmente es difícil saber cómo estas cosas tienen ese origen».

---

25. "Professor Sir Roger Penrose FRS, OM", *Humanists UK*, consultada el 2 de noviembre de 2022, https://humanists.uk/about/our-people/patrons/sir-roger-penrose/

26. Esta y las siguientes citas de Penrose proceden de "Sir Roger Penrose and William Lane Craig: The Universe: How Did It Get Here and Why Are We Part of It?", 4 de octubre de 2019, *The Big Conversation*, temporada 2, episodio 2, video, https://www.youtube.com/watch?v=9wLtCqm72-Y.

En pocas palabras, Penrose pregunta por qué la realidad se ha dispuesto de tal manera que el universo se puede mapear con precisión en el lenguaje matemático. Y ¿por qué nuestras frágiles mentes humanas están preparadas para comprender ese mapa de una forma tan notablemente productiva? Por decirlo incluso más sucintamente: ¿cómo es que, ya de entrada, podemos hacer ciencia?

Esta es una pregunta que han repetido, bajo diversas formas, otras grandes mentes. Otro físico ganador del Premio Nobel, Eugene Wigner, comentó que «resulta difícil evitar la impresión de que aquí nos topamos con un milagro». En un artículo titulado "La irrazonable eficacia de la matemática en las ciencias naturales", escribió: «El milagro de la idoneidad del lenguaje matemático para la formulación de las leyes físicas es un don maravilloso que ni entendemos ni merecemos».[27]

El propio Einstein resumió en una cita famosa este carácter fortuito diciendo: «Lo más incomprensible del universo es que es comprensible».[28] En otro lugar, en una carta a su amigo filósofo Maurice Solovine, escribió:

> Te parece extraño que me plantee la comprensibilidad del mundo... como un milagro o un misterio eterno. Bueno, *a priori* uno debería esperar un mundo caótico que la mente no pudiera comprender de ninguna manera... El tipo de orden creado por la teoría de la gravitación de Newton, por ejemplo, es totalmente distinto. Incluso si los axiomas de la teoría son propuestos por el hombre, el éxito de ese proyecto presupone un elevado grado de ordenamiento del mundo objetivo, y esto no puede esperarse *a priori*. Este es el "milagro" que se refuerza constantemente a medida que se amplía nuestro conocimiento.[29]

Paul Davies se hace eco de los comentarios de Einstein sobre la comprensibilidad del universo:

> La direccionalidad del universo va de la materia a la vida y a la consciencia (y yo añadiría a esto la comprensión). Hay una flecha de

27. Eugene P. Wigner, "The Unreasonable Effectiveness of Mathematics in the Natural Sciences", *Communications on Pure and Applied Mathematics* 13, n.º 1 (febrero de 1960): 1–14.

28. Albert Einstein, "Physics and Reality", en *Ideas and Opinions*, trad. Sonja Bargmann (Nueva York: Bonanza, 1954), 292.

29. Einstein a Maurice Solovine, 30 de marzo de 1952, en *Letters to Solovine*, trad. Wade Baskin (Nueva York: Philosophical Library, 1987), 131.

> tiempo en dirección a la comprensión. Y si este es el caso, si esto no es solo una enorme chiripa, una serie afortunada de accidentes, entonces para mí se acerca mucho a algo como un sentido o un propósito en la naturaleza... Creo que es una especie de sentimiento religioso. Es lo que Einstein llamaba «un sentimiento religioso cósmico».[30]

## Los ateos herejes

Hay términos como "milagro", "misterio" y "sentimiento religioso" que no son el tipo de palabras que normalmente asociamos con la ciencia. Pero las cuestiones que se presentan en las fronteras de la explicación física parecen obligarnos a recurrir a un vocabulario que trasciende a la ciencia. Quizá no debería sorprendernos que otros pensadores destacados parezcan estar alejándose del flagrante reduccionismo de los nuevos ateos. De hecho, las últimas décadas han producido una lista fascinante de científicos y de filósofos que se encuentran en diversos puntos del espectro entre el ateísmo y la fe religiosa.

Por ejemplo, en el libro publicado en 2012, *La mente y el cosmos*, el influyente filósofo Thomas Nagel (al que ya cité antes, cuando dijo «no quiero que haya un Dios») rebatió una visión de la vida puramente materialista. Nagel, que reconoce la sintonización fina tanto del universo como de la biología para la emergencia de la vida, dice que la naturaleza manifiesta una "teleología" (un propósito orientado a una meta) en su manera de producir vida y consciencia, que no se pueden explicar ni recurriendo al azar ni solo a las leyes de la física.

Nagel no proporciona una solución divina para este misterio; parece preferir la idea de que la propia consciencia es la fuerza impulsora primaria del universo. Nigel sigue identificándose como ateo (en tanto en cuanto no cree en Dios), pero como alguien que a pesar de ello observa un principio misterioso y de momento indefinido de propósito y de progreso que está inserto en la materia física de la naturaleza.

En un punto más alejado del espectro se halla el curioso caso de Antony Flew. Entre las décadas de 1950 y 1980, Flew fue uno de los filósofos más influyentes del mundo, pionero en un enfoque analítico que cada vez más asentó el materialismo científico como la posición *de facto* en el mundo académico. Flew fue uno de los defensores intelectuales más conocidos del

30. "Paul Davies and Jeremy England".

ateísmo en el mundo... hasta que llegó su impactante anuncio de que se había convertido al deísmo.

En su libro de 2007, *Dios existe*, explica el motivo subyacente en su dramática conversión. Como Nagel, los motivos de Flew estaban directamente vinculados con la evidencia a la que se había expuesto sobre el orden y a la complejidad que se necesita para el surgimiento de la vida. Flew escribió: «¿Cómo es posible que un universo de materia no pensante produzca seres con fines intrínsecos, capacidades reproductivas y "química codificada"? Aquí no estamos hablando de la biología, sino de una categoría de problema totalmente distinta».[31]

Aunque Flew fue más lejos que Nagel al adscribir al universo una inteligencia divina, rechazó toda sugerencia de que se hubiera convertido al cristianismo (aunque más adelante también pareció admitir el poder de algunos argumentos en defensa de la resurrección de Cristo). Su aceptación del deísmo seguía el modelo de lo que él describía como "el Dios aristotélico", una inteligencia responsable de insuflar en el cosmos orden y complejidad, pero que no intervenía directamente en los asuntos humanos: un Dios que había encendido la mecha, pero que después había dado un paso atrás dejando que la naturaleza siguiera su curso.

Las visiones tanto de Nagel como de Flew les trajeron conflictos prolongados con los nuevos ateos, que los trataron como herejes por haberse distanciado de la ortodoxia del materialismo científico. Steven Pinker criticó el libro de Nagel como «el pobre razonamiento de quien fue un gran pensador»,[32] mientras que el popularizador de la ciencia Jerry Coyne se preguntaba «si Nagel está perdiendo su capacidad crítica, o simplemente está dominado por el deseo persistente de ir a la iglesia».[33]

Antony Flew fue blanco de ataques aún más personales. Entre su anuncio en 2004 y su muerte en 2010 fue acusado en numerosas ocasiones de ser la víctima de cristianos arteros que se aprovechaban de un anciano senil. Flew rebatió muchas veces esas acusaciones, escribiendo: «Mis iguales incrédulos me han acusado de estupidez, traición, senilidad y todo lo que

---

31. Antony Flew, con Roy Abraham Varghese, *There Is a God: How the World's Most Notorious Atheist Changed His Mind* (Nueva York: HarperOne, 2007), 124.

32. Steven Pinker (@sapinker), "What has gotten into Thomas Nagel?", Twitter, 16 de octubre de 2012, 6:36 p.m., https://twitter.com/sapinker/status /258350644979695616.

33. Jerry Coyne, "Philosopher Thomas Nagel Goes the Way of Alvin Plantinga, Disses Evolution", *Why Evolution Is True* (blog), 13 de octubre de 2012, https://whyevolutionistrue.com/2012/10/13/ philosopher-thomas-nagel-goes-the-way-of-alvin-plantinga-disses-evolution/.

se les ocurra, y ninguno de ellos ha leído ni una sola palabra de las que he escrito».[34]

Cuando lo telefoneé poco después de la publicación de su libro, me reiteró su frustración. No tenía tiempo ni fuerzas para debatir con sus críticos en mi programa, pero lo enfurecía la insistencia de ellos en que el único motivo de su cambio de postura se debía a que en sus últimos años había perdido facultades.

## Los conversos científicos

Mientras Nagel y Flew representan ejemplos del espectro de pensadores que no han acabado de aceptar la fe cristiana, muchos notables filósofos y científicos han acabado convirtiéndose al cristianismo de adultos, tras toparse con un mundo que no se podía explicar solo mediante el materialismo científico.

Rosalind Picard se crio en un hogar no religioso y creció pensando que «las personas religiosas habían tirado el cerebro por la ventana».[35] Hoy, en su calidad de experta destacada en la investigación sobre la inteligencia artificial y pionera en tecnología salvavidas portátil, atribuye a Dios su pasión por la ciencia. Entonces ¿qué ha cambiado?

La conversión de Rosalind siendo adulta empezó cuando una pareja cristiana le pidió que les hiciera de canguro. Ella esquivaba sus invitaciones a la iglesia, pero le intrigó que dos personas tan inteligentes pudieran ser creyentes. Cuando la desafiaron a leer la Biblia, ella aceptó. «Empecé a darme cuenta de que ese libro contenía mucha sabiduría e inteligencia, y que no era un mero puñado de historias inventadas y estúpidas».[36]

Rosalind, estudiante sobresaliente con toda una carrera científica por delante, adoptó un enfoque lógico a las evidencias a favor del cristianismo. Para su sorpresa, descubrió que esas evidencias eran más sólidas de lo que esperaba. «Me convertí en una persona que empezó a creer no solamente

34. Stuart Wavell, "In the Beginning There Was Something", *The Times*, 19 de diciembre de 2004, https://www.thetimes.co.uk/article/in-the-beginning-there-was-something-2skcb3z8nfz.

35. "Professor Rosalind Picard: 'I Used to Think Religious People Had Thrown Their Brains out the Window'", entrevista con Ruth Jackson, *Premier Christianity*, 25 de mayo de 2021, https://www.premierchristianity.com/interviews/professor-rosalind-picard-i-used-to-think-religious-people-had-thrown-their-brains-out-the-window/4359.article.

36. "Rosalind Picard: From Atheist Skeptic to Christian Tech Pioneer", 24 de mayo de 2021, de *The Big Conversation*, temporada 3, episodio 2, video, https://www.youtube.com/watch?v=MM4tzXdZ6Xk.

en la posibilidad de que Dios existiera, sino que quizá esto era más probable que lo contrario».[37]

Al final Rosalind acabó yendo a la iglesia, donde la invitaron a tomar una decisión al respecto de Jesús. «Decidí enfocarlo como un experimento científico: si es una auténtica estupidez, no supondrá ninguna diferencia, no importará. Y si marca una diferencia, ¿no sería mucho mejor tener la mente de todo el universo, que lo sabe todo, como Señor de mi vida?». Dio ese paso y este supuso «una enorme diferencia». Sintió «una paz increíble».[38]

Rosalind ha tenido una carrera destacada como fundadora del Affective Computing Research Group en el MIT, donde ella y sus colegas han desarrollado tecnologías salvavidas portátiles que pueden monitorizar emociones y ataques. Ella dice que su trabajo ha aumentado el temor reverente que siente por Dios: «Cuanto más descubro sobre el funcionamiento de la mente humana y el sistema emocional humano, más me asombro. Me asombra cuán admirable y maravillosamente hemos sido creados, y eso me inspira».[39]

Otro famoso converso, al que presentamos al comienzo de este capítulo, es Francis Collins. Antes de comenzar su notable carrera en genética y antes de licenciarse, estudió ciencias físicas. Como en su familia no estaban afiliados a ninguna creencia o iglesia, se describía como agnóstico, diciendo: «Cuando me licencié en química física, me volví muy escéptico hacia cualquiera que quisiera hablar de cosas espirituales; mi mente era muy reduccionista. Supongo que en ese momento era un ateo despreciable».[40]

A su debido tiempo, tras reorientar sus estudios científicos hacia la biología humana, Collins decidió estudiar la carrera de medicina. Sin embargo, siendo estudiante, Collins se enfrentó a cuestiones de propósito y de sentido en las historias de los pacientes a los que visitaba durante su turno.

Una mujer anciana, que padecía una cardiopatía avanzada y se acercaba al final de sus días, dejó una huella profunda en aquel médico novel:

> En un momento dado, después de mostrarse muy comunicativa sobre lo que creía, simplemente me preguntó, de la forma más

---

37. "Atheist Skeptic to Christian Tech Pioneer".

38. "Professor Rosalind Picard", entrevista con Ruth Jackson.

39. "Atheist Skeptic to Christian Tech Pioneer".

40. Esta cita y las siguientes de Francis Collins proceden de "Francis Collins: The Christian Scientist Looking for a Covid-19 Vaccine", entrevista con Justin Brierley, *Premier Christianity*, 28 de junio de 2020, https://www.premierchristianity.com/home/francis-collins-the-christian-scientist-looking-for-a-covid-19-vaccine/1845.article.

directa: «Doctor, he compartido con usted mi fe. ¿Qué cree usted?». La pregunta me dejó fuera de combate. Se suponía que yo era un científico reflexivo, racional, que manejaba cuestiones importantes, reunía evidencias y decidía cuál era la respuesta correcta, pero no había hecho nada de eso.

En lugar de huir de esas preguntas, me di cuenta de que tenía que correr hacia ellas y plantearme cuál era una postura razonable que pudiese adoptar un ser pensante. Y, para mi sorpresa, esa postura razonable fue, en última instancia, percibir todos los indicadores de que existía un Dios creador; reconocer al final que Dios se interesaba por mí; y entonces, para rematarlo, llegar a conocer al Jesucristo histórico de una forma totalmente arrebatadora.

Eso pasó hace unos dos años, con una buena dosis de pataleos y chillidos por mi parte. Pero al final, a los 27 años, me hice cristiano, y desde entonces esa ha sido la roca sobre la que me afirmo, en términos de intentar asimilar cualquiera de esas materias profundas sobre el sentido de la vida, qué es bueno y qué es malo, cómo podemos tomar decisiones morales y cómo nos amamos unos a otros.

Muchos otros han seguido rutas parecidas. Alister McGrath, profesor de Oxford, también se describe como un «ateo agresivo» durante su juventud. Se quedó tan sorprendido como todo el mundo por su propia conversión mientras estudiaba bioquímica en la Universidad de Oxford:

Para mi consternación, empecé a darme cuenta de que las evidencias a favor del ateísmo eran mucho más débiles de lo que había supuesto. También empecé a conversar con amigos cristianos, a leer literatura cristiana, a asistir a algunas conferencias cristianas. El caso intelectual a favor de la fe era mucho más sólido de lo que había pensado. No creo que realmente entendiese el cristianismo que había rechazado siendo un hombre más joven.

Al principio, lo que me atrajo a la fe fue esta comprensión tan profunda que dotaba de un sentido mucho mayor al mundo y a mi experiencia de lo que lo hacía cualquier otra cosa. Sin duda, tenía mucho más sentido que el ateísmo. La fe tiene sentido por sí misma, pero también dota de sentido a todo lo demás.[41]

---

41. "Profile: Alister McGrath", entrevista con Justin Brierley, *Premier Christianity*, 4 de febrero de 2014, https://www.premierchristianity.com/home/profile-alister-mcgrath/670.article.

## Preguntas del tamaño de Dios

Estos son solo unos pocos ejemplos de los numerosos científicos que han pasado del ateísmo a la creencia religiosa. Muchos otros se sienten más cómodos con el difuso agnosticismo de Davies, Wigner, Nagel y Penrose, convencidos de que existe algo más que el universo material, pero reacios a describirlo en términos de un creador personal. Sin embargo, las etiquetas que prefieren (como "trascendencia", "teleología" o incluso "milagro") siguen apuntando en una dirección parecida a la de aquellos que han decidido bautizar el misterio como "Dios".

¿Por qué las mejores mentes que trabajan en las fronteras de nuestro conocimiento del universo recurren a esos términos? No solo debido a la extraordinaria complejidad implícita en la llegada a la vida de la humanidad, sino también debido al modo en que la naturaleza parece preparada de antemano para que la sondeen las mentes humanas a las que ha dado a luz. No solo se la preparó para producirnos, sino también para que la entendiésemos.

Una cita famosa de Richard Dawkins dice que «el universo que observamos tiene precisamente las propiedades que esperaríamos si, en el fondo, no hay ningún diseño, ni propósito, ni bien ni mal, nada sino una ciega e implacable indiferencia».[42] Pero las evidencias de la ciencia no parecen respaldar la afirmación de Dawkins. Por el contrario, nuestros descubrimientos científicos parecen revelar un universo desbordante de orden, propósito y sentido.

Hace miles de años, un poeta comparó el cosmos con un heraldo real que transmite noticias del rey que lo gobierna:

> Los cielos cuentan la gloria de Dios,
> y el firmamento anuncia la obra de sus manos.
> Un día emite palabra a otro día,
> y una noche a otra noche declara sabiduría.
> No hay lenguaje, ni palabras,
> ni es oída su voz.
> Por toda la tierra salió su voz,
> y hasta el extremo del mundo sus palabras.
>
> Salmos 19:1-4

42. Richard Dawkins, *River out of Eden: A Darwinian View of Life* (Nueva York: Basic Books, 1995), 133.

El salmista percibía intuitivamente que la grandeza del universo apunta más allá de sí misma. Nuestro asombro ante el tamaño, el alcance y la complejidad de nuestro hogar en el cosmos no ha hecho más que aumentar en los siglos transcurridos; la ciencia ha desplegado ante nosotros el universo del que formamos parte. Hemos descubierto capa tras capa de características deslumbrantemente afortunadas.

En el Big Bang vemos cómo comenzaron a existir el tiempo, el espacio y la materia. En la sintonización precisa y anonadante de los parámetros fundamentales del universo, la materia física se predispuso para las condiciones que permiten la vida. Entonces, en el sistema de información extraordinariamente complejo y eficiente del ADN, de alguna manera, la materia inerte se convirtió en organismos vivientes y replicantes. Aquellas primeras formas de vida condujeron a una consciencia sensible y autoconsciente como la nuestra: humanos inteligentes, reflexivos, capaces de formular los tipos de preguntas que han salpicado este capítulo hasta este punto.

Estos hechos extraordinarios nos plantean preguntas importantes: ¿por qué la materia física e inerte se tomaría la molestia de convertirse en seres vivos, complejos y conscientes? ¿Es esta una coincidencia suprema, sin más? ¿De verdad somos la consecuencia aleatoria de un proceso físico mecánico que no dirige nadie? ¿O quizá la sincronicidad que condujo a nuestra existencia se explica mejor recurriendo a una mente que trasciende el tiempo, el espacio y la materia del universo, así como sus procesos físicos?

Hasta ahora, los materialistas acérrimos siguen sin convencerse.

A menudo invocan la misma objeción que expresó Dawkins al principio de este capítulo. Al plantear a Dios como explicación, ¿me estoy limitando a sustituir un misterio por otro? Tal como encontramos en el comentario famoso de Douglas Adams, «¿no basta ver que un jardín es hermoso sin tener que creer que en él viven hadas?».[43]

Esta objeción puede ser cierta cuando hablamos de creer en las hadas, pero aun así nos gustaría encontrar al jardinero que dispuso y cuidó del jardín para nuestro disfrute, y darle las gracias. Esta es la mejor analogía del rol de Dios en este proceso. E incluso si nos cuesta describir al jardinero, o saber de dónde salió, esto no resta nada al hecho de que existen evidencias de que una persona así ha estado trabajando.

43. Douglas Adams, *The Hitchhiker's Guide to the Galaxy* (Nueva York: Pocket Books, 1981; Harmony, 1979), 118. La cita se refiere a la edición en Pocket Books.

¿Y qué hay de la objeción relacionada, la del "Dios de los huecos"? Al presentar a Dios como una explicación de los misterios de nuestro universo, ¿me hago simplemente culpable de colar a Dios en otro hueco conveniente en nuestro entendimiento científico? Una vez más, no lo creo.

Ciertamente, cuando hablamos de nubes de tormenta y de arco iris, deberíamos estar agradecidos por explicaciones científicas sobre la presión del aire y la precipitación que provoca lluvias, o la refracción de la luz que crea un arco iris. Estas son cuestiones físicas que la caja de herramientas de la ciencia está lista para abordar. Pero esas explicaciones no excluyen la idea de que Dios está detrás de los procesos físicos y del orden de nuestro universo, que permiten que el método científico haga su trabajo.

Si presiono el interruptor de la tetera y preguntas: «¿Por qué hierve el agua?», te puedo dar una respuesta sobre el movimiento de las moléculas de agua que se mueven debido a la energía del elemento calefactor. O también puedo responder: «Porque quiero una taza de té». Una respuesta es física, científica; la otra tiene que ver con el propósito. Ambas son válidas y no entran en conflicto la una con la otra. No es un tema de "huecos"; es una cuestión de explicaciones correctas.

Lo mismo se aplica a las preguntas últimas: ¿por qué existe una realidad física? ¿Por qué adopta la naturaleza tan específica que tiene? ¿De dónde vienen las leyes físicas y la lógica con las que está dotada la naturaleza? Estas preguntas no pueden ser respondidas por la caja de herramientas de la ciencia. Igual que el universo no puede explicarse a sí mismo, resulta que nuestra capacidad de hacer ciencia tampoco se puede explicar a sí misma. Igual que un microscopio no se puede enfocar en sí mismo, los "hechos brutos" del naturalismo no se pueden explorar con los procesos naturalistas, dado que lo que preguntamos ya de entrada es por qué existen esos procesos.

Afirmar que todo tipo de pregunta debe responderse mediante explicaciones científicas físicas supone defender un naturalismo de los huecos tan espurio como cualquier argumento sobre el "Dios de los huecos". Cuando los nuevos ateos cierran filas contra herejes como Nagel y Flew, que cuestionan su ortodoxia materialista, no lo hacen sobre la base de la ciencia o de la razón. Ya están comprometidos con un naturalismo *a priori* que ha excluido a Dios como explicación. La fe ciega adopta muchas formas.

Sin embargo, para los que están dispuestos a tener una mente abierta, las preguntas no han desaparecido con el progreso de la ciencia. Lejos de finiquitar la cuestión de Dios, los avances científicos parecen sugerirla tras cada nuevo descubrimiento. Y al final, las preguntas que nos quedan parecen requerir respuestas del tamaño de Dios.

Hay un dicho que se atribuye al físico Werner Heisenberg, ganador del Premio Nobel, que lo expresa bien: «El primer trago del vaso de las ciencias naturales te convertirá en ateo, pero en el fondo del vaso te espera Dios».

¿Y si los "hechos brutos" del naturalismo de Sean Carroll tienen una explicación más profunda en un hecho último? ¿Y si los "tres grandes misterios" de Roger Penrose de los ámbitos solapados —mental, físico y matemático— se pueden unificar en una mente divina? ¿Y si la mejor explicación para el asombro de Paul Davies al descubrir la direccionalidad de nuestro universo es un gran director? ¿Qué pasa si el universo dirigido a una meta, que propone Thomas Nagel, tiene tras él un gran decisor? ¿Y si la deidad desinteresada de Flew es en realidad un Dios personal que cuida de la creación a la que ha dotado de existencia?

Esta ha sido la conclusión de aquellos como Rosalind Picard, Francis Collins y Alister McGrath, quienes han recorrido todo el camino entre el ateísmo y el cristianismo. Ellos perciben las evidencias de Dios en el universo que examinan como científicos. Pero también creen que ese Dios se involucró hasta tal punto en su creación que optó por cruzar el cosmos y entrar en ella en persona.

Esta conclusión requiere indefectiblemente más que un mero enfoque científico, pero puede ser aun así una inferencia perfectamente razonable. Las evidencias de la historia, la filosofía, la teología, la experiencia personal y el testimonio de otros jugarán un papel en atraer a la fe cristiana a hombres y mujeres reflexivos. Pero para muchos, es posible que el punto de partida de su viaje se encuentre en el asombro maravillado ante la complejidad de los ladrillos más pequeños de la vida, así como ante las facetas colosales de nuestro cosmos.

# CAPÍTULO 6

# LA MENTE, EL SENTIDO Y LOS MATERIALISTAS

Uno de los mayores privilegios de presentar el pódcast *Unbelievable?* ha sido escuchar a una amplia gama de oyentes que comparten sus viajes espirituales y explican cómo las conversaciones del programa los han ayudado a iluminar su camino.

Muchos tienen una historia de "deconstrucción" ya de adultos, por la que se libraron de la camisa de fuerza de una forma de fe opresiva que un día tuvieron que llevar, para luego no conseguir hallar satisfacción en la explicación atea de la realidad. Muchos de estos están analizando de nuevo, tentativamente, el cristianismo. Otros han vivido en un paradigma escéptico durante toda su vida, pero en los últimos años han empezado a valorar de nuevo el cristianismo.

Este cambio de opinión obedece a una amplia variedad de razones.

Tenemos a Nico, quien, después de haberse criado en un hogar nominalmente católico romano, creció pensando que el cristianismo era una religión inventada. Recuerda que le parecía bien que en una librería donde trabajó, las Biblias estuvieran en la sección de "mitología". Sus profesores universitarios confirmaron lo que ya había absorbido de la cultura pop: «La religión era el opio del pueblo, una mentira creada por el patriarcado para justificar sus prejuicios y controlar a las masas».[1]

Después de licenciarse en Derecho, Nico y su esposa decidieron tener un bebé. Sin embargo, él no quería imponer a su hijo su decisión sobre Dios, de modo que decidió volver a estudiar la religión. Hizo «lo que haría cualquier milenial», y empezó a escuchar pódcast.

Cuando Nico se topó con el pódcast *Unbelievable?*, descubrió que el programa se adecuaba perfectamente a su trasfondo como abogado, dado que en

1. Nico, correspondencia personal con el autor, usada con permiso.

él las dos partes presentaban su versión. «No solo me alucinó el hecho de que en esos debates los cristianos no eran los idiotas adoctrinados que me habían inducido a pensar, o el hecho de que hubiera argumentos lógicos para la existencia de Dios, sino que me di cuenta de que al escuchar esos debates me ponía de parte de los cristianos, aunque había esperado que sería al revés».

Cuando Nico empezó a cuestionar su ateísmo, leyó un libro del filósofo católico romano Peter Kreeft, del que había oído hablar en el programa. Eso dio paso a un intercambio de *emails* con Kreeft, en los que cayeron por tierra las últimas defensas de Nico. «En ese momento ya no tenía la opción de seguir siendo ateo. Al cabo de unos pocos mensajes más, le dije que iría a una iglesia».[2]

También está el caso de Tamara, una neoyorquina que ahora vive en Escocia y que recientemente se ha convertido al catolicismo. Procede «de una familia muy secular», su esposo es ateo y ella tiene dudas frecuentes. Hay veces, escribe, que «cada uno de los escépticos que hay en Nueva York pegan gritos en mi cabeza».

Entonces, ¿por qué se ha convertido Tamara?

> La persona de Jesús; el hecho de que todas las personas que conozco desean amor, relación, conexión; el hecho de que todas las personas que conozco viven a menudo en algún punto entre la angustia, la tristeza y el querer "más" (momentos mezclados con otros de felicidad); porque las personas crean y porque la belleza es importante; porque hay moral.[3]

Y tenemos a Jacqui, que a sus setenta y pocos años dice que la marea de su fe se había retirado por completo después de haber pasado treinta años en círculos cristianos fundamentalistas, lo cual la dejó sintiéndose como «una estrella de mar varada». Afortunadamente, dice, «la marea ha vuelto a subir» durante «la segunda mitad» de su vida espiritual, gracias en parte a las contribuciones de pensadores seculares como Douglas Murray. Concluye su *email* diciendo: «Me parece que, a mis 71 años, tengo la suerte de disponer de otra mitad, ¡cuando pensaba que se había acabado!».[4]

También son muchos los oyentes de *Unbelievable?* cuyos viajes no los han llevado decisivamente a comprometerse con el cristianismo, pero lo que sí saben es que ya no son ateos.

---

2. Nico, correspondencia personal con el autor, usada con permiso.
3. Tamara, correspondencia personal con la autora, usada con permiso.
4. Jacqui, correspondencia personal con la autora, usada con permiso.

Dean, un oyente de Australia, se puso en contacto conmigo poco después de que Jordan Peterson interviniera en el programa. Es una entre las muchas personas que descubrieron el pódcast porque siguen la obra del psicólogo y se han visto influidas por su propia batalla con la fe cristiana.

Dean es un novelista con talento que trabaja como enfermero en una unidad de cuidados intensivos y que ha aparecido en el programa para hablar de su propia búsqueda de la fe. Bautizado de bebé en la Iglesia anglicana, durante su infancia estuvo expuesto a una forma nominal de cristianismo, pero cuando llegó a la edad adulta rechazó todo tipo de religión organizada.

Sin embargo, las obras y las conferencias de Peterson sobre la Biblia y sobre la manera en que el cristianismo ha fijado la brújula moral de Occidente provocaron nuevas preguntas al respecto. La propia lucha de Dean con el cáncer vertebral y su actividad en la primera línea de la vida y la muerte en la UCI lo llevaron a analizar a fondo la naturaleza del sufrimiento. Escuchar respuestas sobre estos temas en *Unbelievable?* proporcionó a Dean una nueva perspectiva sobre la fe. Él la describe como «una de las experiencias de aprendizaje más ricas que he tenido, y me estimula a ver el mundo y el lugar que ocupo en él de una forma más considerada de lo que lo hacía antes».[5]

Cada historia es única, pero todas tienen algo en común: la búsqueda de una narrativa de la vida que tenga sentido y de un propósito que el nuevo ateísmo no logró proporcionar.

Dean dice que ha superado con creces su fase atea. Ahora devora libros de filosofía y teología, pero aún no se ha sentido capaz de aceptar el cristianismo. «Intelectualmente, ya estoy allí. Pero me falta algo. Hay un ingrediente espiritual y emocional que ando buscando. Y eso me crea un problema».[6]

## La vida en una era distraída

Dean no es el único que tiene problemas para conectar las dimensiones intelectual y experiencial del cristianismo. Desde la Ilustración, la cultura occidental ha abierto un abismo cada vez más ancho entre la razón y la

5. Dean Mayes, “My ‘Unbelievable’ Journey”, 23 de septiembre de 2019, *Dean Mayes—Author* (blog), https://deanmayesauthor.wordpress.com/2019/09/23/my-unbelievable-journey/.

6. “Unbelievable? Suffering and God in the Intensive Care Unit: Dean Mayes and Dan Paterson”, 7 de enero de 2022, *Unbelievable?*, pódcast, https://www.premierunbelievable.com/unbelievable/unbelievable-suffering-and-god-in-the-intensive-care-unit-dean-mayes-and-dan-paterson/12409.article.

experiencia religiosa. Confiamos en el uso desapasionado de la ciencia, los datos y la lógica, y miramos con recelo los sentimientos, los instintos y las emociones.

Pero esta dicotomía es falsa. La parte analítica de nuestra mente existe junto a una amplia batería de facultades creadoras de sentido que nos permiten funcionar en este mundo. Estas son las partes de nuestra personalidad que responden al arte, la música, el amor y las relaciones. Esto abarca ese temor reverencial que nos provoca un cosquilleo cuando entramos en una catedral antigua, o ese vacío de miedo en la boca del estómago cuando nos enfrentamos a una malicia genuina. También se puede encontrar en las numerosas experiencias cotidianas en las que sabemos cosas sin entender necesariamente cómo.

A todos estos fenómenos se les puede dar cierto grado de explicación que pasa por la activación de neuronas en nuestro cerebro, pero también sabemos que una explicación tan reduccionista se queda corta frente al significado que en realidad tienen estas experiencias. A veces esta consciencia se etiqueta como "inteligencia emocional" o "intuición". Pero en la sociedad moderna corremos el peligro de perder esta faceta de nuestras facultades para hallar sentido.

Hasta hace poco, nuestros ancestros siempre concibieron a los humanos como una combinación de mente, cuerpo y alma. De hecho, apenas distinguían entre estas esferas. La sociedad moderna, en su prisa por entender todo en términos de explicaciones materialistas, ha socavado radicalmente este aspecto holístico de la experiencia humana. A medida que la biología, la química y la psicología han ido explicando cada vez más nuestros sentimientos, intuiciones e incluso el sentido del yo, nos hemos ido adentrando poco a poco en un vacío espiritual donde todo tiene explicación, pero nada necesariamente significa algo.

Sabemos mucho más que nuestros antepasados sobre cómo funciona el mundo, y poseemos una capacidad antes inimaginable de controlarlo mediante la tecnología, la medicina y la ciencia. Sin embargo, el índice disparado de la ansiedad y de la depresión en nuestros días sugiere que sabemos mucho menos sobre cómo vivir felices en semejante mundo.

Esto no supone menoscabar los progresos de la ciencia y de la tecnología. En sus libros *Los ángeles que llevamos dentro* y *En defensa de la Ilustración*, Steven Pinker demuestra convincentemente cómo la esperanza de vida y la exención de la violencia, hambruna y pobreza son muy superiores a las de épocas anteriores. Sin embargo, estos hechos y estas cifras no nos dicen mucho necesariamente sobre lo bien que "encajamos" en el mundo más próspero que hemos creado para nosotros mismos. La prosperidad material puede enmascarar la pobreza espiritual. En el capítulo 2, ya mencionamos el aumento masivo en el número de personas que se suicidan cada año[7] (sobre todo varones), y los estresores únicos que provoca nuestra cultura tecnológicamente conectada. Tales cosas cuentan una historia distinta a la de los hechos y las cifras de Pinker.

Ciertamente, muchos pensadores contemporáneos como Jonathan Haidt han reconocido que "la crisis de significado" es en parte un producto del auge de las plataformas de redes sociales y la tecnología que nos impiden comunicarnos de formas naturales y humanas, y que en su lugar fomentan la polarización, las teorías conspirativas y la cultura de la cancelación en las cámaras de eco de las batallas culturales tanto de izquierda como de derecha. Pero, como escribe Haidt, las mayores víctimas son "los nativos digitales" que han crecido en este mundo no tan feliz:

> Mientras que las redes sociales han erosionado el arte de la asociación por toda la sociedad, es posible que sus marcas más profundas y duraderas las sufran los adolescentes. A principios de la década de 2010 se produjo un pico en los índices de ansiedad, depresión y autolesiones entre los adolescentes estadounidenses. (Lo mismo sucedió, en el mismo lapso, entre los adolescentes canadienses y británicos). Se desconoce la causa, pero el momento en que sucedió apunta a las redes sociales como contribuyentes sustanciales; el pico comenzó justo cuando la inmensa mayoría de adolescentes estadounidenses se convirtieron en usuarios cotidianos de las principales plataformas.[8]

Vivimos en una era hiperconectada de relaciones superficiales y distracciones constantes. Nuestras mentes no están diseñadas para asimilar esa multiplicidad de aparatos, decisiones e inquietudes que copan nuestras horas de vigilia. Nuestros antepasados solo tenían que preocuparse por

---

7. Véase, por ejemplo, este informe CDC que señala un aumento del 26 por ciento en el índice de suicidios entre varones, entre 1999 y 2017: Holly Hedegaard, Sally C. Curtin y Margaret Warner, "Suicide Mortality in the United States, 1999–2017", documento de NCHS, n.º 330 (Hyattsville, MD: National Center for Health Statistics, noviembre de 2018), https://www.cdc.gov/nchs/products/databriefs/db330.htm. Si bien el índice de suicidios entre las mujeres aumentó un 53 por ciento durante ese mismo periodo, el índice de suicidios entre varones es considerablemente superior, un 22,4 por cada 100 000 (frente a 6,1 por cada 100 000 entre las mujeres).

8. Jonathan Haidt, "Why the Past 10 Years of American Life Have Been Uniquely Stupid: It's Not Just a Phase", *The Atlantic*, 11 de abril de 2022, https://www.theatlantic.com/magazine/archive/2022/05/social-media-democracy-trust-babel/629369/.

las amenazas inmediatas para su vida y su libertad. Si recibían noticias de guerras o catástrofes internacionales, normalmente les llegaban mucho después de sucedidas, y estaban muy distantes de su mundo. Hoy día sentimos toda la potencia del ciclo de noticias diarias y a menudo participamos íntimamente de las tribulaciones y las injusticias de mil millones de otros individuos a los que nunca conoceremos en persona.

En los siglos anteriores la vida no estaba desprovista de sus propios desafíos, pero también era predeciblemente aburrida y tenía sentido cuando se vivía junto a otros en las mismas circunstancias. Hoy, sobre todo a través de las redes sociales, se nos confronta constantemente con imágenes de éxito que nos impulsan a conseguir más, hacer más, *ser* más. Por supuesto, la realidad del *influencer* medio de Instagram es muy distinta de la imagen maquillada que presenta. A pesar de esto, numerosos estudios demuestran que todo grado de exposición a las redes sociales en general potencia los sentimientos de envidia, insuficiencia y aislamiento social de las personas.[9] Es difícil ignorar la ironía de comparar cómo estas plataformas se venden como herramientas de empoderamiento y conexión con la realidad de los sentimientos que producen.

Alan Noble, autor de *You Are Not Your Own: Belonging to God in an Inhuman World* (No te perteneces: La pertenencia a Dios en un mundo inhumano), presenta un análisis aciago, pero honesto, de cómo nuestra cultura se automedica para ir tirando:

> Pregunta a un padre, estudiante o empleado sincero, y te dirán que la meta de sus días es sobrevivir, "superar el día" o "ir tirando". La existencia es algo que tolerar; el tiempo, una carga que soportar. Y aunque hay momentos de alegría, en realidad no parece que nadie progrese… excepto en Instagram, lo cual nos hace sentir peor.
>
> Lo más chocante es que, a medida que nuestro estándar de vida en Occidente sigue mejorando, nuestra calidad de vida no lo hace.[10]

Sin embargo, la presión para convertir nuestras vidas en un éxito solo crea una carga intolerable que alimenta la ansiedad rampante y la búsqueda

9. Véanse estudios como el de Christina Sagioglou y Tobias Greitemeyer, "Facebook's Emotional Consequences: Why Facebook Causes a Decrease in Mood and Why People Still Use It", *Computers in Human Behavior* 35 (junio de 2014): 359–363, https://www.sciencedirect.com/science/article/abs/pii/S0747563214001241.

10. Alan Noble, *You Are Not Your Own: Belonging to God in an Inhuman World* (Downers Grove, IL: IVP, 2021), 1.

cada vez más esotérica de identidad en la cultura contemporánea. Noble escribe:

> Esta carga se manifiesta como la necesidad desesperada de justificar nuestras vidas mediante la construcción y la expresión identitarias. Pero dado que todos los demás también batallan desesperadamente por construir y expresar sus identidades, la sociedad se convierte en un espacio de competición agresiva entre individuos que luchan por la atención, el sentido y la importancia, algo parecido a lo que vemos en los *realities* televisivos.[11]

En realidad, la tecnología solo exacerba un problema que ya existía. Las semillas de nuestro malestar actual se sembraron hace mucho. Las redes sociales solo aceleran su crecimiento. El problema de fondo es que ya no poseemos la historia común que el cristianismo solía ofrecer para que las personas se identificaran como parte de ella. En su lugar, todos nos hemos convertido en entidades flotantes en un universo indiferente, obligados a inventar nuestra propia historia sobre la marcha.

Pero como veremos en este capítulo, aunque en gran medida hemos perdido la historia del cristianismo como forma de definir nuestras vidas, la marea está cambiando de nuevo. La insatisfacción con un marco intelectual naturalista (y la desesperación a la que inevitablemente conduce) impulsa incluso a los pensadores seculares a plantearse si en esto de ser humanos hay algo más que lo que creían los nuevos ateos.

## La vida en un mundo material

A medida que las nuevas generaciones procuran labrarse una identidad y un sentido en un mundo desprovisto de ambos, a menudo no son conscientes de que una narrativa alternativa ha sustituido a la historia judeocristiana. Es el murmullo de fondo, el hecho asumido, el ruido blanco de nuestra cultura presente. Es el relato *materialista* de la realidad. Esta historia concreta también se revela bajo otros nombres, como *naturalismo* y *fisicalismo*. Pero sea cual fuere el nombre, en última instancia es una historia que dice: «No hay historia».

En esta no historia, el universo salió de ninguna parte y se dirige a la extinción. Su orden y su complejidad no requieren ninguna explicación

11. Noble, 4.

más allá de su propia existencia. La energía y la materia son la realidad fundamental. Todo lo que existe se puede explicar, en definitiva, en términos de materia física, como átomos, electrones y energía. La vida y la consciencia humanas son el resultado casual de condiciones favorables en un planeta afortunado y una combinación improbable de agentes químicos y procesos físicos.

En semejante no historia, cualquier concepto de propósito, sentido, belleza y moral es una invención de las mentes humanas que las fuerzas ciegas de la biología evolutiva han elegido por su valor de supervivencia. Como tales, en el fondo son espejismos que nos imponen unas fuerzas sobre las que no tenemos control. Cuando somos el accidente feliz (o a veces infeliz) de un universo indiferente, la vida no tiene un sentido último.

¿Y cuál es el final de esta no historia? Que no habrá un «y vivieron felices para siempre». Incluso si la humanidad escapa a los confines de la Tierra antes de que nuestro sol incinere el planeta, no podemos huir para siempre de la naturaleza. A medida que nuestro universo se expanda, su energía seguirá disipándose y el cosmos se irá enfriando paulatinamente. Es cierto que tardará mucho tiempo, pero un día todos nuestros planes, propósitos y creencias humanos se extinguirán en la muerte helada del universo. Lo único que quedará será un vacío gélido, estéril, que se extenderá hasta el infinito.

C. S. Lewis comparó este relato de la naturaleza con «un barco que se hunde»; escribió: «Si la naturaleza es todo lo que existe; en otras palabras, si no hay un Dios ni una vida de algún tipo distinto en algún lugar fuera de la naturaleza, entonces todas las historias acabarán igual: en un universo del que se exiliará toda vida, sin posibilidad de que regrese. Habrá sido un parpadeo accidental, y no habrá siquiera nadie que lo recuerde».[12]

El contemporáneo de Lewis, Bertrand Russell, uno de los filósofos ateos más famosos del siglo xx, fue brutalmente sincero sobre las consecuencias del paradigma materialista:

> Que el hombre es el producto de causas que no habían previsto el fin que alcanzaban; que su origen, su crecimiento, sus esperanzas y temores, sus amores y creencias no son más que el resultado de la disposición accidental de los átomos; que ningún fuego, ningún heroísmo, ninguna intensidad de pensamiento y de sentimiento

---

12. C. S. Lewis, "On Living in an Atomic Age", en *Present Concerns*, ed. Walter Hooper, 1ª ed., EE. UU. (San Diego: Harcourt, Brace, Jovanovich, 1987), 74.

> puede preservar la vida individual más allá de la tumba; que las labores de todas las eras, toda la devoción, la inspiración, el brillo meridiano del genio humano están condenados a la extinción en la vasta muerte del sistema solar y que todo el templo del progreso humano debe inevitablemente quedar sepultado bajo los escombros de un universo en ruinas; todas estas cosas, aunque no son indiscutibles, están tan cerca de ser seguras que ninguna filosofía que las rechace puede albergar esperanzas de sobrevivir. Solo dentro del andamio de estas verdades, solo sobre el fundamento firme de la desesperación inflexible, podrá edificarse en lo sucesivo, con seguridad, la morada del alma.[13]

Tanto si se expresa tan explícitamente como en Russell como si simplemente se absorbe como el paradigma implícito de la ciencia y la academia, el materialismo es la historia de fondo que enmarca ahora la existencia de muchas personas.

La «desesperación inflexible» de Russell no es el tipo de sentimentalismo propagandístico que caracteriza a la mayoría de formas modernas del humanismo. Es mucho más probable que escuche a ateos responder: «Pero al menos podemos disfrutar de nuestro momento al sol, y aprovechar al máximo nuestras vidas breves. Quizá sean incluso más significativas porque no estaremos aquí para siempre. En un mundo carente de sentido último, debemos labrarnos nuestro propio sentido en la vida».

Sin embargo, hay una pildorita amarga más que el materialista convencido debe tragarse, y que agriará incluso este rutilante optimismo. Pero para llegar hasta ella tenemos que tomar un desvío que conduce a las profundidades de otro concepto ligeramente alucinante: el determinismo.

## Un universo que funciona como un reloj

Quizá no sea sorprendente que el materialismo científico más prominente coincidiera con la aparición de los motores de combustión y la Revolución industrial. De la misma manera que un niño puede desmontar un reloj para saber cómo funciona, los científicos de la Ilustración desmantelaban el universo y llegaban a la conclusión de que las tuercas y poleas que encontraban en él lo explicaban todo. Cuando la naturaleza y su funcionamiento

13. Bertrand Russell, *A Free Man's Worship*, 2ª ed. (Portland, ME: Mosher, 1927), 6–7.

se puede describir plenamente en función de sus partes constituyentes (esos átomos y electrones que pululan sin sentido de un lado para otro), entonces esencialmente hemos descrito una máquina.

Pero si en el fondo, la naturaleza es una máquina, entonces sus mecanismos, una vez puestos en movimiento, no necesitan de intervenciones externas para hacer lo que hacen. Los engranajes y las ruedas de la máquina funcionan solas. De igual modo, en un universo que consiste enteramente de causas y efectos físicos, no hay libertad para maniobrar o cambiar el resultado. Cada molécula existente tiene un camino que seguirá necesariamente desde el principio del tiempo hasta el final.

Esta doctrina del "determinismo" es la hermana gemela del materialismo. En resumen, afirma que cada evento físico individual (desde las órbitas de los planetas hasta los movimientos de los electrones en nuestro cerebro) sigue las leyes predecibles de causa y efecto. Por lo tanto, la forma de existencia actual de todas las cosas en el universo es el resultado directo del modo en que fueron al comienzo.

¿Qué significa esto en la práctica? Pues resulta que un montón de cosas.

Cuando conversé con el filósofo ateo Daniel Dennett, determinista convencido (y uno de los famosos "cuatro jinetes" del nuevo ateísmo), este puso el ejemplo de colocar un *putt* en un campo de golf. El golfista que no acierta a la bola puede decir: «Si repitiera el tiro, haría hoyo en un solo golpe». Ciertamente, dice Dennett, si simplemente colocase de nuevo la bola y probara otra vez, podría tener éxito en el segundo intento. Sin embargo, si hubiera alguna manera de hacer retroceder el reloj varios segundos, hasta exactamente el mismo instante, con las mismas condiciones físicas externas en el campo y exactamente las mismas disposiciones de átomos en el cuerpo y el cerebro del golfista, entonces cometería el mismo error... todas las veces.[14] Por la misma regla, a escala cósmica, tanto si haces retroceder el reloj trece segundos como 13 000 millones de años hasta alcanzar exactamente el mismo estado físico de las cosas, los eventos se sucederían de la misma manera exacta en que se han producido.

Esto es lo que significa vivir en un universo que funciona como un reloj. Todo el espectáculo funciona conforme a un guion predeterminado que no se puede cambiar, independientemente de cuánta influencia pensemos tener. El único motivo de que no podamos predecir lo que sucederá

14. Para más información, véase "Daniel Dennett vs Keith Ward: Are We More Than Matter? Mind, Consciousness and Free Will", 5 de octubre de 2018, *The Big Conversation*, temporada 1, episodio 5, video, https://youtu.be/mongL_2KMGg.

(si Tiger Woods fallará ese tiro o no) es que solo conocemos una ínfima fracción de las variables que afectan a los resultados. Pero en principio, si conociésemos la posición y la actividad de cada partícula del universo, podríamos predecir todos los resultados futuros.

El determinismo se ha convertido en una creencia cada vez más extendida, no solo entre los filósofos como Dennett, sino también entre sus seguidores, sobre todo en el mundo de la tecnología y la computación. La predicción del funcionamiento de un universo determinista era la intrigante premisa de la serie de ciencia ficción *Devs*, que se planteaba la creación de un ordenador omnisciente que pudiera trazar el mapa del pasado y del futuro con una precisión inerrante.

Por supuesto, esta cosmovisión tiene diversas consecuencias importantes. De entrada, se esfuma el concepto de la elección humana. Cuando te convierten en un constituyente más de un proceso predeterminado, ya no eres el operador a los mandos, sino un simple engranaje en la máquina. Cada pensamiento, sentimiento o decisión que has tenido no es algo que en realidad naciera de ti; fue creado por el funcionamiento inevitable de una serie de eventos físicos que conllevan la interacción entre átomos y electrones en tu cerebro, sobre la cual no tienes control alguno. Si hicieras retroceder el reloj un minuto, un día, un año o una vida, hasta exactamente el mismo estado físico, entonces cada pensamiento, sentimiento y decisión de tu vida se reproduciría de la misma manera exactamente.

Por esto, conforme a la visión determinista, el libre albedrío no existe. No podrías haber hecho nada de una forma distinta a como lo has hecho. Si tienes una vida feliz, próspera y moralmente recta, ¡felicidades! Resulta que eres el afortunado receptor de unas buenas cartas que se te repartieron desde el comienzo de los tiempos. Pero tú no has hecho nada para ganarte esa vida; es el universo quien te la dio. De igual modo, si has tenido una vida de desgracias, marcada por las malas decisiones y las tragedias, pues mala suerte: el universo te dio malas cartas. Pero no hay nada que pudieras haber hecho para cambiar esa realidad. Tu destino, sea feliz, triste o ni una cosa ni la otra, estuvo determinado desde el principio. Cada faceta de tu existencia fue predestinada por un cosmos que siguió ciegamente las leyes de causa y efecto.

Cabe destacar que Dennett y algunos otros filósofos que creen en el determinismo han intentado eludir estas aciagas consecuencias mediante la formulación de la idea del "compatibilismo". Esta dice que existen formas de libertad de primer y de segundo orden. Incluso en un universo plenamente determinado por la causalidad, los humanos siguen siendo libres en un sentido significativo, dicen, siempre y cuando nadie nos obligue a actuar en contra de nuestra propia voluntad. Que el golfista pueda como mínimo repetir el *putt* y obtener un resultado distinto significa que no tenemos que preocuparnos porque el resultado del segundo intento sea tan inevitable como el primero.

Nunca he entendido esta lógica (como Sam Harris, otro determinista notable, que tuvo una trifulca bastante sonada con Dennett debido a esta cuestión filosófica).[15] Me parece que la visión compatibilista es (citando a Kant) un «lamentable subterfugio».[16] Lo único que nos otorga es el espejismo de ser libres. Es como decir que el personaje Neo, de Keanu Reeves, debería haber aceptado que vivía en una realidad virtual generada por ordenador en *Matrix*. Después de todo, parecía bastante real, ¿no? Pero una vez has visto más allá del espejismo, no puedes olvidar que lo has visto. Si el fondo último sigue siendo el determinismo, nuestra voluntad nunca es realmente libre.

## Por qué el determinismo aplasta el humanismo

Y así volvemos a los valerosos humanistas seculares que, alegremente, nos aconsejan que debemos simplemente esforzarnos por crear nuestro propio sentido en la vida. ¿Por qué la doctrina del determinismo socava ese rutilante optimismo?

Por este motivo: ¿cómo podemos siquiera decir que creamos nuestro propio sentido de la vida, cuando carecemos de cualquier tipo de control sobre los procesos físicos que construyen los pensamientos, las costumbres y la vida que hacen de nosotros lo que somos? ¿Cómo podemos aspirar a desarrollar los nobles valores de la justicia, la compasión y la humildad que promulga el humanismo cuando todas esas virtudes están predeterminadas a estar presentes o ausentes de nuestras vidas dependiendo de las condiciones físicas que el universo quiso introducir en nuestras circunstancias, nuestro cuerpo y nuestro cerebro en un momento dado?

No hace falta buscar muy lejos para toparse con la extraña paradoja de aquellos que insisten en encontrar sentido en un mundo que no lo tiene. Me encontré con uno de estos epítetos en un libro de citas inspiradoras escritas

15. Daniel C. Dennett, "Reflections on Free Will", crítica de *Free Will*, de Sam Harris, *Sam Harris* (página web), 26 de enero de 2014, https://www.samharris.org/blog/reflections-on-free-will.

16. Kant, *Critique of Practical Reason* 5:96.

por humanistas destacados. Dice: «El sentido de la vida es vivirla tan plenamente como podamos, tan abundantemente como podamos, tan osadamente como podamos. Aquí y ahora, compartiendo experiencias con otros, cuidando de los demás como cuidamos de nosotros mismos, y asumiendo la responsabilidad de dejar el mundo mejor de como lo encontramos».[17]

Esta hermosa cita procede del pionero en educación James Hemming, expresidente de la British Humanist Association. Como sostuve en el capítulo 3, creo que los nobles sentimientos expresados en esta cita deben más a la herencia cristiana que a cualquier filosofía secular. Sin embargo, discutir sobre la fuente de la sabiduría solo es la mitad del problema.

No sé exactamente cuáles eran los postulados metafísicos de Hemming, pero si creía en un universo puramente material, resulta difícil entender cómo una descripción inequívoca del "sentido de la vida" puede significar algo más que sus propias preferencias personales sobre cómo le gustaría que se comportase la gente. En un mundo que se puede reducir a los procesos ciegos de las causas y efectos físicos, las creencias morales que tenga una persona son totalmente el producto de su química cerebral. Toda esa palabrería confortable sobre vivir tan "plenamente", "abundantemente" y "osadamente" como podamos, carece de todo sentido en un mundo donde ninguno de nosotros tiene el control directo sobre nuestros pensamientos, actitudes o dirección en la vida.

De igual manera, ni Hemming ni nadie más puede exigir que otros vivan según su paradigma moral. Según una narrativa materialista de la realidad, no existen los "debería", "tendría que" o "responsabilidades" a las que ninguno de nosotros esté sujeto. Solamente existe lo que pasa cuando la naturaleza sigue su curso. Si la persona egocéntrica discrepa de su filosofía, Hemming no puede considerarse moralmente mejor que ella. Su cosmovisión egoísta es tan fija y predeterminada como su visión generosa de «dejar el mundo mejor de como lo encontramos».

Esta es otra preocupación importante que plantea la perspectiva determinista. El propio concepto de moral se vuelve incoherente si nuestra conducta está plenamente dictada por una combinación de naturaleza, crianza, genética, agentes químicos y átomos que determinan irrevocablemente quiénes somos y qué hacemos. No se puede culpar de sus actos al asesino del hacha, de la misma manera que no se puede alabar por los suyos a la persona que cada semana trabaja de voluntaria en un comedor

17. James Hemming, *Individual Morality* (Londres: Nelson, 1969), 191, citado en Andrew Copson y Alice Roberts, eds., *The Little Book of Humanism* (Londres: Piatkus, 2020), e-book.

social. Por lo que respecta al bien o al mal que hacemos, no «merecemos esa alabanza ni esa censura» (citando a Elizabeth Bennett).[18] En ningún momento fue nuestra decisión.

Esto plantea todo tipo de dilemas éticos. En un mundo como este, ¿cómo podemos castigar a las personas por sus decisiones (mandándolas a la cárcel, poniéndoles una multa, etc.) si no fueron responsables de ellas? ¿Por qué deberíamos recompensar a quienes hacen grandes sacrificios por el bien común (con premios o medallas de honor) cuando tampoco ellos pudieron elegir realmente sus actos? ¿Cómo ordenamos una sociedad en la que los actos "buenos" y "malos" ya no son... pues buenos o malos? Simplemente, son.

Muchos materialistas convencidos o bien parecen no ser conscientes de estas contradicciones entre su cosmovisión y los valores que defienden, o bien optan por admitirlos como una paradoja con la que deben vivir. Pero para algunos, como veremos más adelante, se convierten en el catalizador de un cambio paradigmático total.

## Por qué el determinismo es mentira

Pero ¿qué pasa si, tanto si nos gusta como si no, el determinismo es verdad?

Por ejemplo, más de uno ha afirmado que los experimentos científicos demuestran que el determinismo es un hecho natural. Son famosas las pruebas realizadas por el investigador neurocientífico Benjamin Libet en la década de 1980, que parecieron demostrar que los sujetos que "decidían" cuándo dar un golpecito con un dedo no actuaban, en realidad, movidos por el libre albedrío. Los escáneres cerebrales de los sujetos revelaban un débil destello de actividad (supuestamente, el "potencial de disposición" del cerebro) unos milisegundos antes de que, conscientemente, decidieran mover el dedo. Esto, sostuvo Libet, demostraba que en realidad nuestras decisiones son producto de nuestra química cerebral, que actúa con independencia de nosotros antes de que seamos siquiera conscientes de nuestro deseo de hacer algo.

Sin embargo, las conclusiones de Libet (que ya pusieron en duda muchos) quedaron desmontadas en 2012 gracias a otro investigador del cerebro, Aaron Schurger.

18. Jane Austen, *Orgullo y prejuicio* (1813), cap. 8.

Schurger demostró que los destellos de actividad neuronal que había identificado Libet no eran evidencias de que el cerebro se estaba preparando para mover el dedo. Más bien, eran los picos y valles naturales que surgían en el ruido de fondo de la actividad cerebral. Sin más indicios externos que influyeran en su decisión de cuándo mover el dedo, las personas solían actuar según estas pistas internas, y eso explica la correlación entre las gráficas. Pero la actividad cerebral no predeterminaba la elección; sencillamente, incitaba la decisión.[19]

A pesar de todo, incluso aunque no haya evidencias experimentales para el determinismo, hay muchos que siguen creyendo en él como resultado lógico de su cosmovisión naturalista. (Y estoy de acuerdo con ellos: si el materialismo es cierto, también lo es el determinismo). Pero existe un reto aún más importante para las doctrinas gemelas del materialismo y el determinismo. Y, bajo mi punto de vista, es letal.

Aunque muchos materialistas están dispuestos a admitir que los conceptos de justicia, moralidad, propósito y belleza pierden su significado en un mundo determinista, aún tienden a satisfacerse con el hecho de que al menos ellos han descubierto cómo son las cosas. Aunque debamos aceptar la cruda realidad de que (tal como lo expresó con gran elocuencia Bertrand Russell) nuestro origen, crecimiento, esperanzas, temores, amores y creencias no son «sino el resultado de la disposición accidental de los átomos», al menos podemos consolarnos porque aún estamos en tesitura de localizar nuestro lugar en el universo usando la razón y las evidencias. Sin duda no hay necesidad, dicen ellos, de un concepto religioso sobre un propósito o un sentido de la vida dados por Dios.

Pero ¡un momentito! Vamos a examinar un poco más de cerca esa cita de Russell. Entre los productos de la colocación accidental de los átomos, él incluye nuestras creencias. Pues esto plantea un grave problema.

Si nuestras creencias son el resultado de un proceso no dirigido, predeterminado, que se reduce al movimiento de los átomos en nuestra cabeza, ¿cómo podemos afirmar que hemos basado esas creencias en la razón o la evidencia? Sin duda, todo proceso de razonamiento exige la libertad de asociar una idea con otra, sopesar la evidencia y, usando la lógica y la inferencia, llegar a una creencia meditada. La mayoría de los ateos que conozco dice que este proceso es precisamente el motivo por el que son

19. Para más información sobre este debate, véase Bahar Gholipour, "A Famous Argument against Free Will Has Been Debunked", *The Atlantic*, 10 de septiembre de 2019, https://www.theatlantic.com/health/archive/2019/09/free-will-bereitschaftspotential /597736/.

ateos y por lo que creen en el determinismo. Han llegado a su naturalismo a golpe de razón.

Pero si los pensamientos que tenemos, y el propio proceso de razonamiento, están completamente fuera de nuestro control y son el resultado inevitable de un proceso físico determinista, ¿cómo puede decir ninguno de nosotros que ha usado la razón o la lógica para llegar a sus creencias?

Según una comprensión puramente determinista de nosotros mismos y de nuestro universo, nade llega a sus creencias a través del raciocinio. El ateo cree en el ateísmo simplemente porque su química cerebral tira hacia un lado, y el cristiano cree en el teísmo porque su cerebro tira hacia otro. Pero en la actividad de la química cerebral no hay nada verdadero o falso. Por consiguiente, la idea de que elegimos nuestras creencias sobre la base de la razón y de la evidencia es otro espejismo. De hecho, a nuestras creencias nos las confirió el universo desde el mismo momento en que se puso en movimiento el gran aparato de relojería. No podría haber sido de otro modo.

De forma que, cuando un ateo afirma confiadamente su creencia en el determinismo, se parece a la persona que se ha subido a un árbol y ahora, confiadamente también, está aserrando la rama en la que se ha sentado. Es una filosofía contraproducente que se socava a sí misma. Se supone que creemos cosas sobre la base de la razón y de la evidencia. Sin embargo, si el determinismo es cierto, todo el que profese semejante creencia solo lo hace porque fue predeterminado para ello.

Este círculo vicioso parece inescapable para el materialista. Tal como yo lo veo, la única manera de que podamos confiar en el concepto de racionalidad es si vivimos en un universo en el que realmente existe el libre albedrío y en el que el materialismo es falso; un universo en el que hay algo (o alguien) más allá del mundo físico que actúa como garante de la razón.

C. S. Lewis lo expresó sucintamente:

> Supongamos que tras el universo no hubiera una inteligencia, una mente creativa. En ese caso nadie diseñó mi cerebro con el propósito de que pensara. Lo que pasa sencillamente es que cuando los átomos dentro de mi cráneo, por motivos físicos o químicos, se disponen de determinada manera, esto me ofrece, como subproducto, la sensación que llamo pensamiento. Pero si es así, ¿cómo puedo fiarme de que mi pensamiento es verdad? Es como volcar una jarra de leche y esperar que el líquido se esparza de tal modo que dibuje un mapa de Londres. Pero si no puedo confiar en mi propio pensamiento, por supuesto no puedo confiar en los argumentos que conducen al ateísmo, y por lo

> tanto no tengo motivos para ser ateo o cualquier otra cosa. A menos que crea en Dios, no puedo creer en el pensamiento, de modo que no puedo recurrir al pensamiento para no creer en Dios.[20]

Parece que Lewis dio de lleno en el blanco y estos argumentos han convencido a algunos ateos para abandonar el materialismo. Sin embargo, aquí hay mucho más en juego que meter goles filosóficos a la postura atea.

Tanto si se admite conscientemente como si no, creo que la visión materialista de la realidad es el supuesto de fondo según el que viven muchas personas en Occidente: que la naturaleza es una máquina y que somos engranajes insignificantes en ella; que no existe un sentido último de las decisiones que tomamos; que simplemente nos guían por un universo vasto, sin dirección e indiferente, en el que, tal como lo expresó memorablemente Richard Dawkins, «no hay ningún diseño, ni propósito, ni bien ni mal, nada, sino una ciega e implacable indiferencia».[21]

Pero lo que creemos sobre la realidad tiene consecuencias en el mundo real. En semejante entorno, no es de sorprender que en nuestra cultura haya empezado a aflorar una crisis de sentido exacerbada por los efectos deshumanizadores de la tecnología moderna. Cuando soltamos las amarras de la historia compartida que dotaba a nuestras vidas de significado y agencia, y concebimos nuestro lugar en el universo como algo sin sentido y arbitrario, no debería extrañarnos que, como colectivo, caigamos en posturas distraídas, ansiosas e incluso nihilistas.

Entonces, ¿hay esperanza? A primera vista pudiera parecer que la historia cristiana ha perdido terreno en la batalla contra la filosofía materialista que propugnan en el ámbito académico los intelectuales que la popularizan, como Dennett y Harris. Pero como ya hemos visto en otras áreas de la ciencia y de la cultura, a menudo al campo de batalla pueden llegar refuerzos desde lugares inesperados.

## UN NUEVO RETADOR

Iain McGilchrist tiene la barba canosa y lleva las gafas en equilibrio perfecto al extremo de su nariz. Cuando mira por encima de ellas y me clava

---

20. C. S. Lewis, *The Case for Christianity* (Nueva York: Macmillan, 1944), 32.

21. Richard Dawkins, *River out of Eden: A Darwinian View of Life* (Nueva York: Basic Books, 1995), 133.

una mirada socarrona, me vienen a la mente mis tiempos de estudiante en la Universidad de Oxford, cuando los profesores me interrogaban en tutorías individuales.

Esta asociación es lógica, dado que McGilchrist es un *don*[22] de Oxford que lleva décadas investigando en la psiquiatría y la ciencia cerebral, estudiando la naturaleza del cerebro humano y las enfermedades que pueden afectarlo. Sin embargo, antes de dedicarse a la medicina, su interés se centró en la literatura, la filosofía y la teología. En consecuencia, su amplio paradigma sobre la ciencia y la cultura lo ha llevado a diagnosticar un problema mucho más grave en el mundo.

Había invitado a McGilchrist a un episodio de *The Big Conversation* junto a la neurocientífica cristiana Sharon Dirckx, para hablar sobre la influyente teoría del primero, que dice que los dos hemisferios del cerebro humano ya no cooperan como lo hicieron en otro tiempo. En sus exitosos libros *The Master and His Emissary* (El señor y su emisario) y *The Matter with Things* (Lo que pasa con las cosas), McGilchrist toma el concepto popular sobre los hemisferios izquierdo y derecho del cerebro y lo aplica a un nivel totalmente nuevo.

Dentro de la psicología popular, a menudo hablamos de personas de hemisferio derecho o hemisferio izquierdo. Típicamente, el hemisferio izquierdo del cerebro se asocia con el análisis y el razonamiento (pensemos en los tipos lógicos, científicos), y el hemisferio derecho con la creatividad y los sentimientos (pensemos en tipos artísticos, imaginativos). De hecho, dice McGilchrist, los roles de los hemisferios están mucho más matizados que en esta caricatura popular. Sin embargo, en el fondo, la parte izquierda del cerebro realiza la mayor parte de la labor de análisis y de disección del mundo parte por parte, mientras que el hemisferio derecho se centra en el pensamiento de la imagen global, que también abarca la intuición, el contexto y la comprensión de las relaciones.

Por eso McGilchrist se refiere al hemisferio derecho como "el señor" y al izquierdo como "el emisario". No son socios igualitarios. Se supone que el hemisferio izquierdo sirve al derecho al computar los segmentos individuales de datos que ha reunido. El hemisferio derecho entonces inserta la información en la esfera más amplia de la creación de sentido. Durante milenios nos ha guiado la armonía de esta relación, en la que el lado derecho tiene precedencia.

---

22. Profesor universitario, en especial miembro veterano de un colegio mayor en Oxford o Cambridge (N. del T.).

Sin embargo, la tesis de McGilchrist es que, con el aumento prolífico de la ciencia y de la tecnología en los últimos pocos siglos, esta relación cooperativa se ha invertido. Ahora el pensamiento del hemisferio izquierdo dirige una cultura en la que el mundo se puede explicar de forma mecanicista, y donde se ha marginado el rol de la intuición y de la imaginación. De modo que cuando los científicos con tendencias ateas reducen el mundo a un conjunto de constituyentes físicos y, al hacerlo, creen haber explicado la naturaleza de la realidad (excluyendo el propósito, el sentido y el diseño), este es un indicio más de la dominancia del hemisferio izquierdo en nuestra cultura.

Muchos de nuestros problemas modernos, dice McGilchrist, nacen del hecho de que el hemisferio izquierdo de nuestro cerebro ha sobrepasado a su contrapartida derecha en cultura, ciencia y educación. McGilchrist también piensa algo más inquietante: que las culturas históricamente vibrantes siempre han implosionado cuando el hemisferio izquierdo empezó a ser dominante. «Cada vez se volvieron más burocratizadas, inertes, categóricas antes que sutiles. En la práctica, la vida, la magia, la imaginación, el espíritu desaparecieron de las civilizaciones, y se hundieron».[23]

La polarización, la alienación y los males sociales que experimentamos en Occidente moderno son evidencias de una caída y una decadencia similares:

> Lo que veo muy, muy vívidamente en los dos últimos siglos, y creo que el proceso se está acelerando particularmente en los últimos treinta o cuarenta años, es que nos movemos hacia un mundo en el que las cosas son atomistas, estáticas, ciertas, conocidas, blancas o negras en su naturaleza, desencarnadas, abstractas, categóricas y, en realidad, meras representaciones de la realidad.[24]

## La intuición de Dios

McGilchrist se crio, como muchos de sus colegas científicos, dentro de una cultura cristiana, pero afirma no tener una afiliación religiosa concreta. Sin embargo, su teoría sobre la influencia del cerebro en nuestro mundo

23. "Iain McGilchrist and Sharon Dirckx: Brain Science, Consciousness and God", 1 de julio de 2022, *The Big Conversation*, temporada 4, episodio 3, video, https://youtu.be/oiE2OcxZpRY.

24. "Iain McGilchrist and Sharon Dirckx".

moderno ha atraído a admiradores tanto del mundo religioso como del secular.

Cuando se publicó *The Master and His Emissary*, recabó estupendas críticas de voces tan distintas como las del filósofo ateo A. C. Grayling, el novelista secular Philip Pullman, el cómico John Cleese y el entonces arzobispo de Canterbury, Rowan Williams. Merece la pena tener en cuenta un libro que supera la división sagrado/secular, y es uno de los motivos por los que McGilchrist me parece otro barómetro de la nueva actitud intelectual hacia la fe que está emergiendo en nuestra cultura.

En su obra más reciente en dos volúmenes, *The Matter with Things* (Lo que pasa con las cosas), que no es una lectura cualquiera porque tiene más de tres mil páginas, McGilchrist aborda directamente la cuestión de Dios. Sabiendo cuánto bagaje se asocia con la religión, lo ponía nervioso incluir un capítulo que defendiese una fuente divina que subyace en nuestras mentes y en el cosmos, diciendo: «Muchos de mis colegas me rogaron que no lo incluyese».[25] Sin embargo, McGilchrist se sintió obligado a nombrar un "algo" divino por detrás de la realidad material, «algo muy poderoso, con una importancia última, de gran belleza y que es la fuente de la vida y de la creatividad, que está por detrás de este cosmos».

Incluso con ese intento de categorizarlo y nombrarlo, admite que participamos en una actividad típica del hemisferio izquierdo, pero dice que nuestra cultura necesita que la redirijan hacia esta fuente divina como algo que experimenta el hemisferio derecho por medio del arte, la literatura, la música y sí, incluso la meditación, la oración y la religión.

Cuando es obligado a poner una etiqueta a su creencia en Dios, el psiquiatra se describe como "panenteísta", algo que distingue del panteísmo, diciendo:

El panteísmo es la creencia de que todas las cosas son Dios y que Dios es todas las cosas. Pero el panenteísmo tiene una diferencia realmente crucial: esa pequeña sílaba "en" situada en el centro significa justamente "en". De modo que Dios está *en* todas las cosas y todas las cosas están *en* Dios, pero ninguna de esas cosas agota a Dios.

El panenteísmo de McGilchrist no es necesariamente incompatible con el cristianismo (cuando se lo sugerí me gané una reprimenda académica de su parte). La tradición ortodoxa oriental siempre se ha centrado en la "inmanencia" de un Dios que participa profundamente en su creación y que actúa por medio de ella. El propio san Pablo respaldó una descripción

25. Las citas de McGilchrist en esta sección proceden de "Iain McGilchrist and Sharon Dirckx".

parecida de Dios entre los filósofos antiguos, diciendo: «En él vivimos, nos movemos y somos» (Hch 17:28).

No obstante, McGilchrist no se describe como cristiano. Lucha con el concepto de una mano divina que interviene directamente en la historia y con las afirmaciones de veracidad exclusivas del cristianismo, prefiriendo ver a Dios expresado en muchas religiones. A pesar de esto, describe la narrativa cristiana de la encarnación, la muerte y la resurrección de Jesús como «el mito más poderoso sobre Dios que yo pueda imaginar».

Como muchos de los otros pensadores nuevos que están a caballo entre la cultura secular y la cristiana, McGilchrist se ha mostrado muy crítico del enfoque sobre la ciencia y la realidad postulado por los nuevos ateos. Dice que la perspectiva reduccionista de estos racionalistas y científicos es un ejemplo claro de la perniciosa manera de ver el mundo propia del hemisferio izquierdo.

Según McGilchrist, el modo en que acabamos dándole forma al mundo viene determinado radicalmente por nuestra manera de prestarle atención. Si seguimos la ruta del hemisferio izquierdo y reducimos todo a átomos y electrones discretos, acabaremos con una visión mecanicista de la realidad en la que, en última instancia, lo único que existe es materia inerte. Esto produce culturas tecnocráticas, sin alma, en las que los individuos ya no están conectados con nada más fuera de sus inquietudes y circunstancias inmediatas.

Solo al prestar atención a la imagen más grande que inspira nuestro hemisferio derecho (tomándonos en serio el impulso religioso, estando dispuestos a admitir la importancia trascendente de la belleza, la moral y la relación de unos con otros), encontraremos el camino de vuelta al tipo de significado que permite progresar a los humanos. De igual manera, la realidad de Dios solo dotará de sentido a nuestra cultura cuando permitamos a nuestra intuición, nuestra imaginación y nuestra inteligencia emocional influir en nuestro pensamiento.

## El abandono del materialismo

El hecho de que podamos pensar, sentir y razonar es, por sí mismo, uno de los mayores retos para el materialismo.

McGilchrist se cuenta entre una serie de pensadores que discrepan de la teoría “emergente” de la consciencia, popularizada por filósofos ateos como Daniel Dennett. Este y otros fisicalistas arguyen que los fenómenos de nuestra mente se explican plenamente mediante los procesos físicos que tienen lugar en el cerebro. Bajo este punto de vista, la consciencia está en una escala móvil; a medida que el cerebro se vuelve físicamente más complejo, genera nuestra capacidad de experimentar mayores grados de consciencia y de capacidad mental. En la práctica, somos nuestro cerebro.

Ciertamente, según Dennett en realidad no hay un "tú" y un "yo" de los que podamos hablar. El concepto de un "yo" continuo e independiente es un espejismo alimentado por este proceso de consciencia. "Tú" eres simplemente un conjunto de experiencias fusionadas por un cerebro. Y ni siquiera existe algo como la "experiencia" en el sentido de una sensación privada, de primera persona. En realidad, dice Dennett, la consciencia no es nada especial, solo una función del cerebro.

Por su parte, a McGilchrist lo deja perplejo la insistencia de Dennett en este paradigma fisicalista: «Creo que su postura es totalmente incoherente: afirma que la conciencia es una ilusión, pero yo señalaría que, para que algo sea una ilusión, debe existir una conciencia a la que se ilusione. Es una de las declaraciones más asombrosas hechas por un hombre evidentemente bastante inteligente».[26]

Al igual que muchos otros filósofos, como David Chalmers y Thomas Nagel, McGilchrist también reconoce el llamado «arduo problema de la consciencia» como un reto importante para una explicación materialista de la mente. Pregunta cómo un concepto tan puramente físico del cerebro, que lo reduce todo a impulsos eléctricos y a agentes químicos, puede explicar posiblemente las experiencias a las que estos dan pie.

Por ejemplo, a alguien que nunca haya tenido una sola sensación física, ¿le puedes enseñar lo que es el dolor mostrándole un escáner del cerebro de lo que sucede cuando pisas una pieza de Lego que tu hijo ha dejado tirada por ahí? Alguien que existiera en un mundo de percepción visual exclusivamente en blanco y negro, ¿podría comprender cómo es el color rojo, aunque entendiese plenamente la actividad neuroquímica que acompaña a esa experiencia?[27] ¿Se podría describir el aroma del café recién hecho mediante un conocimiento exhaustivo del modo en que los químicos del proceso de elaboración interactúan con las sinapsis de nuestro cerebro? Por supuesto, la respuesta a estas preguntas es que no. Estas experiencias (llamadas *qualia* en el argot filosófico) son cualitativamente diferentes a los

---

26. "Iain McGilchrist and Sharon Dirckx".

27. Esta es la base de un famoso experimento intelectual; véase Frank Jackson, "Epiphenomenal Qualia", *Philosophical Quarterly* 32, n.º 127 (1982): 127–136.

procesos del cerebro físico que las acompañan. Aunque nuestras experiencias conscientes están claramente relacionadas con la actividad cerebral, también es evidente que no son lo mismo que esa propia actividad.

Estas y otras consideraciones sobre la consciencia han inducido a muchos a abandonar el duro reduccionismo que prefieren los nuevos ateos, y han provocado una renovación del interés por perspectivas más amplias, como el panpsiquismo, la idea de que la consciencia es la naturaleza primaria de la realidad, y que cada átomo del universo es, en definitiva y de alguna manera simple, consciente. En lugar de crear la ilusión de consciencia, como afirma Dennett, un cerebro "permite" que la consciencia que ya existe en el universo se manifieste por medio de los humanos de un modo único.[28]

Lo que antes se entendía como un goteo anticientífico de resistencia a la visión materialista de la realidad parece estar convirtiéndose ahora en un río crecido, a medida que más y más filósofos, como David Chalmers, Galen Strawson, Rupert Sheldrake y Philip Goff defienden el panpsiquismo. Esto se ha producido al mismo tiempo que una renovación del interés por el uso de la meditación o incluso de drogas psicodélicas para inducir estados alterados de consciencia, un proceder que han popularizado personalidades tan conocidas como Jordan Peterson, Russell Brand y Joe Rogan.

Incluso el exitoso escritor ateo Philip Pullman, cuya trilogía sobre *La materia oscura* se muestra muy crítica con la religión organizada, se ha convertido en partidario entusiasta de McGilchrist. Me di cuenta de que la propia visión que tiene Pullman sobre la consciencia se había ido alejando del estricto naturalismo cuando lo tuve de invitado en mi programa *Unbelievable?* y me reveló que era panpsiquista, admitiendo que esto lo colocaba en «una posición muy extraña»[29] al respecto de sus colegas seculares.

Tanto si se trata del panenteísmo de McGilchrist como del panpsiquismo de estos pensadores alternativos, sin duda la marea parece estar alejándose de la comprensión puramente material de la naturaleza que ha dominado la academia desde hace tiempo. Algunos de estos pensadores parecen ir aproximándose a reconocer que el universo es más extraño de lo

28. Para leer más sobre el panpsiquismo, véase Philip Goff, William Seager y Sean Allen-Hermanson, "Panpsychism", en *The Stanford Encyclopedia of Philosophy* (edición del verano de 2022), ed. Edward N. Zalta, https://plato.stanford.edu/archives/sum2022/entries/panpsychism/.

29. "Francis Spufford and Philip Pullman: Does Christianity Make Surprising Emotional Sense?", 10 de julio de 2020, *Unbelievable?*, pódcast, https://www.youtube.com/watch?v=nq2xqpspkzc.

que lo permite una perspectiva materialista, aunque aún no hayan abierto la puerta a Dios como explicación posible.

Si bien las preguntas filosóficas sobre la consciencia pueden parecer complejas, la experiencia práctica de esta no lo es. Una de las cosas más evidentes que podemos saber es que somos seres conscientes. Sin embargo, este es un aspecto de nuestra existencia que se niega resueltamente a adaptarse a la caja del materialismo ateo. Quizá la evidencia a favor de Dios esté, literalmente, justo delante de nosotros.

## El significado hace conversos

Para muchos, el sucinto misterio de la consciencia y la creciente insatisfacción con el paradigma materialista de la realidad han dado como resultado una búsqueda de significado que los ha conducido al cristianismo.

Recuerdo la historia de Robbie, un oyente australiano que me contó cómo había perdido su fe estando en la universidad, cuando le expusieron diversos argumentos contra la religión. Seguía aferrándose al valor de los principios éticos, pero se hizo ateo por lo que respecta a la creencia en Dios.

Sin embargo, Robbie tiene inclinaciones filosóficas, y pronto empezó a darse cuenta de que la cosmovisión materialista no lograba explicar su experiencia directa del mundo. Le parecía que la idea popular de que este sentido del yo era ilusorio y de que sus experiencias se podían explicar recurriendo solamente a la química cerebral chocaba constantemente con el significado que encontraba en la música y en el arte. «Recuerdo una ocasión en la que estuve a punto de perder mi ateísmo mientras escuchaba una sinfonía de Beethoven y contemplaba la salida del sol sobre el puerto de Sídney», dice Robbie. «No concebía cómo semejante experiencia se podía explicar mediante un mundo material en ausencia de algún tipo de consciencia independiente».[30]

Fue el «arduo problema de la consciencia» el que convenció a Robbie de que el materialismo era falso y, en conjunción con otros argumentos filosóficos, lo encauzó intelectualmente primero al deísmo (la creencia en un Dios tras la naturaleza) y por último al cristianismo.

---

30. Robbie [Ernest Massey, pseud.], "How Consciousness Demolished My Atheism and Saved My Faith", *Premier Unbelievable?* (página web), 21 de noviembre de 2018, https://www.premierunbelievable.com/topics/how-consciousness-demolished-my-atheism-and-saved-my-faith/12072.article.

Jen Fulwiler, escritora, cómica y presentadora de pódcast estadounidense, cuenta la atractiva historia de su conversión ya de adulta, cuyo acicate fue una crisis existencial de significado.

Mientras crecía, Fulwiler no había experimentado el cristianismo ni sentía respeto por él, y concebía a las personas religiosas como ingenuas y engañadas. «Era una auténtica materialista atea», dice. «Creía que el mundo físico a nuestro alrededor, que podemos tocar y observar, es todo lo que hay».[31]

Sin embargo, lo primero que sacudió la cosmovisión de Fulwiler fue la experiencia de tener un hijo. Ella describe un momento en el que, cuando estaba contemplando a su primogénito, tuvo una epifanía:

> Bajé la vista y dije: «¿Qué es este bebé?». Y pensé: «Bueno, desde un punto de vista puramente ateo es una colección de reacciones químicas que han evolucionado al azar». Y me di cuenta de que si eso era cierto, todo el amor que sentía por él no se debía a nada más que a unas reacciones químicas en nuestro cerebro. Y mientras lo miraba lo supe: «Eso no es cierto. Esa no es la verdad».[32]

Esta fue la sacudida experiencial que indujo a Fulwiler a emprender un viaje para investigar los argumentos intelectuales para la fe. Su desdén por el cristianismo empezó a disolverse al conocer a creyentes inteligentes y pensar que muchas de las mejores mentes en la historia (como Agustín, Tomás y Descartes) habían sido cristianas. «Me quedé realmente sorprendida cuando descubrí esos libros tan intelectualmente rigurosos donde las personas hablaban de su fe sobre la base de la razón, no de la emoción».[33]

De ser una feliz "atea de por vida" a sus veintitantos años, Jen Fulwiler, junto con su esposo, entró en la Iglesia católica romana recién cumplida la treintena, siendo una conversa cuyo viaje empezó porque reconoció el conflicto entre la historia materialista de la realidad y su propia experiencia del amor.

En muchos de estos relatos sobre conversiones, vemos un patrón semejante. Antes de que una persona acepte plenamente el cristianismo y sus

---

31. "From Atheism to Catholicism: An Interview with Jennifer Fulwiler", Strange Notions, 30 de abril de 2014, video, https://www.youtube.com/watch?v=YhCXSbTkjLQ.

32. "Jennifer Fulwiler Testimony—From Atheist to a Daughter of God", 24 de mayo de 2017, Godstrong Daily, video, https://www.youtube.com/watch?v =cWBmSG6APdw.

33. "Jennifer Fulwiler Testimony".

credos históricos, primero experimenta una metamorfosis intelectual que tiene lugar a medida que se va erosionando la cosmovisión materialista. A menudo el individuo experimenta la sensación creciente de que el propósito, la belleza, lo correcto y lo incorrecto existen de verdad, y que nuestras emociones, pensamientos y sentimientos no se pueden reducir al movimiento de los electrones en nuestro cerebro.

La idea de que el amor que sentimos por un bebé recién nacido o la intensidad emocional que acompaña a una pieza musical emotiva se explica mediante una serie de reacciones químicas en nuestro cerebro deja de tener sentido. Esto no supone negar que estos fenómenos físicos estén vinculados con esas experiencias. Si nos estuvieran controlando con un escáner de resonancia magnética, sin duda veríamos cómo durante esos momentos se iluminan las zonas adecuadas de nuestro cerebro. Pero esto no significa que eso es todo lo que está pasando. Eso sería como mirar las notas escritas en la partitura de un concierto de Beethoven y, sin haber escuchado jamás las notas interpretadas, pensar que lo entendemos. El significado no se puede limitar a esas explicaciones unidimensionales.

Quizá estos relatos de conversión sean solo las primeras ondas de una marea futura de personas que busquen el origen del significado que, según perciben, debe existir en algún punto más allá del horizonte.

## Los síntomas de la crisis de significado

«Los humanos son criaturas narradoras» es un dicho muy extendido que seguramente nació de Jerome Bruner, pionero de la psicología cognitiva en el siglo xx. Él subrayaba la importancia de la narración para el desarrollo saludable de los niños. Pero vernos como parte de una historia con sentido es algo importante a lo largo de nuestras vidas.

El libro de Jonathan Gotschall, *The Storytelling Animal* (El animal narrador), enfatiza lo importante que es para los humanos crear una narrativa para sus propias vidas, en lugar de verse como seres que vagan de un lado para otro en medio del caos, sin argumento ni destino. «Todos tenemos una historia que contamos sobre nosotros, sobre quiénes somos, cuáles fueron nuestras experiencias formativas y qué significan nuestras vidas», dice Gotschall.[34]

---

34. Jonathan Gottschall, "The Storytelling Animal: A Conversation with Jonathan Gottschall", entrevista con Maria Konnikova, *Scientific American*, 19 de abril de 2012, https://blogs.scientificamerican.com/literally-psyched/the-storytelling-animal-a-conversation-with-jonathan-gottschall/.

El psicólogo admite que las historias que nos contamos no siempre son dignas de confianza. Normalmente sobrevaloramos nuestras propias cualidades. «Sin embargo», dice él, «parece que crear esas historias y creerlas preserva nuestra salud mental».[35]

Durante siglos, el cristianismo dio a los habitantes de Occidente una historia según la cual evaluar sus vidas, una historia en la que habían sido creados con un propósito dentro de un universo que, aunque estaba roto, avanzaba hacia la redención. Verdadera o no, era una historia que dotaba de sentido a las personas en medio de sus miserias, y que las ayudaba a encontrarle sentido al sufrimiento. Shakespeare escribió que «todo el mundo es un escenario, y todos los hombres y mujeres nada más que actores». Sin embargo, aunque los roles parecieran insignificantes dentro del esquema de las cosas, el hecho de formar parte de una historia más amplia seguía conservando su nobleza. Quizá la narrativa incluía muchos giros y desvíos, pero avanzaba hacia una gran conclusión.

Hace ya muchos años, en Occidente esta historia se ha visto remplazada por un relato de la realidad en la que no hay argumentos o pistas, ni guion ni instrucciones, y sin dudas, ningún dramaturgo que lo cohesione todo al final. Esta es la cosmovisión materialista omnipresente, donde no somos más que una pieza en una máquina no pensante. Ciertamente, incluso la creencia de que, en cierto sentido reducido, somos dueños de nuestro destino se ha visto erradicada por su visión del universo totalmente determinista.

Existen muchos factores potenciales que contribuyen al aumento de la ansiedad, la depresión y la distracción en nuestra cultura, especialmente las presiones de vivir en comunidades urbanas industrializadas que nos hacen estar menos conectados con la naturaleza y unos con otros. Pero la historia materialista moderna es, bajo mi punto de vista, el motivo arrollador de la crisis de significado actual.

Como mencioné cerca del principio de este libro, la expresión "crisis de sentido" fue acuñada por el psicólogo John Vervaeke. Describe la sensación de alienación que experimentan las personas cuando pasan por la vida sintiéndose desconectadas unas de otras y del mundo. Muy especialmente, se sienten desconectadas de un propósito para el que vivir, o de una historia que dote de sentido a quienes son. Tiene relación con la visión del mundo que se atomiza, desencarna y se vuelve abstracta, como identificó McGilchrist.

35. Gottschall, "Storytelling Animal".

Vervaeke percibe toda una gama de síntomas para esta crisis, incluyendo

> el aumento del índice de suicidios, incluso los suicidios independientes de una depresión clínica justo ahora, lo cual es una señal muy reveladora. Una epidemia de soledad, la crisis de la salud mental... depresión y trastornos de ansiedad, la crisis de la adicción, la crisis de los opioides.[36]

A Vervaeke también le inquieta "el éxodo virtual", el intento por parte de muchos de distraerse de la vida real al sumergirse en la tecnología y los juegos. Ciertamente, junto con la proliferación de los juegos de rol multijugador *online*, se ha documentado profusamente la existencia de «viudos/as de *gamers*» (personas que han perdido a su pareja debido a su adicción a los videojuegos). Pero ahora muchos jóvenes, ya de entrada, renuncian a cualquier aspiración de tener una carrera profesional o una familia.

Hay una cifra creciente de adultos que han dejado de aspirar a metas «de la vida real» porque las recompensas del mundo *online* de los juegos son mucho más fáciles de conseguir. Ryan Avent, que escribe para *The Economist* sobre «juegos que consumen», afirma que «los juegos de hoy parecen estar dejando en la cuneta empleos, amistades y familias, impidiendo así que los jóvenes (particularmente varones) inicien vidas reales, adultas».[37]

Una vez más, para Vervaeke este es un síntoma más de un mundo en el que las personas han perdido el contacto con una historia que tiene sentido. «La gente declara explícitamente que prefieren vivir en el mundo virtual antes que en el real... En ese mundo encuentran algo que les falta en el real».

Gostchall expresa una inquietud semejante: «Si tuvieras una tecnología que te permitiese vivir cualquier historia que quisieras, ¿por qué ibas a abandonarla? ¿Por qué querrías dejar de ser un dios?».[38]

---

36. Esta y las siguientes citas de Vervaeke proceden de "John Vervaeke and Sohrab Ahmari—Ancient Wisdom and the Meaning Crisis", 16 de julio de 2021, *Unbelievable?*, video, https://www.youtube.com/watch?v=-W0SaGIv3NA.

37. Ryan Avent, "Game Drain: Why Some Young Men Choose Video Games over Jobs", 1843, *The Economist*, 27 de febrero de 2017, https://www.economist.com/1843/2017/02/27/game-drain-why-some-young-men-choose-video-games-over-jobs.

38. Gottschall, "Storytelling Animal".

## Cambiando la marea

Muchas personas, al enfrentarse con esta incipiente crisis de sentido, han intentado encontrar soluciones bajo la forma de la revolución de la conciencia plena o *mindfulness*. Se ha producido toda una explosión en libros populares de psicología, cursos y aplicaciones que aspiran a calmar nuestra ansiedad y a desarrollar hábitos positivos para la salud mental, y para hacerlo es frecuente que recurran a formas antiguas de sabiduría. Estos son progresos bienvenidos en tanto en cuanto ayuden a personas estresadas y ansiosas a encontrar un sentido de equilibrio. Hasta Sam Harris se ha reinventado en los últimos años como un gurú de la conciencia plena, y tiene su propia aplicación de meditación y su pódcast, ambos muy populares.

Pero estos intentos por redistribuir la sabiduría antigua mediante la tecnología y la psicología modernas siguen pareciendo un apaño temporal antes que una solución. Los eslóganes optimistas de los humanistas que insisten en que debemos "crear nuestro propio sentido" tienen buena intención. Pero mientas sus mejores mentes sigan recordándonos también que somos "disposiciones accidentales de átomos" para quienes la personalidad y el libre albedrío son un espejismo, sus esfuerzos serán siempre un placebo antes que una cura.

¿Hay manera de regresar de esta crisis? Tengo confianza en que la hay, y que estamos empezando a ver cómo cambia la marea. Empieza con la admisión de que llevamos demasiados años viviendo en la historia equivocada. El paradigma materialista-determinista es un supuesto ateo que no está respaldado por la ciencia ni por la filosofía. No tenemos por qué ser obligados a vivir en semejante no historia.

Agradezco la creciente influencia de pensadores del mundo secular como los panpsiquistas que apuntan a los problemas del materialismo, o los psiquiatras y psicólogos como McGilchrist y Vervaeke, que nos exhortan a volver a las maneras holísticas de pensar en el mundo. Al mismo tiempo, no quiero conformarme con nada menos que la historia verdadera de la realidad.

El camino adelante debe pasar por recuperar el poder de la narrativa. Todos buscamos una historia conforme a la que vivir nuestras vidas. Las historias nos permiten vernos como parte de algo mucho más grande que nosotros mismos. Pero el propósito de la narrativa no es acabar metidos en cuentos de hadas o en el simulacro de un mundo virtual, sino recuperar la historia verdadera hacia la que apuntan en última instancia todas las demás historias.

Si existe una historia que dote de sentido a quiénes somos, entonces debemos preguntarle al dramaturgo cuál es y cómo podemos representar nuestro papel en ella. Si hay algún camino que se supone debemos seguir, tiene que haber alguien que nos señale el rumbo. Si ahí fuera hay un sentido que hay que descubrir, tiene que haber una fuente de verdad. Si hay un modo de ser realmente humanos, tiene que haber alguien que pueda enseñarnos en qué consiste la plenitud de la vida.

Creo que Occidente, al haberse visto privado de sentido, propósito y una historia por la que vivir, está empezando a recuperar la historia del cristianismo y la afirmación que hizo su protagonista de ser la encarnación personal del camino, la verdad y la vida. A lo largo de este libro he intentado señalar las maneras en que vemos cómo sucede esto intelectualmente en la cultura, la historia y la ciencia.

Pero quizá lo que sea aún más importante sucederá cuando empecemos a superar la falsa dicotomía entre los hemisferios cerebrales izquierdo y derecho, entre científicos y narradores, entre razón e imaginación. Lo veo suceder ya en las historias de los pensadores heterodoxos que rebaten los paradigmas prevalecientes, y en los convertidos que encuentran a Dios cuando rechazan la máquina del materialismo para explorar el sentido de una gran mente detrás de todas las cosas. Estos son los primeros indicios de que las personas se están dando permiso para vivir en una historia distinta.

Es la historia de aquel descrito como el *Logos*, la Palabra o el Verbo, que creó un mundo por amor, puso a los humanos en su centro y, cuando todo se torció, entró en persona en la historia para redimir y restaurar su creación. Es una historia colosal que declara que cada historia individual importa. Lejos de ser un producto más de un universo sin sentido ni propósito, encaminado al olvido, a cada uno se nos ha ofrecido un papel integral en la gran obra teatral cósmica. Lo que hagas con tu papel es cosa tuya, pero a pesar de ello se te invita a participar en una historia que se entreteje a lo largo del tiempo y del espacio, una historia en la que se te ha incluido adrede, en la que tienes un propósito y eres amado.

Esta es la historia que nos dio forma y nos alimentó durante casi dos mil años. Su fuerza no se ha disipado, incluso aunque ahora solo se recuerde a medias. Pero cuando las personas la aceptan hoy, sigue transformando vidas individuales y, a su vez, civilizaciones enteras.

¿Y si la marea estuviera a punto de cambiar?

En el último capítulo de este libro explicaré por qué pienso que esto es algo que quizá veamos en nuestra propia generación. El increíble resurgimiento de la creencia en Dios ya ha comenzado, y es posible que vivamos para ver, acompañando este proceso, el renacimiento de nuestra cultura.

# Capítulo 7

## EL INCREÍBLE RESURGIMIENTO DE LA CREENCIA EN DIOS

Creo que todos somos creados para adorar. Ese instinto se encuentra tan dentro de nosotros que, si no adoramos a Dios, acabaremos adorando cualquier otra cosa.

El objeto de la adoración de una persona es aquel elemento preeminente en torno al cual ha organizado su vida. Tenemos a los candidatos glamurosos habituales: el dinero, el sexo, el poder; y a los ídolos menos evidentes: la carrera, la familia, la forma física. No es que alguna de estas cosas sea mala por sí misma, pero, como dice Tim Keller, la idolatría suele conllevar «convertir una cosa buena en algo último».[1]

Las formas seculares de adoración conllevan la búsqueda de una causa justa. A menudo, una campaña noble, una ideología social o una vocación política puede convertirse en el canal para un sentido de lo sagrado en las vidas de las personas. Queremos creer en lo que es realmente bueno, justo y hermoso, y obrar para alcanzarlo.

En el caso de Paul Kingsnorth, desde bien pequeño su objeto de veneración era la naturaleza, y el campo, su lugar de adoración. El amor de Kingsnorth por el mundo natural inspiró su participación de adulto en el activismo ecologista:

> Cuando era pequeño solía dar largos paseos con mi padre. Nos pasábamos semanas caminando y acampando en la naturaleza. Creo que, sin quererlo, mi padre me convirtió en panteísta. Cuando ves cómo la sociedad destruye sistemáticamente la creación para ganar

1. Timothy Keller con Katherine Leary Alsdorf, *Every Good Endeavor: Connecting Your Work to God's Work* (Nueva York: Penguin Books, 2016), 128.

> dinero, esto te convierte en activista. Tuve la sensación de que se estaba perpetrando un gran sacrilegio en el mundo viviente.[2]

Kingsnorth es un poeta y novelista galardonado que vive en Irlanda y, durante muchos años, hizo campaña para el movimiento ecologista. En 2021, después publicar un ensayo titulado "La cruz y la máquina", comenzó a circular la noticia de su conversión al cristianismo.

Cuando lo invité a contar su historia en una conversación con el exarzobispo de Canterbury, Rowan Williams, Kingsnorth nos contó que se crio en un hogar donde la religión se consideraba algo prácticamente irrelevante. Su exposición a himnos en la escuela y alguna que otra visita a la iglesia durante su infancia dieron paso a un breve periodo de ateísmo rebelde adolescente. «Durante un par de años intenté ser un Richard Dawkins adolescente», recuerda.

Pero su flirteo con el ateísmo «nunca fue muy convincente», confiesa.

> Al mismo tiempo que me burlaba de la religión, era un gran amante de la literatura fantástica y un gran creyente en los fantasmas y el mundo sobrenatural. Nunca fui una de esas personas que piensan que el mundo ha perdido su encanto. Siempre supe que estaba encantado, pero no sabía qué hacer con ese conocimiento.

Este sentido de lo sagrado evocado por la naturaleza condujo a Kingsnorth a «una vacilante búsqueda espiritual» hacia algún tipo de expresión religiosa de sus anhelos. Durante unos años practicó el budismo zen, pero al final admitió que, en lugar de mirar a su interior en busca de respuestas, quería mirar hacia fuera. Quería adorar… algo.

Entonces probó la adoración a la naturaleza uniéndose a un grupo wiccano. A pesar de su pretensión de tener un origen muy remoto, según Kingsnorth, la wicca es una religión nueva, se inventó en la década de 1960 («los wiccanos se enfadarían mucho si los llamaras nueva era, pero básicamente es lo que son»); implica una mezcla de adoración a la diosa, tradiciones mistéricas y enseñanza ocultista. «Lo mezclas todo y el resultado es una excusa para adorar la naturaleza en el bosque», dice Kingsnorth. «En cierto sentido, resultaba muy satisfactorio porque cubría mi necesidad de encontrar un nombre para lo divino».

---

2. Las citas de Kingsnorth en esta sección proceden de "Rowan Williams and Paul Kingsnorth: Conversion, Culture, and the Cross", 3 de junio de 2022, *The Big Conversation*, temporada 4, episodio 2, video, https://www.youtube.com/watch?v=iCxznkRKa1w.

Pero aún faltaba algo. En su vida profesional, Kingsnorth se había desencantado cada vez más con la naturaleza colectiva de un movimiento ecologista que había sido "secuestrado" por las fuerzas de la industrialización tecnológica contra las que otrora combatió. También había llegado a reconocer los límites del poder humano; incluso el deseo loable de salvar el planeta podía acabar convirtiendo en tiranos a buenas personas. La naturaleza necesitaba un salvador más grande que ella, y los humanos también.

## De la wicca a la ortodoxia

Kingsnorth dice que se quedó sorprendido la noche que su esposa predijo que él se iba a convertir al cristianismo:

> Mi esposa tiene mucha más perspicacia espiritual que yo, y se le da muy bien profetizar cosas sin hacer aspavientos. Un día habíamos salido a cenar y de repente dijo, sin venir a cuento: «Te vas a hacer cristiano». Ni siquiera estábamos hablando de religión. Le dije: «¿Qué me estás contando?». Y me dijo: «No sé, simplemente he sabido que tenía que decirlo». Y tenía razón, como suele pasar.[3]

Describe cómo fue el paso de la wicca al cristianismo:

> De hecho, me dio la sensación de que me sacaban físicamente a rastras de la wicca. En el mundo operan todo tipo de fuerzas extrañas de las que las personas no son necesariamente conscientes. Había estado buscando realmente a Dios, y Cristo había venido a encontrarme. Había ido en busca del budismo y de la wicca porque pensaba que encajaban en mi manera de ver el mundo. ¡Pero nunca pensé que el cristianismo encajaba mi manera de verlo! Y no quería ser cristiano.

Kingsnorth no es la primera persona que se describe como converso reacio. A pesar de su escepticismo hacia el cristianismo, empezó a percibir una serie de "incidencias divinas" que parecían apuntar todas en la misma dirección:

> Empecé a tener experiencias muy extrañas que son difíciles de describir. Cada cinco minutos tenía sueños y conocía a un cristiano. Yo

3. Las citas de Kingsnorth en esta sección proceden de "Rowan Williams and Paul Kingsnorth".

> solía dirigir una escuela de escritura y, de repente, llegaban vicarios que me pedían que leyera sus sermones y les diera mi opinión. De la noche a la mañana, personas a las que había conocido por años me contaban que eran cristianas, y yo no lo sabía. Me daba la sensación de que Jesús iba a por mí. Aquel no era el plan, pero estaba sucediendo… Si cinco años antes me hubieran contado algo así me habría parecido absurdo.

Este viaje acabó llevando a Kingsnorth a la ortodoxia oriental, que podríamos considerar la rama más antigua de la iglesia cristiana. Admite que un inglés que vive en Irlanda y asiste a una iglesia ortodoxa rumana no es la combinación más habitual, pero desde el primer momento se vio "arrebatado" por una forma de adoración litúrgica que por fin lo conectó con el Dios que había estado buscando:

> La integración de todos los sentidos es muy fuerte en la tradición ortodoxa. No es solo cuestión de una participación intelectual, todo sucede a la vez. Y la verdad es que en aquella liturgia pasaron cosas… En la Iglesia ortodoxa es muy, muy real el énfasis sobre el hecho de que Dios es tanto trascendente como inmanente («presente en todas partes y llenando todas las cosas», como dice la Oración del Trisagio). No es el motivo de que me hiciera ortodoxo, pero satisfizo la necesidad que tenía de un Dios que estaba presente en la creación además de trascenderla.

Entiendo el viaje de Paul Kingsnorth como un indicio de los tiempos en que vivimos. Las personas andan buscando una historia que dote de sentido a sus vidas. Quizá no es de extrañar que un novelista se embarque en semejante búsqueda. Pero incluso Kingsnorth se sorprendió de acabar en la historia cristiana, una religión que de joven había rechazado considerándola «un resto de una época en que fue real, pero en la que ya no creíamos», y que asumió que no era más que otra forma de control social. Ahora, desde dentro, ve las cosas de una forma muy diferente:

> No podemos negar la realidad de las cosas malas que han sucedido en las iglesias, los abusos de poder y todo eso. Pero el verdadero camino, la fe, es enormemente liberador, y eso fue otro impacto para mí. Uno crece con esas ideas incuestionadas sobre cómo el cristianismo es un sistema que intenta arrebatarte cosas y, de alguna manera, controlarte, pero no lo es.

¿Por qué volver a la historia cristiana después de plantearnos muchas otras opciones, el ateísmo, el budismo y la nueva era? Creo que es porque, en definitiva, todas las historias señalan a la narrativa cristiana.

Algunas se derivan de ella más que otras. «Al mirar atrás, veo que la wicca (y buena parte del material de la nueva era) es una herejía cristiana», dice Kingsnorth. «La gente manipula pan, vino y altares. Es una sátira del cristianismo».

Pero, como hemos visto, también descubrimos el relato cristiano inserto en los paradigmas morales heredados por el humanismo secular, así como el gran número de causas e ideologías que han surgido en las últimas décadas. Además, creo que incluso los precursores, como el budismo, el hinduismo y las religiones de la naturaleza, se hacen eco de la historia cristiana de maneras que apuntan hacia su cumplimiento final en Jesús.

Todos adoramos algo, incluso en una época cuando se piensa que la religión (y en especial el cristianismo) está en decadencia. Pero creo que el motivo de que estemos comenzando a ver un resurgimiento de la creencia en Dios se debe a que la historia de Jesús sigue dotando del mejor sentido a nuestras historias.

## La religión en cifras

La decadencia del cristianismo en Occidente desde la década de 1950 está bien documentada. Cada estudio nuevo nos recuerda la tendencia a la baja.

Según un estudio de Pew Research, el 63 por ciento de la población estadounidense se identificaba como cristiana en 2021, frente al 75 por ciento una década antes. Entre tanto, 3 de cada 10 adultos estadounidenses se identificaban como irreligiosos, personas que afirman no tener ninguna afiliación religiosa. Esa cifra es de casi el doble entre los mileniales (nacidos entre 1980 y 1996), y en la generación Z (nacidos entre 1997 y 2012).[4]

La tendencia es incluso más pronunciada en países que son más poscristianos que Estados Unidos. Más de la mitad de la población del Reino

---

4. Gregory A. Smith, "About Three-in-Ten U.S. Adults Are Now Religiously Unaffiliated", *Pew Research Center*, 14 de diciembre de 2021, https://www.pewresearch.org/religion/2021/12/14/about-three-in-ten-u-s-adults-are-now-religiously-unaffiliated/; "In U.S., Decline of Christianity Continues at Rapid Pace", *Pew Research Center*, 17 de octubre de 2019, https://www.pewresearch.org/religion/2019/10/17/in-u-s-decline-of-christianity-continues-at-rapid-pace/.

Unido se identifica hoy como no religiosa, y ya de entrada casi una cuarta parte de estas personas no han crecido en ningún tipo de entorno religioso.[5]

Cabe destacar que estas estadísticas occidentales no representan la imagen global. En otras partes del mundo menos seculares, como el sur global, la creencia en Dios sigue siendo parte integral de la vida cotidiana. De hecho, como las personas religiosas tienden a tener más hijos que su contrapartida secular, la proporción de personas que se identifican como no religiosas se está reduciendo entre la población mundial.[6] E incluso en Occidente hay excepciones notables a la imagen de decadencia a nivel mundial. El crecimiento de la comunidad afrocaribeña ha aumentado la asistencia a muchas iglesias de ciudades del Reino Unido, mientras que la actividad de plantación de iglesias de Holy Trinity Brompton, sede del curso Alpha, ha revitalizado cientos de iglesias que estaban a punto de cerrar sus puertas.

A pesar de todo, la imagen general en Occidente es la de una merma constante en la asistencia a la iglesia. Si bien hay un buen número de iglesias evangélicas protestantes que se han mantenido bastante estables en las últimas décadas (aunque incluso ellas empiezan a decaer), la mayoría de las denominaciones históricas en Europa y en Estados Unidos se están reduciendo a un ritmo alarmante,[7] una tendencia que los dos años de restricciones debidas al COVID solo acentuaron. Algunos predicen que, si no se invierte esa decadencia terminal, las denominaciones anglicana y metodista pueden desaparecer dentro de pocas décadas.

Pero las mismas estadísticas que confirman una reducción de la religiosidad no demuestran necesariamente que el ateísmo esté aumentando. Los que se identifican como ateos en Estados Unidos han aumentado solo en un uno por ciento (del 2 al 3 por ciento) entre 1991 y 2014,[8] lo cual sugiere

---

5. "British Social Attitudes: The 36th Report", National Centre for Social Research, eds. John Curtice et al., 2019, https://www.bsa.natcen.ac.uk/media/39293/1_bsa36_religion.pdf.

6. Michael Lipka y David McClendon, "Why People with No Religion Are Projected to Decline as a Share of the World's Population", *Pew Research Center*, 7 de abril de 2017, https://www.pewresearch.org/fact-tank/2017/04/07/why-people-with-no-religion-are-projected-to-decline-as-a-share-of-the-worlds-population/.

7. Por ejemplo, véase Ryan Burge, "Why It's Unlikely U.S. Mainline Protestants Outnumber Evangelicals", *Religion Unplugged*, 12 de julio de 2021, https://religionunplugged.com/news/2021/7/12/why-its-unlikely-us-mainline-protestants-outnumber-evangelicals.

8. Michael Hout y Tom W. Smith, *Fewer Americans Affiliate with Organized Religions, Belief and Practice Unchanged: Key Findings from the 2014 General Social Survey* (Chicago: NORC, Universidad de Chicago, 2015), 2, https://www.norc.org/PDFs/GSS%20Reports/GSS_Religion_2014.pdf.

que los destacados esfuerzos evangelísticos del nuevo ateísmo no se tradujeron en la aceptación del antisobrenaturalismo entre el público.

Los "irreligiosos" habrán rechazado la religión organizada, pero es más probable que se describan como agnósticos o "espirituales, pero no religiosos", y no como ateos. En realidad, los no religiosos suelen caracterizarse por un batiburrillo de prácticas pseudorreligiosas, creencias sobrenaturales e ideas místicas de la nueva era. Por ejemplo, un cuarto de la población no religiosa del Reino Unido afirma que ora al menos de vez en cuando,[9] mientras que uno de cada cinco "irreligiosos" en Estados Unidos dice que ora cada día.[10] En el Occidente secular, nuestros instintos religiosos siguen siendo profundos, incluso aunque no sepamos decir a quién o a qué le estamos rezando.

Lo que la gente ha rechazado durante el último medio siglo ha sido la parte "organizada" de la religión, no la espiritualidad en sí misma. Y los efectos no solo se sienten en la religión organizada. El auge del individualismo y el rechazo de las formas tradicionales de comunidad en general significan que la iglesia está en el mismo barco que los partidos políticos, los clubes sociales y los grupos cívicos, que también han visto una reducción de su membresía. El hecho de que los pubs locales en los pueblos estén cerrando sus puertas a más velocidad que las iglesias rurales es un recordatorio de que hay en marcha cambios demográficos más amplios.[11]

Irónicamente, quienes rechazan formar parte de una comunidad religiosa para conservar una apariencia de espiritualidad personal se pierden la mayoría de los beneficios sociales que aporta una afiliación religiosa. La investigación demuestra que las personas que asisten regularmente a la iglesia tienen relaciones sociales más fuertes y menos incidencia de depresión. Fuman menos, tienen matrimonios más felices y tienen vidas más saludables y largas que quienes no van a la iglesia. Se ha demostrado que las personas religiosas activas aportan más dinero y más tiempo a oenegés

9. Stephen Bullivant, *The "No Religion" Population of Britain* (Londres: Benedict XVI Centre for Religion and Society, St. Mary's University Twickenham, 2017), 15, https://www.stmarys.ac.uk/research/centres/benedict-xvi/docs/2017-may-no-religion-report.pdf.

10. Pew Research Center, "Chapter 2: Religious Practices and Experiences", en *U.S. Public Becoming Less Religious* (Pew Research Center: 3 de noviembre de 2015), https://www.pewresearch.org/religion/2015/11/03/chapter-2-religious-practices-and-experiences/.

11. Véase Rachel Pfeiffer, "After 2,000 UK Church Buildings Close, New Church Plants Get Creative", *Christianity Today*, 25 de mayo de 2022, https://www.christianitytoday.com/news/2022/may/uk-england-church-close-anglican-buildings-restore-new.html; Peter Brierley, "Churches Outnumber Pubs in the UK", *Christianity Today*, 28 de mayo de 2019, https://www.christianitytoday.com/news/2019/may/churches-outnumber-pubs-in-uk-london-attendance-pentecostal.html.

(incluyendo seculares) que las personas irreligiosas. Incluso donan más sangre.[12]

Con el paso de los años, algunos grupos seculares han intentado replicar entre los incrédulos los beneficios de una comunidad religiosa. A finales del siglo xix se fundaron sociedades éticas en Estados Unidos y el Reino Unido, reuniones de personas que querían separar la moral de la religión. El movimiento fue ganando partidarios durante varias décadas, pero experimentó una merma radical a partir de la década de 1920, y hoy en día solo queda un puñado de congregaciones. Como mencioné en el capítulo 1, más recientemente se produjo una encarnación más enérgica de las "iglesias ateas", cuando comenzó en Londres la primera Asamblea dominical. Se parece a un culto típico de iglesia, pero sin Dios.

Como sucede con muchos grupos religiosos, lo que atrae primariamente a las personas a estas reuniones es la vida comunitaria. Pero las iglesias tienen un componente extra que brilla por su ausencia en una sociedad ética o una Asamblea dominical. No se limitan a reunirse en torno a un grupo compartido de ideales o por la diversión de entonar juntos canciones de Queen. Las iglesias se reúnen en torno a una persona, Jesucristo, y creen que en su diversidad están cohesionadas por la presencia viva del Espíritu Santo. Es difícil superar eso, por muy bien que canten los que se reúnen.

Después de un aluvión inicial de publicidad, en otros lugares del mundo se crearon diversas congregaciones de asambleas dominicales. Sin embargo, ese crecimiento se detuvo debido a un cisma producido en la red, y diversas congregaciones desaparecieron. El COVID también ha pasado factura, y en el momento en que escribo esto, la página web señala que muchas de las asambleas están inactivas.[13] Parece ser que las iglesias sin Dios tienden a enfrentarse a muchos de los mismos retos que las iglesias normales.

En resumen, la religión organizada (y la ausencia de religión) ya no goza del favor de Occidente. Pero hay muchas personas que siguen buscando sentido y espiritualidad donde puedan encontrarlos.

---

12. Por ejemplo, véase Harold Koenig, "Religion, Spirituality, and Health: The Research and Clinical Implications", *ISRN Psychiatry* 2012 (16 de diciembre de 2012): 278730, Teresa A. Rummans, "Religious Involvement, Spirituality, and Medicine: Implications for Clinical Practice", *Mayo Clinic Proceedings* 76 (2001): 1225–1235, https://www.mayoclinicproceedings.org/article/S0025-6196(11)62799-7/pdf; Desmond Busteed, "Figures Reveal Christians Donate More Blood", *Premier Christian News*, 14 de junio de 2015, https://premierchristian.news/en/news/article/figures-reveal-christians-donate-more-blood.

13. "Find Your Assembly", *Sunday Assembly*, consultada el 15 de noviembre de 2022, https://www.sundayassembly.org/map.

## Todos somos creyentes

Incluso si son más las personas que un domingo por la mañana deciden quedarse en la cama en vez de ir a la iglesia, e incluso si la creencia en Dios está menos extendida de lo que solía estarlo, estoy convencido de que ninguno de nosotros es en realidad menos religioso que antes; simplemente, nuestra religión es diferente.

Me vino a la mente este hecho cuando un ateo denunció burlonamente en Twitter mi creencia en Dios, diciendo que era ridículo creer en cosas inmateriales que no se pueden demostrar científicamente. Le señalé que su biografía en Twitter declaraba su firme creencia en los derechos humanos, los derechos de las mujeres y los derechos de la comunidad LGTB, todas ellas cosas inmateriales que no se pueden demostrar científicamente.

Nuestro impulso religioso innato se manifiesta también en la devoción casi religiosa (ya mencionada en el capítulo 2) por diversas causas ideológicas, ya sea cuestiones de sexualidad, raza y género en la izquierda o de nacionalismo político en la derecha, con su creencia en las libertades sacrosantas como, en el caso de Estados Unidos, el derecho constitucional a poseer armas.

Incluso las personas más irreligiosas pueden demostrar una devoción resuelta a una causa santa: pensemos en la ira justa de los activistas de Extinction Rebellion (Rebelión contra la extinción), que provocaban cortes de tráfico y saboteaban el transporte público motivados por sus convicciones, o la devoción a teorías absurdas de la conspiración al estilo QAnon, que han tipificado partes de la cultura conservadora. A menudo hay ceremonias rituales: pensemos en aquellos que doblan la rodilla en eventos públicos para protestar contra el racismo o juran lealtad a una bandera para demostrar su patriotismo. También hay símbolos sagrados: pensemos en el ubicuo arco iris que decora tantos espacios públicos y logos colectivos durante los meses del Orgullo. Y hay incluso herejes: recuerda a J. K. Rowling.

Resulta que en el fondo todos somos creyentes. Todos creemos que el bien debe vencer al mal y que la justicia es importante. Quizá hayamos heredado esas creencias de nuestro pasado cristiano, pero a medida que esa historia se ha perdido de vista, nos queda un conjunto de creencias cuasirreligiosas que se han soltado de sus amarras originales. Tal como dice Glen Scrivener, «todos estamos sobre la Biblia, lanzándonos versículos unos a otros. Simplemente hemos olvidado las citas».[14]

---

14. Glen Scrivener, "Dominic Cummings: 10 Extraordinary Things We Can All Agree On", *Premier Christianity*, 27 de mayo de 2020, https://www.premierchristianity.com/home/dominic-cummings-10-extraordinary-things-we-can-all-agree-on/2813.article.

El problema es que los acólitos que se reúnen en torno a los nuevos tótems de los derechos LGTB, el ecologismo, el feminismo, el antirracismo y el patriotismo heredan a menudo los peores aspectos del fundamentalismo religioso en su celo por la justicia. Por dignas que sean sus causas, sus adherentes a menudo se presentan como cruzados santurrones que, si no pueden convertir a quienes los rodean, usarán contra el incrédulo el poder de las masas.

El impulso hacia la pureza ideológica ha hecho que incluso los *woke* sean superados en "wokismo" por sus colegas.

Cuando la joven escritora de ficción para adultos Amélie Wen Zhao, inmigrante china en Estados Unidos, recibió su primera oferta para un contrato editorial, estaba muy entusiasmada. A los editores les gustaba su serie de novelas fantásticas situadas en un imperio mítico donde un grupo de personas dotadas de poderes mágicos son esclavizadas y demonizadas. Pero su alegría duró poco. Los primeros ejemplares de reseña de su novela *La princesa roja* fueron machacados por lectores que la acusaron de caer en estereotipos raciales, apropiación cultural e indiferencia por la experiencia de la esclavitud afroamericana. El molino del escándalo comenzó rápidamente a mover las aspas y al cabo de unos días, una mortificada Zhao había publicado una disculpa y el libro se había retirado.

Uno de los principales críticos fue otro novelista, Kosoko Jackson, un escritor negro gay que siempre hablaba de la diversidad y de la representación en el género. Su novela debut, *A Place for Wolves* (Un lugar para lobos), cuenta la historia de dos chicos que se enamoran durante la guerra de Kosovo. Sin embargo, ni siquiera su pedigrí políticamente correcto pudo proteger a Jackson de que lo avergonzasen públicamente cuando, tras una crítica negativa por el tratamiento que hizo de la guerra y el retrato de los musulmanes en el libro, se produjo una reacción violenta en las redes sociales. Como Zhao, retiró el libro de la imprenta y escribió una disculpa, prometiendo aprender de sus errores.

Las palabras de Jesús «no juzguéis, para que no seáis juzgados» parecen muy oportunas. Lamentablemente, el juicio suele ser el *modus operandi* para este nuevo movimiento religioso, en el que no hay expiación, ni perdón, ni restauración del pecado.

Para que los ejemplos anteriores no nos induzcan a imaginar que estos problemas solo existen en la izquierda progresista, cabe destacar que ambos bandos tienen sus causas sagradas. «La locura de la multitud», una expresión que acuñó el escritor escocés Charles Mackay y que luego usó Douglas Murray para el título de su libro donde crítica la cultura *woke*, a menudo también es aplicable a la derecha política.

La invasión al Capitolio de Estados Unidos el 6 de enero de 2021 por una multitud de personas que pensaban que le habían robado a Trump las elecciones a la presidencia estuvo motivada por la creencia casi religiosa de que el futuro de Estados Unidos estaba en peligro y que Donald Trump era su salvador. Las personas que antes de aquel día no habían cometido mayor delito que una multa de aparcamiento se vieron arrastradas a una insurrección civil en el calor del momento. Quizá, en medio del desencanto rutinario de la vida cotidiana, esto se les antojó como una gran misión, una aventura, algo en lo que creer.

En un mundo donde hemos perdido de vista la gran aventura de la historia cristiana de la realidad, es probable que nos contentemos con historias mucho más pequeñas. Sustituimos un drama de relevancia cósmica, escrito en las páginas de la Escritura y de la historia, por refriegas políticas y batallas culturales que, probablemente, dejarán boquiabiertas a las generaciones futuras al ver cuánto calor generamos y qué poco se consiguió.

La ironía radica en que a menudo las motivaciones tanto de la izquierda como de la derecha son buenas: la búsqueda de la verdad y la justicia. Pero la religión sin gracia es insostenible. Degenera rápidamente en batallas culturales y cancelación. Cuando el celo religioso se desvincula de la única fuente verdadera de justicia y paz, el agotamiento y el resentimiento son inevitables.

Hay un motivo por el que los mayores momentos de cambio cultural y sistémico a lo largo de los siglos han sido llevados a cabo por aquellos cuyos ojos se volvieron al cielo en vez de a la tierra; personas como William Wilberforce y la secta de Clapham, que lucharon por la abolición de la esclavitud, y el reverendo Martin Luther King Jr. y los líderes de iglesia que lo apoyaron y que combatieron por los derechos civiles en Estados Unidos. Ellos veían una imagen más amplia que trascendía el poder y la política. Estaban comprometidos con la obra lenta y paciente de sembrar las semillas de un reino distinto. Estaban dispuestos a manifestar gracia, amar a sus enemigos, poner la otra mejilla y bendecir a quienes los perseguían. ¿Por qué? Porque vivieron según la historia de alguien que había recorrido ese mismo camino antes que ellos.

## Conversos literarios

Ahora que la historia del nuevo ateísmo sobre el materialismo científico empieza a desgastarse y la gente se cansa de historias cuasirreligiosas que fomentan las batallas culturales presentes, estoy convencido de que vemos cómo nuestra cultura está cada vez más dispuesta a replantearse el valor de la historia cristiana.

Los conversos, como Paul Kingsnorth, son un caso de estudio interesantes. Él es uno de los numerosos ejemplos de inteligentes figuras literarias que se sorprenden al recorrer de nuevo (o al iniciar por primera vez) el camino de la creencia cristiana estando ya en sus años adultos. Podría mencionar muchos más.

El influyente escritor y columnista británico A. N. Wilson pasó su madurez siendo incrédulo, tras rechazar conscientemente sus raíces anglicanas cuando tenía treinta y tantos años. Describe su aceptación inicial de ser "un ateo nacido de nuevo" en términos explícitamente religiosos. Encantado de poder unirse a la intelectualidad de amigos como Christopher Hitchens, escribió: «Podría unirme al credo compartido por tantos (¿la mayoría?) de mis contemporáneos inteligentes en el mundo occidental: que los hombres y las mujeres son seres puramente materiales».[15]

No obstante, cuando el relumbre de su experiencia de conversión empezó a disiparse, se dio cuenta de que el credo materialista no podía contener ninguna de las cosas que más valoraba en la vida. «El ateísmo materialista dice que somos solo un conglomerado de sustancias químicas. No puede dar respuesta a la pregunta de cómo, si solo somos trozos de carne animados, podemos ser capaces de amor o de heroísmo o de poesía».[16]

Empezó a acercarse de nuevo a hurtadillas a las iglesias anglocatólicas que frecuentó en otro tiempo, y se sintió conmovido no solo por la música y la ceremonia, sino también, por primera vez, por la esencia de lo que se proclamaba. «Al mirar atrás también me di cuenta de que tuve una fase larga, muy larga, posiblemente la mayor parte de mi vida adulta, en la que fui un asistente asiduo a la iglesia sin realmente creer en su mensaje».[17]

Wilson dice que su consiguiente regreso a la fe cristiana «no sorprendió tanto a nadie como a mí mismo». A pesar de que en sus años de ateísmo escribió un libro marcadamente escéptico sobre el Jesús histórico, ha escrito

15. A. N. Wilson, "A. N. Wilson: Why I Believe Again", *New Statesman*, 2 de abril de 2009, https://www.newstatesman.com/long-reads/2009/04/conversion-experience-atheism.

16. A. N. Wilson, "Religion of Hatred: Why We Should No Longer Be Cowed by the Chattering Classes Ruling Britain Who Sneer at Christianity", *Daily Mail*, 10 de abril de 2009, https://www.dailymail.co.uk/news/article-1169145/Religion-hatred-Why-longer-cowed-secular-zealots.html.

17. A. N. Wilson, "A. N. Wilson Recommends the Best Christian Books", entrevista con Harry Mount, *Five Books*, 22 de diciembre de 2016, https://fivebooks.com/best-books/anwilson-christian-books/.

conmovedoramente sobre su nueva apreciación de la resurrección. «En el pasado cuestioné su veracidad y sugerí que no había que interpretarla literalmente. Pero cuanto más leo la historia de la Pascua, mejor parece encajar con la condición humana y aplicarse a ella. Este es otro motivo por el que creo en ella».[18]

Cabe tener en cuenta que su retorno a la fe no se debió a que descubriese un argumento apologético inatacable a favor del cristianismo. Más bien, Wilson se dio cuenta de que el paradigma materialista que antes aceptó era un artículo de fe igual que la creencia cristiana. Sin embargo, le pareció que la belleza de la historia cristiana dotaba de más sentido a sus esperanzas, amores y deseos, de modo que optó por apuntarse a esa cosmovisión.

Francis Spufford es otra famosa celebridad literaria que descubrió su camino de vuelta a la fe siendo adulto. En los últimos años ha escrito novelas alabadas por la crítica, como Golden Hill, pero antes de eso fue conocido sobre todo por sus obras de ensayo, como su breve libro *Impenitente: Una defensa emocional de la fe*, una apología osadamente polémica (y en ocasiones malhablada) del modo en que el cristianismo dota de sentido "emocional" a la vida.

Cuando le pregunté por su viaje, Spufford me contó que creció en un hogar donde iban a la iglesia, pero dice que abandonó este hábito «como suelen hacerlo los adolescentes», después de categorizarlo como «un mueble infantil que ya no necesitaba».[19] Se mostraba suspicaz con la autoridad, diciendo que «había mezclado a Dios con determinadas formas de autoridad que me resultaban incómodas». Fue solo de adulto, cuando estuvo seguro de que la iglesia se había visto físicamente desprovista de personas (y por consiguiente también de su autoridad), cuando estuvo dispuesto a plantearse regresar a ella.

Sin embargo, su vuelta a la fe después de «veintipico años de ateísmo»[20] se debió a que encontró de nuevo el cristianismo de un modo que apelaba a las facetas psicológica y emocional de su humanidad, sobre todo la experiencia de la gracia.

En un cándido pasaje de *Impenitente*, describe cómo se sentó en una cafetería después de una discusión con su esposa, de esas del estilo «te saco

18. Wilson, "Religion of Hatred".

19. Las citas de Spufford en este párrafo proceden de "Francis Spufford and Philip Pullman: Does Christianity Make Surprising Emotional Sense?", 10 de julio de 2020, *Unbelievable?*, pódcast, https://www.youtube.com/watch?v =nq2xqpspkzc.

20. Francis Spufford, *Unapologetic: Why, Despite Everything, Christianity Can Still Make Surprising Emotional Sense* (Nueva York: HarperOne, 2013), 75.

los ojos, te araño la piel». «Fue una de esas peleas cíclicas que se reactivan cada vez que piensas que se han acabado ya por agotamiento porque no podemos dejar estar las cosas que están mal».[21]

Mientras «me lamía las heridas junto con un capuchino», de fondo empezó a sonar un concierto para clarinete de Mozart, y su tema consistente y repetitivo pareció interpelar a Stufford. «Proporciona un gozo firme, absolutamente apacible, pero no finge que no hay tristeza». De repente, por medio de la música, la cualidad de la misericordia cristiana le llegó de una manera nueva:

> Lo había escuchado montones de veces, pero esta vez me pareció una noticia novedosa. Decía: todo lo que temes es cierto. Y sin embargo... sin embargo... Todo lo que has hecho mal, lo has hecho realmente mal. Y sin embargo... sin embargo... El mundo es más grande de lo que temes que sea, más amplio que los galimatías reiterados en tu mente, y contiene *esto* con tanta certeza como contiene tu infelicidad.[22]

Como una alternativa llamativa a la palabra "pecado", Spufford inventó la frase memorable «la propensión humana a j... todo».[23] A lo largo de su libro hace referencias regulares a la "PHJT". Es la condición humana, y Spufford ofrece un relato crudo del modo en que todos somos propensos a esto. Y sin embargo... sin embargo... ¿Y si hubiera un Dios que lo sabe todo sobre la PHJT, pero a pesar de esto decide entrar en el caos de nuestro mundo? ¿Un Dios que se introdujo en él, pero misteriosa y milagrosamente lo trasciende? En la versión que ofrece Spufford de la resurrección, el Jesús resucitado dice: «Se pueden arreglar más cosas de las que imaginas».[24]

En lugar de intentar demostrar a Dios por medio de un argumento objetivo, ya sea intelectual o filosófico (de aquí el título *Impenitente*), Spufford demuestra cómo la fe cristiana habla a nuestras emociones y a nuestra psicología humanas, cómo se siente desde dentro. Ciertamente, el cristianismo habla a las cosas que valoramos más (el amor, la belleza, la música, el arte), pero tampoco pasa por alto lo malos que somos, y se reúne con

21. Spufford, *Unapologetic*, 14–15.

22. Spufford, *Unapologetic*, 15–16.

23. Spufford, *Unapologetic*, 27.

24. Spufford, *Unapologetic*, 127.

nosotros tanto en nuestra gloria como en nuestra vergüenza. Para Spufford, creer tiene sentido porque esa creencia nos dota de sentido.

En la conversión de Holly Ordway no medió ningún contacto previo con la iglesia en su niñez. Para ella, la poesía y la literatura se convirtieron en la vía de acceso a la fe. De niña había alucinado con la Narnia de C. S. Lewis y la Tierra Media de J. R. R. Tolkien.

«Mirando atrás me doy cuenta de que, ya de joven, hubo muchos destellos de trascendencia», dice Ordway. «Hubo libros como *El señor de los anillos* que alimentaron realmente mi imaginación, aunque no los conectaba con ningún sentido cristiano».[25]

Ordway dice que, ya en la época en que estudiaba y enseñaba literatura inglesa en la universidad, se había acomodado en un paradigma ateo. «Simplemente pensaba: "El cristianismo es una superstición absurda". Nunca me habían dado ningún motivo para creer que fuera cierto, de modo que lo rechacé sin más».

Sin embargo, a medida que avanzaba la carrera académica de Ordway, se dio cuenta de que la mayoría de los poetas cuyas obras le llegaban más (como John Donne, Gerard Manley Hopkins y T. S. Eliot) escribieron francamente partiendo de sus convicciones cristianas.

> Pensaba explícitamente: «No creo lo mismo que estos tíos, es un absurdo total». Sin embargo, leía intensamente para enseñar sus obras, y descubría que «esto es hermoso». Recuerdo leer las primeras líneas del soneto de John Donne que dice: «Mejora mi corazón, Dios en tres personas, llama a su puerta, insufla aliento, abrillántalo y arréglalo». Me sentí como si hubiera tocado un cable de alta tensión. Aquel fue el momento en el que la imaginación, que había sido como un río subterráneo en mi vida, empezó a salir a la superficie y pensé: «En esta poesía pasa algo, y me pregunto qué es».

Fue este encuentro con la anonadante belleza de la poesía lo que condujo a Ordway a cuestionar su ateísmo por defecto, un proceso que cuenta en las memorias de su conversión, *Dios no va conmigo*. La intensidad de significado en los poemas y en los libros que más amaba parecían señalar a una fuente más allá de sí mismos. Junto con este viaje imaginativo que hablaba

25. Las citas de Ordway en esta sección proceden de Holly Ordway, "Why I Am a Christian: Holly Ordway", entrevista con Justin Brierley, *Premier Christianity*, 4 de marzo de 2014, https://www.premierchristianity.com/home/why-i-am-a-christian-holly-ordway/394.article.

a su alma, Ordway se embarcó en una búsqueda intelectual para investigar las afirmaciones históricas de la fe cristiana. Fue un viaje que al final la indujo a afiliarse a la Iglesia católica romana:

> Releí determinados libros y poesías con una mirada nueva. Ahora entiendo que lo que me ofrecieron personas como Gerard Manley Hopkins (sin duda mi poeta favorito) antes de que fuese cristiana fue un leve atisbo del mundo que me enseñaba que tenía sentido de una manera que no había experimentado nunca. Ahora he entrado en ese mundo. Usando la metáfora de C. S. Lewis, he entrado en ese «haz de luz», de modo que puedo mirar con ellos, y me pueden enseñar más cosas que antes.

Ninguna de estas historias de conversión se ofrece como prueba definitiva de la existencia de Dios. No lo son. Pero son evidencias de la manera, si estamos dispuestos a verla, en que el cristianismo cuenta una historia que dota de sentido a nuestras vidas, amores y anhelos. Estos viajes no fueron solo intelectuales, sino que supusieron una participación de la imaginación.

## La conversión de C. S. Lewis

El problema con la palabra "imaginación" es que damos por descontado que es equivalente a "fantasía", "cuento de hadas" o "ficción". Pero, de hecho, la imaginación es el entorno en el que encontramos más frecuentemente el tipo de verdad que es realmente importante. Las películas de superhéroes que son verdaderos taquillazos, y los mundos ficticios de brujas y magos que crean superventas, incluyen batallas épicas del bien contra el mal. Las historias de heroísmo nos emocionan. El tema del sacrificio por una causa mayor permea todo nuestro arte y nuestra literatura. Los libros que leemos, las canciones que escuchamos y las imágenes que colgamos en nuestras paredes suelen hablar de cosas que no podemos tocar, oler o gustar: la belleza, la justicia y el amor.

Desde mi punto de vista, todos estos son ecos de la historia cristiana. Por chocante que pueda parecer que lo diga alguien cuyo trabajo diario es la apologética, estas historias nos recuerdan que la manera más fructífera en que podemos exponer la historia cristiana a las personas es por medio del ámbito de la imaginación en lugar del intelecto. Conseguimos esto haciendo que, en primer lugar, la gente *quiera* que el cristianismo sea cierto, enseñándoles cómo satisface nuestros instintos más profundos sobre lo que es más importante. Solo entonces puede servir de algo la apologética (el proceso para demostrarles *por qué* es cierto).

Todos los conversos mencionados hasta entonces se vieron influidos por la obra de C. S. Lewis y sus viajes de fe; en mayor o menor grado, han imitado su historia.

La propia conversión de Lewis al cristianismo desde el ateísmo se produjo entre 1930 y 1931, cuando era un joven *fellow*[26] en Literatura inglesa del Magdalen College, Oxford. El motivo de las dos fechas es que su conversión se produjo en dos partes. La primera fue una conversión intelectual al teísmo porque se había convencido de que el naturalismo no podía explicar su creencia en la justicia y la moral, y que por detrás del universo tenía que haber un legislador. Pero la segunda fase, su conversión al cristianismo concretamente, se produjo por la influencia posterior de sus amigos, incluyendo al escritor de literatura fantástica J. R. R. Tolkien.

Lewis conocía el poder que tiene una historia para insuflar vida a algo de maneras que la razón y la lógica por sí solas no pueden hacerlo. En *Sorprendido por la alegría*, escribe cómo su conversión vino precedida de su experiencia de ser un ateo cuyos mayores deleites se hallaban en el mundo imaginativo de la literatura y la poesía:

> Los dos hemisferios de mi mente suponían un contraste radical. En un lado tenía un mar plagado con las islas de la poesía y el mito; en el otro, un "racionalismo" insincero y superficial. Creía que casi todo lo que amaba era imaginario; casi todo lo que creía que era real me parecía adusto y carente de sentido.[27]

Fue su conversión al teísmo lo que permitió a Lewis a empezar a salvar el abismo entre las dos mitades de su mente, y fue la persona de Jesús quien completó la unión de su razón con su imaginación.

Lewis, experto en literatura antigua y en mitología, había hallado a menudo en las culturas paganas el motivo de los dioses que morían y resucitaban. ¿Qué hacía que la historia de Jesús fuera distinta? Fue Tolkien

---

26. Título y apelativo para individuos distinguidos dentro del mundo académico. En este caso, define a Lewis como parte de un grupo de alto nivel de profesores en una universidad concreta (N. del T.).

27. C. S. Lewis, *Surprised by Joy* (1955; Londres: HarperCollins, 2002), 197.

quien lo ayudó a clarificar las cosas. Mientras daban un paseo por Addison's Walk, que rodea el prado detrás del Magdalen College, Tolkien desafió a Lewis. ¿Y si todas esas historias, todos los mitos que tanto cautivaban a Lewis, no fueran solo «mentiras susurradas en plata», sino que apuntasen a un «mito verdadero»?[28] ¿Qué pasaba si eso sucedió una vez, a través de una persona, en un determinado punto de la historia?

Fue esta revelación la que por fin llevó a Lewis a la fe cristiana. Escribió a su amigo Arthur Greeves diciendo: «La historia de Cristo es, simplemente, un mito verdadero, un mito que obra en nosotros de la misma manera que los demás, pero con esta tremenda diferencia: que realmente sucedió».[29] El profundo gozo que Lewis experimentaba al leer literatura y mitología no era un espejismo, sino que tenía una fuente. Las historias que para él tenían más sentido no eran mentiras, sino que contenían las semillas de la verdad que se cumplieron en la vida, muerte y resurrección de Jesús.

Quizá no sea extraño que viajes de fe parecidos a los de C. S. Lewis se den entre personas que son narradores, poetas y periodistas. En el caso de los conversos adultos que mencionamos anteriormente, el viaje de entendimiento solo tuvo lugar una vez habían probado otras historias que, en definitiva, no habían conseguido dotar de sentido a las cosas: las alturas de la gloria humana, las profundidades de la miseria humana, la búsqueda de sentido por detrás de todo. Solo la historia cristiana parecía capaz de abarcar todo esto. Solo la historia cristiana daba sentido a *sus* historias.

Pero estas experiencias no se encuentran limitadas a escritores y a poetas. A lo largo de este libro he procurado demostrar cómo una mezcla ecléctica de historiadores, académicos, científicos, psicólogos, investigadores de la IA, filósofos e incluso actores y monologuistas cómicos se han sorprendido al descubrir que la historia cristiana dota de sentido a sus historias y a la del mundo que los rodea.

Empezamos con el auge del nuevo ateísmo y la insuficiencia de la historia que contaba, que no lograba unificar ni siquiera a sus partidarios y que condujo a la implosión del movimiento, dejando sola a una generación que seguía buscando sentido. Entonces esbozamos la historia de

---

28. Nota al pie en Lewis a Greeves, 18 de octubre de 1931, en *They Stand Together: The Letters of C. S. Lewis to Arthur Greeves, 1914–1963*, ed. Walter Hooper, 1ª ed., EE. UU. (Nueva York: Macmillan, 1979), 428.

29. Lewis a Arthur Greeves, 18 de octubre de 1931, en C. S. Lewis, *The Collected Letters of C. S. Lewis*, vol. 1, ed. Walter Hooper (Nueva York: HarperSanFrancisco, 2004), 977.

nuestra cultura presente y cómo el influyente psicólogo Jordan Peterson parece haberse convencido de que la persona de Jesús conecta las historias más profundas del mito y el sentido con nuestra experiencia objetiva del mundo real. La narrativa de la historia vino después, cuando conocimos al historiador Tom Holland, quien se sintió confrontado por una visión moral del mundo occidental que solo tiene sentido a la luz del relato cristiano que la hizo nacer. Estudiamos la historia de la propia Biblia, y vimos la sorpresa de Jonathan Haidt frente a las profundidades psicológicas de la Escritura, y el problemático ateísmo del periodista Douglas Murray frente al libro religioso que parece ser clave para la civilización. También conocimos la historia del clasicista James Orr, para quien la persona de Jesús salió de las páginas de los Evangelios para convertirse en una realidad viva.

Luego llegó la historia de la ciencia, y presenté a una serie de personas que han llegado a creer que el relato materialista de la naturaleza no puede explicar el universo y la vida que este ha producido. Los científicos como Francis Collins y Rosalind Picard han cruzado la línea hacia la fe cristiana, creyendo que el propio universo apunta al Verbo que dotó de orden al caos e hizo nacer la vida. Vimos después la historia de la mente contra el materialismo, cuando conocimos al psiquiatra Iain McGilchrist, quien cree que solo una mente divina explica la capacidad humana de la consciencia. También mencionamos a conversos al cristianismo como Jennifer Fulwiler, quien abandonó su materialismo mientras iba en la búsqueda de sentido. Y, por último, hemos explorado la historia de la propia religión y el argumento de que, incluso en una era secular, las personas no son menos religiosas; simplemente, adoran cosas distintas.

A lo largo de todo esto, la historia de Jesús parece conectar estas hebras diferentes de la cultura, la historia y la ciencia. *Su* historia da sentido a *todas* las historias, pasadas, presentes y futuras.

C. S. Lewis estuvo en la primera línea para enfrentarse a la creciente crisis de sentido en su generación, cuando vio cómo el paradigma materialista establecía una cabeza de puente en la academia, y empezaba a filtrarse en la cultura popular. Esa infiltración se ha convertido en una riada en los años transcurridos desde entonces. Pero ¿qué pasa si las historias de conversos como Paul Kingsnorth, A. N. Wilson, Francis Spufford y Holly Ordway, así como las de muchos otros que hemos encontrado durante el camino, no son más que las primicias de los que están intentando salir de la crisis de sentido propia de nuestra generación? ¿Estará cambiando la marea?

## Unas palabras sobre la iglesia

Si vemos que las cosas están empezando a cambiar, entonces, tal y como está ahora, es posible que la iglesia sea el último lugar adonde quiera acudir la gente. Los escándalos por abusos que han conmocionado a la Iglesia católica romana han señalado cómo gran parte de sus miembros se iba para no volver, y buena parte de la Iglesia protestante histórica parece estar cayendo en la irrelevancia cultural y la decadencia terminal. Entre tanto, las iglesias evangélicas (sobre todo de la variedad "mega" en Estados Unidos) se enfrentan a sus propias crisis. La conversión en ídolos de pastores célebres, unida a una cultura impulsada por los resultados y centrada en el crecimiento numérico antes que en el espiritual, han creado un "complejo evangélico-industrial" (expresión acuñada por el presentador de pódcast Skye Jethani; la tomó prestada del presidente estadounidense Dwight Eisenhower).

Sin embargo, parece que al mundo evangélico le ha llegado la factura, dado que una larga lista de importantes líderes de ministerios ha caído en desgracia tras acusaciones de abusos sexuales o conductas acosadoras que han dejado una estela de sufrimiento. Notablemente, en el mundo de la apologética cristiana en el que me muevo, esto quedó patente tras la muerte de su figura más veterana e influyente, Ravi Zacharias, quien llevaba mucho tiempo practicando abusos sexuales y espirituales. Las revelaciones condujeron al hundimiento del ministerio mundial que fundó, lo cual es un recordatorio de qué fácilmente se puede confundir el carisma con el carácter, y también de la rapidez con que se puede perder el legado de toda una vida.

Junto con estos lamentables sucesos ha surgido el crecimiento de "exvangélicos" y de muchas historias de deconstrucción entre creyentes que ya no lo son, que a veces incluyen la apostasía de músicos o líderes de iglesia, cristianos muy conocidos. Este fenómeno se puede atribuir en parte a una cultura cada vez más escéptica, pero también es el resultado de una subcultura evangélica que ha creado iglesias que «tienen una longitud de un kilómetro y una profundidad de un centímetro». Las iglesias fundamentalistas de mente estrecha pueden ser un terreno abonado para la disonancia cognitiva más adelante, cuando los jóvenes que se han criado en ellas se ven expuestos invariablemente a un mundo mayor y con más matices.

Sin embargo, las consecuencias no son solo intelectuales. La deconstrucción también puede ser el resultado de la exposición al consumismo cínico de la subcultura evangélica, o el modo en que algunos cristianos en Estados Unidos han conjugado la política de derecha con el ministerio eclesial en un esfuerzo por recuperar influencia y poder. En mi experiencia, una "crisis de fe" suele deberse más a la expresión limitada de iglesia en la que alguien fue criado que a una objeción intelectual imposible de resolver. ¿Quién puede culpar a los que se apartan de las formas dogmáticas, superficiales o tóxicas de la fe si les han dicho que la iglesia solo es eso? Se podrían haber evitado muchas historias de deconstrucción si se hubieran echado unos cimientos sólidos y si los cristianos hubieran estado expuestos a la amplitud de corrientes intelectuales y culturales que componen la iglesia mundial.

Naturalmente, siempre está el peligro de centrarse en las noticias negativas, tan extendidas, y no recordar las historias positivas, mucho más numerosas, pero que no justifican titulares: las historias de esos incontables congregantes y ministros fieles que realizan en silencio la obra de capacitar a sus iglesias para que sean buenas noticias para sus vecinos. Yo estoy casado con una persona así, y conozco a muchas otras que cumplen su llamamiento con gran cuidado e integridad.

A pesar de todo, las historias recientes de quienes han caído en desgracia tras usar el púlpito como una vía al poder o han convertido el ministerio en una empresa lucrativa demuestran que la iglesia es una institución compuesta por seres humanos, que siempre son corruptibles y tienen necesidad de reformarse. Yo no dedico mucho tiempo a arrancarme los cabellos por las estadísticas más recientes sobre el crecimiento o la decadencia de la iglesia, ni por el hecho de que muchas personas (al menos en Occidente) opten por alejarse de la iglesia mientras otras entran en ella. Siempre ha sido así. Las iglesias individuales han llegado y se han ido, los grandes movimientos eclesiales han crecido y menguado. Se ha vertido vino nuevo en odres viejos y estos han reventado. Los avivamientos religiosos de siglos anteriores han supuesto tanto la destrucción de un viejo orden como la introducción de uno nuevo.

En el Nuevo Testamento, Jesús prometió: «Edificaré mi iglesia; y las puertas del Hades no prevalecerán contra ella» (Mt 16:18). No prometió edificar una denominación o una rama concretas, ni tampoco ofreció una cronología o un cálculo del crecimiento para cada iglesia en cada época y lugar determinados. Sencillamente, prometió edificar *su* iglesia (no la *nuestra*). A veces, para construir algo hay que demoler otras cosas. Si a principio del siglo XXI, una manifestación concreta de la Iglesia evangélica (o católica romana, o protestante histórica) se demuestra no idónea para este propósito, se marchitará. Pero afortunadamente, ese no será el final de la historia. Esas iglesias solo son una parte de un cuerpo mundial, mucho mayor y mucho más glorioso, que abarca muchas eras. La renovación y la reforma se producen en todas las generaciones, y la nuestra no es una excepción.

Las instituciones humanas vienen y van, pero durante dos mil años la iglesia de Jesús ha permanecido. Siempre ha sido una paradoja. A menudo es más hermosa cuando es perseguida y está sometida a presión, y es más desagradable cuando se alía con el poder y el dinero. A menudo se ve lastrada por la naturaleza humana corrupta de quienes la dirigen, pero también es capaz de traer vida y transformación gracias a la naturaleza de aquel que la fundó.

Cuando pregunté al exarzobispo de Canterbury, Rowan Williams, por qué la gente se tiene que plantear afiliarse a la iglesia después de toda una historia de fracasos y abusos, respondió:

> Si yo no fuera parte de la iglesia, no me enfurecerían ni la mitad esos fracasos y abusos. Es la propia iglesia la que falla, y esto me proporciona la perspectiva que necesito para ver el mal por lo que es. Es precisamente esa perspectiva de estar dentro del cuerpo de Cristo lo que debería darnos el recurso de ver exactamente dónde tenemos que identificar las obras de destrucción y de maldad.[30]

La amemos o la odiemos, no podemos vivir sin ella. Y creo que Dios no ha acabado con su iglesia. En este momento, la iglesia se encuentra en una encrucijada importante en la historia de Occidente.

La gente vive en un mundo en el que supuestamente la religión ha quedado desbancada, pero el materialismo ateo no ha ofrecido nada a cambio. Se distraen con la tecnología, pero una vez se desvanece la novedad, o cuando se convierte en una adicción, se sienten vacíos. Surge la confusión por la exigencia de crearse una identidad cuando no hay patrones que seguir y cuando las reglas no dejan de cambiar. Les angustia una cultura que exige pureza ideológica, pero no extiende gracia a quienes no están a la altura. Les agota la búsqueda de un sentido que deben inventarse y un propósito que parece eludirlos. Las personas tienen un límite.

---

30. "Rowan Williams and Paul Kingsnorth".

Es posible que no estemos asistiendo a la evacuación de las iglesias para dar paso a un futuro secular, sino que se trata de un vaciamiento que abrirá el camino a un nuevo raudal de personas. Quizá la marea de «el mar de la fe», de Matthew Arnold, se esté acercando a su límite y esté lista, por fin, para volver con fuerza.

Las historias de quienes se han sorprendido al encontrar a Dios esperándolos en las playas desiertas del secularismo pueden ayudarnos aquí. Si son las primicias de quienes han superado la crisis de sentido, ¿qué han encontrado? ¿Qué ha marcado la diferencia? Y si detrás de ellos hay quizá toda una marea de personas dispuestas a replantearse la religión, cuando esas personas lleguen a llamar a su puerta, ¿qué estará dispuesta a ofrecerles la iglesia?

Si queremos detectar las señales de un nuevo gran despertar, quisiera proponer humildemente tres cosas que puede hacer la iglesia para prepararse para él.

### *1. Integremos la razón y la imaginación*

Uno de los grandes dones que el nuevo ateísmo, sin quererlo, impartió a la iglesia fue el hecho de recordarle su herencia intelectual. El resurgimiento del interés por la apologética y la teología natural ha sido testigo de un bienvenido desplazamiento del péndulo hacia el acercamiento a la cultura popular mediante la razón y la evidencia, no solo los llamados emotivos desde el púlpito. A muchas iglesias les queda aún un largo camino que recorrer, pero me ha animado la proliferación de ministerios y de individuos que están dispuestos a relacionarse con la cultura popular bajo los propios términos de esta, y que frecuentemente lo hacen muy bien. Si las personas se están replanteando la fe, la apologética siempre será necesaria para los tipos "hemisferio izquierdo", cuya personalidad los predispone para un enfoque intelectual de las cosas.

Sin embargo, el gran peligro con los péndulos es que pueden llegar a extremos. Tal como ha advertido Iain McGilchrist, la dominación del hemisferio izquierdo de nuestra cultura a menudo coarta el hemisferio derecho, con el que encontramos sentido a la imagen global por medio de la intuición, el sentimiento y la emoción. La apologética debe servir siempre a una historia mayor. Y las historias (al menos las que te apetece leer) no suelen estar compuestas de lógica y de razón puras.

Ciertamente, estoy convencido de que la mayoría de personas encuentra la verdad del cristianismo gracias a las facultades imaginativas del hemisferio derecho. Según mi experiencia, los viajes hacia la fe nunca son un ejercicio puramente intelectual, incluso para las personas que tienden a esta facultad. Es por eso que, cuando describió su conversión, Paul Kingsnorth dijo que dudaría en usar argumentos intelectuales para intentar convencer a alguien de su fe recién descubierta porque esa no fue la ruta que siguió él mismo:

> Puedes exponer la fe cristiana de una forma muy racional. Pero yo no llegué a ella sobre la base de cálculos. Me sentí como si me atrajesen a ella… Cuando alguien no ha llegado a un punto sobre la base de argumentos, no se lo puede convencer de lo contrario recurriendo a ellos. Me gusta intentar explicar las cosas que me han sucedido, pero, a fin de cuentas, es algo experiencial.[31]

Una vez más, C. S. Lewis nos ofrece un ejemplo pertinente de esto. Después de su conversión empezó a usar su mente prodigiosa para escribir libros exponiendo una defensa intelectual de la fe. *Mero cristianismo*, *El problema del dolor* y *Milagros* son obras clásicas en su género. Sin embargo, en un momento posterior de su vida cambió esta producción apologética por la ficción, sobre todo por sus famosas novelas fantásticas para niños, *Las crónicas de Narnia*.

¿Es que Lewis había renunciado a defender el cristianismo? Lejos de ello. Son muchas más las personas que se han sentido atraídas a la cosmovisión cristiana gracias a Narnia de las que lo han hecho por la lógica del argumento moral en *Mero cristianismo* o por su crítica del materialismo en *Milagros* (aun siendo obras maestras).

De hecho, un estudio cuidadoso de su ficción detectará buena parte de la apologética de Lewis justo debajo de la superficie,[32] pero lo que Lewis hizo con mayor genialidad en aquellas historias fue inducir a sus lectores a desear que Narnia existiera. ¿Cuántos niños (y quizá algunos adultos) han explorado el fondo de un ropero con la esperanza de que los condujese a una tierra mágica de castillos, faunos y animales parlantes? Sin embargo, al llevarlos a esperar que las historias de heroísmo, amor, sacrificio y redención de Narnia fueran ciertas, Lewis concedió a los lectores el permiso imaginativo para ver que, solo quizá, la historia podría ser cierta

---

31. "Rowan Williams and Paul Kingsnorth".

32. Para una exposición estupenda de la apologética de Narnia, lee David Marshall, *The Case for Aslan: Evidence for Jesus in the Land of Narnia* (Tampa, FL: DeWard, 2022).

en el mundo real. Y es que, claro está, Lewis había trasladado la historia de Jesús al mundo de Narnia y a su personaje representante de Cristo, Aslan.

Como Edmund y Lucy en su última aventura, muchos lectores han visto cómo se cumplían las palabras del león en su propio viaje adulto: «Pero allí tengo otro nombre. Debéis aprender a conocerme por ese nombre. Este fue el motivo por el que fuisteis traídos a Narnia, para que al conocerme aquí durante un poco de tiempo, aprendáis a conocerme mejor allí».[33]

Dadas las circunstancias de su propia conversión, quizá no sea sorprendente que Lewis recurriera a la novela fantástica para reintroducir a una mente escéptica a la historia del cristianismo. Reflexionando sobre los temas religiosos en *Las crónicas de Narnia* en un artículo para el *New York Times*, Lewis escribió: «Supongamos que, al introducir todas estas cosas en un mundo imaginario, despojándolas de sus asociaciones con vidrieras de colores y la escuela dominical, pudiéramos hacerlas aparecer por primera vez con su verdadera fuerza. ¿No podríamos pasar de puntillas ante los dragones vigilantes? Creo que sí».[34]

Cuando vemos la creciente marea de refugiados de la crisis de sentido, la iglesia necesita tanto apologistas en la academia como narradores en las artes. Necesitamos personas como C. S. Lewis, que no solo demuestren que la historia es cierta, sino que desde siempre hemos querido creer en ella.

### *2. Mantener la rareza del cristianismo*

Uno de los sentimientos que me han comunicado a menudo las personas que han acudido a la fe ha sido su frustración por el hecho de que las iglesias muchas veces no logran mantenerse distintivamente cristianas; esto se debe a su deseo de asemejarse más a la cultura. Incluso quienes no se consideran cristianos se preocupan por esto.

En una de nuestras conversaciones, Douglas Murray se describió como «un no partidario desencantado» de la Iglesia anglicana, que se inquieta por la posibilidad de que esta se convierta en otro portavoz de ideologías políticamente correctas sobre la raza, el género y la sexualidad.

> Temo que la iglesia no esté haciendo lo que muchos de los que vivimos en el mundo exterior a ella querríamos que hiciera, que es

33. C. S. Lewis, *The Voyage of the Dawn Treader* (1955; Londres: HarperCollins, 1997), 188.

34. C. S. Lewis, "Sometimes Fairy Stories May Say Best What's to Be Said", *New York Times*, 18 de noviembre de 1956, https://www.nytimes.com/1956/11/18/archives/sometimes-fairy-stories-may-say-best-whats-to-be-said.html.

> predicar su evangelio, afirmar sus verdades y sus dogmas. Cuando uno la ve cayendo en alguno de los lugares comunes más recientes, piensa… «Vaya, ya han perdido algo más». Es exactamente igual que todo lo demás en esta dialéctica aburrida, monótona, irreflexiva y superficial.[35]

De igual manera, existe el peligro de que las iglesias, en un esfuerzo por tener relevancia cultural, quieran imitar los valores de la cultura de la celebridad y de la industria del entretenimiento. El periodista Ben Sixsmith se describe como alguien que tiene «un agnosticismo abierto, curioso e intranquilo»[36] y que se ha visto atraído cada vez más hacia la seriedad de la fe y de la filosofía propias de la tradición católica romana. Sin embargo, en un artículo para *The Spectator*, amonestó a las iglesias que aguan su mensaje para parecer más inclusivas o relevantes:

> No soy religioso, de modo que no estoy en posición de dictar a los cristianos qué deberían creer y qué no. Aun así, si alguien tiene una fe que vale la pena seguir, creo que sus creencias deberían hacerme sentir incómodo por no aceptarlas. Si comparten el 90 por ciento de mi estilo de vida y de mis valores, no tienen nada realmente inspirador. En lugar de inducirme a querer ser más como ellos, lo que parece en realidad es que intentan asemejarse cada vez más a mí.[37]

Tom Holland, en su periplo de vuelta a la fe cristiana, ha manifestado un sentimiento parecido. El cristianismo se forjó en la extraña afirmación de que el Dios del universo había muerto voluntariamente como un esclavo y había resucitado después. Lamentando cómo la iglesia sustituye a menudo esta historia milagrosa por un "batiburrillo" de "reflexiones para el día" plagadas de tópicos, y por anuncios públicos políticamente correctos, dice que ha llegado el momento de ser más valientes: «Las iglesias necesitan aferrarse absolutamente a ellas [sus creencias], en lugar de sentirse ligeramente avergonzadas por ellas… Las iglesias deben arrogarse todo lo que

---

35. "N. T. Wright and Douglas Murray: Identity, Myth and Miracles: How Do We Live in a Post-Christian World?", 13 de mayo de 2021, *The Big Conversation*, temporada 3, episodio 3, video, https://www.youtube.com/watch?v=VN8OUi9MF7w.

36. Ben Sixsmith, "My Experience of Catholics Has Tested My Agnosticism", *Catholic Herald*, 29 de septiembre de 2020, https://catholicherald.co.uk/my-experience-of-catholics-has-tested-my-agnosticism/.

37. Ben Sixsmith, "The Sad Irony of Celebrity Pastors", *The Spectator*, 6 de diciembre de 2020, https://spectatorworld.com/life/sad-irony-celebrity-pastors-carl-lentz-hillsong/.

es más extraño, contracultural, peculiar. No metan bajo la alfombra todo eso de los ángeles: ¡proclámenlo!».[38]

Puede que este consejo parezca contraintuitivo. Muchas iglesias han convertido su misión en parecer tan "normales" e inocuas como les sea posible, en sus esfuerzos por hacer que la gente cruce sus puertas. Pero muchos de los que pasan por ellas buscan algo completamente distinto a su vida cotidiana "normal". Quieren que los transporten a otro mundo, a una historia distinta.

Teniendo en cuenta esto, es notable cómo muchos de los que han regresado a la iglesia (incluyendo a Holland y Kingsnorth) han optado por elegir formas antiguas de adoración y de liturgia que se centran sobre todo en el misterio y el ritual.

Un joven converso, Harry Howard, me dijo por qué acabó siendo miembro de una de las iglesias más antigua y tradicionales de Londres, St. Bartholomew the Great, en lugar de una con guitarras y batería: «Esto ya lo encuentras en la cultura popular fuera, y además la versión en la iglesia suele ser más pobre. Pero cuando asisto al culto que hunde sus raíces en algo realmente antiguo es como un refugio frente a la cultura popular que ahora está tan desprovista de verdadero sentido. Creo que por eso es tan popular esa iglesia».[39]

Y Harry no está solo. El rector de la iglesia, el reverendo Marcus Walker, dice que ha visto un notable aumento entre los mileniales y los miembros de generaciones anteriores que asisten a la misa mayor y a los cultos de vísperas, porque estos les ofrecen «un lenguaje hermoso, música sinfónica y una experiencia estética que trasciende la vida normal».[40] Esta es una tendencia que parece confirmarse también por el aumento de la asistencia a cultos anglocatólicos en las catedrales del Reino Unido,[41] en contraste con la imagen de decadencia general.

---

38. Tom Holland, "Invisible Fire: Christianity in a Post-Western World", conferencia para Open Doors, 17 de noviembre de 2021, British Library, Londres, en "Tom Holland: Christianity, Persecution and the Meaning of the Cross", 30 de diciembre de 2021, *Unbelievable?*, video, https://youtu.be/p6w7qw9kJ9k.

39. Harry Howard, entrevista del autor.

40. Marcus Walker, "Why Anglo-Catholicism Appeals to Millennials", *Catholic Herald*, 7 de febrero de 2019, https://catholicherald.co.uk/why-anglo-catholicism-appeals-to-millennials/.

41. Entre 2009 y 2013 se evidenció un aumento de un 13 por ciento de la asistencia a los cultos en catedrales; véase Church of England Research and Statistics, *Cathedral Statistics 2019* (Londres: Research and Statistics, 2020), 7, https://www.churchofengland.org/sites/default/files/2020-11/Cathedral%20Statistics%202019.pdf.

Entonces ¿es que todas las iglesias tienen que recuperar los aromas, las campanas y la música coral para recibir a los mileniales en busca de sentido dispuestos a probar el cristianismo? No necesariamente. Los otros sectores de la iglesia que están creciendo son las iglesias pentecostales negras y las congregaciones carismáticas evangélicas. Lo que las une es que cada una, a su propia manera, acepta sin ambages la "rareza" de su expresión de adoración. Tanto si se trata de un coro góspel apasionado como de una adoración con ojos cerrados y manos en alto, están ofreciendo algo intenso y sobrenatural.

Aunque no hay ninguna ventaja en crear barreras innecesarias, la lección a aprender parece ser que las iglesias no deberían descafeinar su alabanza o su doctrina con miras a obtener más conversos. Deberían pedir más, no menos, de las personas que entran por sus puertas. Aceptar el misterio, esperar lo sobrenatural y mantener la rareza del cristianismo.

### *3. Crear una comunidad que contrarreste la cultura de la cancelación*

Perdona el trabalenguas del encabezado, pero independientemente del aspecto que tenga la iglesia de la próxima generación, debe ser siempre un lugar de gracia donde las personas complicadas puedan relacionarse con otras personas estropeadas. Las personas buscan con afán el sentido, pero también una comunidad en la que puedan explorar junto a otros ese sentido. A medida que Occidente se vuelve cada vez más consumista e individualista, disminuyen constantemente las oportunidades para formar parte de una comunidad genuina. Ahora que las poblaciones se han vuelto móviles, hemos perdido nuestro arraigo en un lugar. Ya no sabemos quiénes son nuestros vecinos. Hemos creado estructuras que nos permiten vivir distanciados unos de otros. Interactuamos más con nuestros dispositivos que con personas reales.

En este sentido, la tecnología es tanto una bendición como una maldición. Podemos vivir completamente solos siempre que tengamos un filtro para nuestras compañías. Permite una conexión sin precedentes, pero al coste de relaciones genuinas. El hecho es que, por muchos amigos que afirmemos tener en Facebook, nuestros encuentros *online* serán siempre superficiales comparados con los que tenemos en la vida real.

El aislamiento forzoso que provocó el COVID quedó mitigado por la tecnología, que nos permitió conectarnos con los amigos y la familia a través de videollamadas y de las redes sociales. Durante ese tiempo, la mayoría de iglesias se reunían solo virtualmente, y estuvieron agradecidas por los servicios de YouTube y de Zoom que permitían la participación a distancia. Pero no fui el único en suspirar aliviado cuando se pudieron reanudar los cultos en las iglesias. La fatiga por Zoom es un fenómeno real. Fuimos creados para mirarnos a los ojos y conectar con otros dentro del mismo espacio físico. Las iglesias son de los pocos lugares que quedan donde las personas pueden hacer esto regularmente.

Ya he comentado los beneficios para la salud que tiene formar parte de una comunidad de adoradores. Pero esto va más allá de la salud física y mental. Hemos sido creados para ser personas que vivan y rían juntas, que a veces se irriten y molesten unas a otras, pero que en ese proceso aprendan a amar a su prójimo. Esto forma parte de la historia de lo que significa ser humano. Cuanto más independientes vivimos unos de otros, menos nos desarrollamos para ser personas plenamente humanas.

A medida que aquellos que huyen de la crisis de sentido intentan encontrar uno para sí mismos y para su papel en una historia más amplia, las iglesias deben ser espaciosos lugares de comunidad. Hemos de estar preparados para aceptar a los heridos que lleguen, dejando espacio para los que se hallan al principio de su viaje. Esto supone que la iglesia sea un lugar donde las personas puedan formular preguntas difíciles sin que nadie las haga callar. Son lugares donde nos tomamos en serio las experiencias y las historias de personas que son distintas unas a otras. Lugares donde personas con opiniones distintas sobre una amplia gama de cuestiones sociales y éticas puedan tener la esperanza de encontrar algo que las una y que sea mayor que las diferencias que las separan.

Puede que esto suene a utopía irreal, dado el historial de cismas y de fracasos de la iglesia. Hoy en día las diferencias al respecto de doctrinas como el bautismo y la comunión palidecen en comparación con el debate LGTB que divide a denominaciones enteras. Aun así, sigo manteniendo un optimismo eterno: Jesús puede usar a su iglesia, aunque esté fragmentada y sea frágil, para su gloria. Su poder se perfecciona en nuestra debilidad.

La iglesia necesita ser un lugar de gracia contracultural dentro de una sociedad polarizada, moralista e implacable. La gracia es el antídoto para la cultura de la cancelación, y las personas la buscan con desesperación. Quizá el mayor testimonio que pueda ofrecer la iglesia a la sociedad sea que, incluso cuando discrepemos, podamos seguir amándonos unos a otros. «En esto conocerán todos que sois mis discípulos, si tuviereis amor los unos con los otros» (Jn 13:35). No «por vuestras tendencias políticas coincidentes», ni siquiera «por vuestra sana teología», sino por vuestro *amor*.

Pero esto no significa que todo vale. La santidad y la unidad son importantes, y a menudo somos culpables de sacrificar la una en aras de la otra. Sin embargo, se supone que la iglesia es un lugar donde trabajamos para unirlas. La iglesia debe ser el ejemplo preeminente de unidad en la diversidad, un lugar donde personas que son fundamentalmente distintas unas de otras pueden seguir llamándose "hermano" y "hermana", porque lo que nos une es mucho mayor que lo que nos separa.

Esto puede parecer milagroso. Afortunadamente, los cristianos creen que se ha producido un milagro. El perdón de nuestros pecados por medio de la muerte y la resurrección de Jesús, el Hijo de Dios. Moldear nuestras vidas y nuestras relaciones tomándolo como ejemplo significa que somos llamados a ser una comunidad que siempre esté llena de gracia, que perdone en todo momento, que ame sin cesar. Creo que ese es el tipo de iglesia en la que pueden encontrar un hogar los refugiados de la crisis de sentido.

## La marea entrante

Las mareas van y vienen. Su movimiento regular está gobernado por las leyes naturales que operan en nuestro mundo. La vida humana está sujeta a los mismos ritmos que la naturaleza impone al mundo: siembra y cosecha, trabajo y descanso, muerte y renacimiento. Y la propia historia humana parece copiar a la naturaleza con sus propios ciclos repetitivos cuando las naciones se alzan y caen, los imperios vienen y se van. La influencia cultural de la religión también está sujeta al flujo y reflujo de la marea.

Hasta ahora, el cristianismo ha tenido un éxito notable. Floreció en Oriente y luego avanzó por todo el mundo occidental. Ha dominado el arte, la literatura y la cultura, dejando a su paso magníficas catedrales. Los avivamientos de Lutero, Wesley y Whitefield transformaron Europa y Estados Unidos antes de que el cristianismo inundase África, Asia, Latinoamérica y el resto del mundo.

Desde el punto de vista secular, es posible comparar estos grandes hitos del pasado con la imagen actual en Occidente y dar por hecho que el cristianismo, aunque no está muerto, va de camino a convertirse en otra reliquia de la historia. Lo que los críticos suelen ignorar es que la cresta de cada nueva ola del cristianismo tuvo un valle que la precedió. La historia se mueve en ciclos. Las mareas se marchan para luego volver. Creo que, sencillamente, estamos viviendo en bajamar. Ya se han producido renacimientos y pueden volver a pasar.

Hace dos mil años un rabino errante se detuvo en una playa y pidió a un puñado de pescadores que dejasen sus redes, lo siguieran y se dedicaran a pescar hombres. Juntos cambiaron el mundo. Como ellos, creo que estamos en la orilla de la historia humana, esperando una marea que está a punto de volver. Quizá haya llegado el momento de responder de nuevo a su llamado.

# AGRADECIMIENTOS

Buena parte del material de este libro está sacado de entrevistas celebradas en ediciones de "Big Conversation" del programa *Unbelievable?*, una serie generosamente respaldada por la John Templeton Foundation. Los invitados han sido tantos que no los puedo mencionar a todos por nombre, pero vaya mi gratitud para ellos por dar pábulo a los pensamientos que al final se condensaron en este libro. Mi más sincera gratitud también para mis amigos y colegas que me han ayudado a que ese programa (y también muchos otros) se emita semana tras semana, especialmente a Peter Byrom, Ruth Jackson, Phil Maltz y Ben Cutting.

Hay muchos otros individuos que se han involucrado en la creación de este libro desde que se plantó la semilla durante el confinamiento de 2020. Quiero dar las gracias especialmente al inimitable Keith Danby, que me ayudó a encauzar el proyecto desde la primera idea hasta el título definitivo con Tyndale. Gracias también a Jon Farrar, Jonathan Schindler y Alyssa Clements de Tyndale, que me han ayudado tanto (y han sido tan pacientes) durante el proceso de redacción, edición y maquetación. Gracias también a todos los que estuvieron dispuestos a leer el manuscrito antes de su publicación y a ofrecerme su apoyo.

Hay muchos otros que participaron en la lectura y el comentario de borradores del manuscrito. Gracias a Andy Lyon, Tom Holland, Tom Wright, Glen Scrivener, David Hutchings, Max Baker-Hytch, Paul VanderKlay y mi padre, Crofton Brierley. Mi esposa, Lucy, también me proporcionó consejos valiosísimos sobre cada capítulo a medida que los iba escribiendo.

Escribir un libro en una casa con cuatro hijos cuyos padres tienen trabajos a tiempo completo no está exento de retos, pero Lucy fue quien se aseguró de que yo dispusiera del tiempo y el espacio necesarios para escribir, y fue un estímulo constante (y proveedora de café) durante todo ese tiempo. Es un regalo que me ha hecho Dios, y quien hizo posible todo esto. Gracias.

# Acerca del autor

**JUSTIN BRIERLEY** ha trabajado en radio, podcasting y vídeo durante dos décadas. Ha presentado el popular programa de radio y podcast *Unbelievable?* en Premier Christian Radio, que reúne a cristianos y no cristianos para el diálogo, y ha sido anfitrión de un programa regular con el erudito del Nuevo Testamento Tom Wright, el podcast *Ask NT Wright Anything*. Justin también ha contribuido en otros programas y podcasts de la estación con sede en Londres.

Justin fue editor de la revista *Premier Christianity* del 2014 al 2018, a la que sigue contribuyendo con artículos. El primer libro de Justin, *Unbelievable?: Why, after Ten Years of Talking with Atheists, I'm Still a Christian* (SPCK), se publicó en 2017.

A Justin le apasiona crear conversaciones en torno a la fe, la ciencia, la teología y la cultura. A través del uso creativo del podcast, la radio, la prensa, el vídeo y las redes sociales, su objetivo es mostrar un caso intelectualmente convincente para el cristianismo, al tiempo que toma en serio las preguntas y objeciones de los escépticos.

Justin también habla regularmente en eventos en el Reino Unido y en el extranjero. Le siguen más de 300 000 personas en TikTok e Instagram por sus breves reflexiones sobre el pensamiento de la fe.

Justin está casado con Lucy, ministra de una iglesia de Surrey, y tienen cuatro hijos: Noah, Grace, Jeremy y Toby. Cuando no está trabajando profesionalmente, Justin participa en el trabajo con jóvenes y dirige el culto en la iglesia.

Desde hace varios años, Justin Brierley ha invitado a su programa *Unbelievable?* a ateos y agnósticos, habitualmente junto a un pensador cristiano. Ha escuchado todos los argumentos contra la fe, así como ominosas advertencias sobre la "crisis de sentido" en el Occidente moderno. Sin embargo, de alguna manera, este libro estimulante y de gran alcance ofrece un atisbo de esperanza. Representa la apologética en su máxima expresión: un tratamiento valiente de los problemas más abrumadores de nuestros tiempos.

PHILIP YANCEY, autor de *Gracia divina vs. Condena humana* y *Donde brilló la luz.*

¡Inteligente, inspirador y repleto de historias fascinantes!

BEAR GRYLLS, experto en supervivencia y presentador del programa televisivo de aventuras *El último superviviente.*

La creencia en Dios ha regresado. A pesar de las afirmaciones de los nuevos ateos, un número sorprendente de pensadores destacados se está tomando en serio la fe cristiana. Brierley cuenta la historia fascinante de cómo las grandes preguntas han pasado de la existencia de Dios a si la vida puede o no tener sentido sin Dios. *El increíble resurgimiento de la creencia en Dios* es un libro que deben leer y debatir personas de todas las creencias.

DR. SEAN MCDOWELL, profesor en Biola University, youtuber popular y autor/editor de más de veinte libros, incluyendo *El manifiesto rebelde.*

En este libro notablemente ameno, Justin Brierley nos ofrece una visión de primera mano de su participación personal en las grandes preguntas de los últimos quince años, mencionando a toda una variedad de líderes intelectuales. Hace un repaso de cómo el nuevo ateísmo, con su intento de criticar a la religión en nombre de la ciencia, llegó a dominar el debate, pero solo para ver cómo su voz, cada vez más estridente, se iba quedando sin fuerza hasta que el movimiento se desintegró en mil facciones enfrentadas. Brierley nos enseña cómo se ha transformado la cultura para centrarse en intereses más humanos al respecto de la moral, el valor, el sentido y, sobre todo, la identidad personal. Ejemplifica este cambio al describir sus "grandes conversaciones" con el pensamiento agudo de intelectuales públicos como, entre otros, el psicólogo canadiense Jordan Peterson, el comentarista cultural y periodista Douglas Murray y el historiador Tom Holland. Todos ellos sostienen que la pérdida de la narrativa compartida que en otro tiempo nos ofreció el cristianismo es una de las causas principales de la fragmentación cultural y la pérdida de identidad. Esto lleva a un debate sobre la contribución importante (aunque a menudo infravalorada) de la cosmovisión judeocristiana a los valores morales y las instituciones civiles que constituyen el fundamento de la sociedad civilizada y que la mayoría de nosotros consideramos importantes —la dignidad y los derechos humanos, la asistencia médica, la educación—.

Brierley ha entrevistado a todas estas personas y a muchas más en su programa de radio insignia, *Unbelievable?* Su descripción del debate plasmado en estas "grandes conversaciones" fascinantes ofrece a los lectores una visión única no solo de temas importantes, sino también de los participantes más destacados en el debate sobre ellos. Subraya cómo los principales intelectuales están leyendo la Biblia y aceptan su autenticidad, lo cual conduce a un sorprendente resurgimiento de la creencia en Dios.

Brierley nos ha prestado un gran servicio al reunir una gran riqueza de materiales e insuflarles vida, como suele hacerlo regularmente en su programa *Unbelievable?* Este es un libro de primera categoría: cómpralo, léelo y préstalo.

DR. JOHN LENNOX, profesor emérito de Matemáticas, Universidad de Oxford, y socio emérito en Matemáticas y Filosofía de la Ciencia, Green Templeton College, Oxford

Todos hemos visto las estadísticas sobre la decadencia de la identidad cristiana en Occidente, pero la historia del cristianismo dista mucho de haber acabado. Hay pocos guías mejores para estudiar las tendencias religiosas que Justin Brierley, quien ha acumulado experiencias durante toda su vida al entrevistar a intelectuales seculares y cristianos. En este libro emocionante, que llega muy a tiempo, revela por qué la religión no ha desaparecido y qué puede hacer la iglesia para transmitir a una nueva generación la mayor historia jamás contada. ¡Léelo y anímate!

ANDY STANLEY, fundador y pastor principal, North Point Ministries

Contrariamente a las predicciones de muchos, Justin Brierley detecta en nuestros tiempos los primeros indicios de un avivamiento cristiano en el Reino Unido. Merece la pena escuchar su voz, que es la de alguien dotado con una visión única al ser una persona que ha conversado con muchos de los personajes más destacados que defienden o atacan el rol de la fe religiosa. Este libro contiene esas conversaciones, se plantea los grandes problemas de la fe en la vida contemporánea y sugiere algunos pasos al frente tan fascinantes como plausibles.

RIGHT REVEREND DR. GRAHAM TOMLIN, director del Centre for Cultural Witness

Uno de los libros más fascinantes del año. ¿Se ha retirado «el mar de la fe» para no volver? En este libro, escrito de manera brillante, Justin Brierley proyecta su mirada sobre el creciente número de intelectuales públicos (de historiadores a científicos, de escritores a periodistas) que han empezado a redescubrir el cristianismo. Dado el fracaso del secularismo para dar respuesta a nuestras preguntas más íntimas sobre el sentido, el valor, el propósito y la identidad, quizá no sea de extrañar que el llamado "nuevo ateísmo" fracasara, y que los rumores sobre la muerte del cristianismo fuesen prematuros y exagerados. Sumérgete en *El increíble resurgimiento de la creencia en Dios* y descubre las personalidades, las historias y los argumentos que han inducido a algunos a sugerir que la marea de la fe está cambiando.

DR. ANDY BANNISTER, director del Solas Centre for Public Christianity.

La afirmación de que el cristianismo está recobrando su importancia en Gran Bretaña puede oírse tan contraria a la intuición que parece rayar en la locura, pero Justin Brierley, al exponer este argumento, habla con la autoridad de un hombre que durante la última década ha gozado de un lugar privilegiado para observar los grandes debates sobre la religión, y expone tales cosas con conocimiento, sutileza y gracia.

TOM HOLLAND, autor de *Dominio. Una nueva historia del cristianismo* y uno de los presentadores del pódcast *The Rest Is History.*

¿Existe un ámbito sobrenatural? ¿Existe Dios? Según los ateos, la respuesta es un "no" rotundo. Nuestro mundo, nuestros cuerpos y nuestras mentes están compuestos por átomos dispuestos de forma sofisticada, sin más. Pero según esta premisa, numerosos valores y rasgos aceptados se vuelven mucho más difíciles de explicar. ¿Por qué creemos en la dignidad y el valor inherentes a los humanos? ¿Por qué buscamos el sentido de la vida? ¿Por qué tenemos una percepción de nosotros mismos y una vida intelectual interna? Justin Brierley, en este libro ameno e inteligente, nos enseña que muchísimos intelectuales públicos que admiten los defectos de un paradigma puramente materialista han empezado a hablar abiertamente de la necesidad de un punto de vista más matizado, espiritual y holístico. Basándose en su experiencia de quince años de entrevistas y debates radiofónicos, Brierley cuenta una anécdota tras otra de personas que cambiaron de opinión sobre Dios, la vida y el universo, y señala los motivos que los guiaron a eso. Es una lectura apasionante. Si estás desencantado con el *statu quo* (o incluso si no es así), recomiendo mucho este libro. Podría ser el más importante que leas este año.

DRA. SHARON DIRCKX, conferenciante y autora de *¿Soy solo un cerebro?*

En este libro, ameno y basado en la investigación exhaustiva a la que nos tiene acostumbrados, Justin esboza el aumento del interés por Dios en el discurso público mediante una atractiva combinación de análisis y anécdotas personales. *El increíble resurgimiento de la creencia en Dios* es de lectura obligatoria: un libro para compartir con los amigos.

DRA. AMY ORR EWING, conferenciante honorífica en la School of Divinity, Universidad de Aberdeen.

Es posible que en Occidente la marea de la fe cristiana esté en sus horas bajas, pero nuestro panorama "poscristiano" sigue plenamente conformado por «el mar de la fe». Y no debemos olvidar que la marea sube y baja. Este libro refrescante y estimulante nos presenta a intelectuales que rechazan las ideas de nuestra era secular y descubren una sabiduría antigua que siempre ha estado ahí. Justin Brierley ilumina el camino de vuelta a la fe, y espero que muchos lo recorran.

GLEN SCRIVENER, director de Speak Life y autor de *El aire que respiramos*.

El ateísmo satisface tanto como la lectura de recetas de cocina a una persona hambrienta. Justin Brierley demuestra brillantemente cómo el hambre de sentido y de verdad está llevando a personas inteligentes de vuelta al cristianismo o a Cristo por primera vez. Este libro ameno y bien razonado no solo te exhortará, sino que también te preparará para que muestres a las personas con hambre espiritual dónde se encuentra la verdadera comida. ¡Lo recomiendo mucho!

FRANK TUREK, escritor, conferenciante y presidente de Cross Examined.